JN437556

개벽開闢 그리고 개천開天 개국開國

개벽開闢 그리고 개천開天 개국開國
❷

2014년 7월 5일 1쇄 1판 인쇄
2014년 7월 10일 1쇄 1판 발행
저　　자 : 한 승 연
출판권자 : 윤 현 도
발　　행 : 김 동 환

발 행 처 : 도서출판 資文閣
공 급 처 : 여산서숙
주　　소 : 서울시 종로구 창신 1동 328-17
전　　화 : 02)3675-8588 HP : 010-7582-8588
등　　록 : 1978년 08월 12일 제5-32호
신고번호 : 제300-2011-114

ISBN 978-89-85814-18-8 03810
값 15,000원

태초의 LOGoS, 이것이 신선비서 종교통일문서로
우리의 소원 통일이며, 세계화합의 통일로 대박이다!!

개벽開闢 그리고 개천開天 개국開國

麗海 한승연 作

2

21세기를 살아가는 오늘,
이 메시지는 충격적으로 일어나고 있는
지구 대이변의 실제상황으로 천지개벽이다!
또한 동서시원의 뿌리역사를 진실하게 밝혀
주는 새로운 천계탑天界塔 소식이다!!

도서출판 資文閣

추천사

동서문화의 상보적 융합

梅山 유종해
전 연세대 행정대학원장 · 연세대 명예교수

이 저서著書 「개벽開闢 그리고 개천開天 개국開國」은 지금까지 대립적인 종교문제 이외에도 지구촌 동서민족東西民族의 뿌리 역사를 이해하는데 지식적으로나 영성적靈性的으로 많은 도움을 주고 있다. 그렇기 때문에 널리 적용될 수 있을 것임을 믿어 의심치 않는다.

내가 알고 있는 한승연 작가는 평소에 우리 한민족 '뿌리찾기'나 종교적인 '제 모습 되찾기'에 심혈을 기울여 온 작가로서, 그의 작품 세계는 언제나 그렇듯이 많은 생각을 안겨주곤 했었다.

그런데 이번에 아무나 선뜻 그 엄두조차 내지 못하는 대작 「개벽開闢 그리고 개천開天 개국開國」이란 역작을 내놓았다. 이 제목이 주는 인상은 작가가 서양 또는 동양철학가들만이 다룰 수 있는 큰 문제를 여류작가로서 감히 펴낸다는 것이 참으로 놀랍고 경탄을 금할 길이 없다.

작가는 지금까지 지구촌에 독보적 권위를 앞세우던 서구식 과학문명이 이제 그 한계를 드러내고, 동서문화東西文化의 상보적 융합이 시작되는 역사적 전환기에 들어와 있음을 이 작품에서 강조하고 있다.

특히 서양에서 태동된 서구신학의 '민족주의적 우월성의 추구'라든가 타민족을 지배하기 위한 '패권주의적 정당성 확보' 같은 종교논리는 기독교 스승의 정신에 위배됨으로 새롭게 재정립되어야 한다는 그 문제점을 낱낱이 지적하고 있다.

뿐만 아니라 지구촌에 산재해 있는 동서민족東西民族의 시조始祖와 개천開天 그리고 개국開國에 대한 뿌리역사와 문화를 전래되어 온 수많은 고문헌과 성경 구약과 신약을 바탕으로 그 진실을 새롭게 재조명하고 있음은 매우 뜻깊은 일이라 하겠다.

그 이유는 오늘날의 인식체계에 입각하여 지구촌에 대립적인 종교통일의 논리를 합리적으로 자연스럽게 교감할 수 있도록 설득력을 주고 있기 때문이다.

특히 현대적 인식과정에 있어서 서구신학자들의 종교논리는 신과 인간을 이분법으로 분리시켜 인간의 가치 기준을 크게 흔들어 놓는 오류를 범하고 있다고 작가는 피력하고 있다.

사실 지구촌 물질문명을 발전시켜 나온 서양의 소위 '과학적 합리성'과 '자유의 무제한성'은 비록 그것으로 인하여 현대문명의 혁혁한 발전이 있었음에도 불구하고, 이제 그 자체 속에 내재하고 있었던 모순 때문에 재고되지 않을 수 없게 되었고, 그 유효성의 한계도 뚜렷해졌다.

돌이켜 보면, 코페르니쿠스COPERNICUS 이래의 지난 500여년 동안 과학은 걷잡을 수 없이 가속적으로 전지전능하여졌고, 진보적 인간이라고 자처하는 사람들은 균형과 조화란 단어들을 비웃으면서 개체 또는 집단적 이기주의에 사로잡혀 고도로 지능화되고 만능화가 되었다.

그 결과 인류의 문명 발단과 인간의 편의증진에 도움을 준건 사실이지만, 반면에 고급한 정신문화의 인간화에 있어서는 득보다 실을 더 많이 양산하였음을 자타가 공인하기에 이르렀다. 핵무기, 공해, 환경파괴 등이 그 좋은 예들이다.

서양의 극도로 전문화된 종적 부분성 지식들은 이제 균형과 조화를 전제로 하는 동양의 횡적 보편성 지식 없이는 인류문화의 진흥과 현대문명의 인간화에 기여할 수 없음을 스스로 인식하기에 되었다.

그런데 그것이 음양陰陽 조화주 하나님의 섭리 가운데 이루어진 천기운행天氣運行임을 이 작품 속에서 피력하는 작가의 의도에 새삼 놀라지 않을 수가 없다. 그 문제는 오늘이라는 현실의 존재 그 자체의 존재 경위에 대한 생태학적生態學的 문제임과 동시에 사람이 가장 사람다워지려는 지극히 자연스러운 인간본능의 문제이므로 곧 우리 모두의 문제이기 때문이다.

한승연 작가는 원래 기독교 권사를 지낸 독실한 기독교 신앙인으로서 이전에도(2004년) '역사의 수레바퀴'와 그 외에 40여 권의 책을 출간한 출중한 인물로 기독교의 기초 위에 유교, 불교, 도교뿐만이 아니라, 우리 배달한민족의 종교와 철학까지도 통달한 영성적靈性的으로 뛰어난 작가라고 평가하고 싶다.

이 책을 읽으면 분단된 우리의 통일이 왜 이루어져야 하고, 또 어떤 역사적 또는 철학적 기초가 필요한지를 힘이 있게, 그리고 논리적으로 피력하고 있어 남북통일의 숙제를 안고 있는 우리들로서는 교파를 초월해서 일독을 권하는 바이다.

2014년 6월 서재에서

작가의 말

오늘 TV 뉴스에서는 지구 도처에서 대이변의 온난화 현상이 충격적으로 일어나고 있음을 화면을 통해 보여주고 있다.

그러한 이변현상은 모든 종교에서 말하는 말세론적인 징조의 신호탄이라는 생각이 눈을 돌려 내 자신을 다시 되돌아보게 해준다.

그처럼 불가항력의 이변현상이 지구 도처에서 잇달아 일어나고 있는 긴박한 상황에서 이 시대를 살아가는 현생인류가 거기에 어떻게 대처하고 준비를 할 수 있을 것인가 하는 것이 관건이다.

그런데도 불구하고 오늘 우리의 현실은 그대로 온갖 위선과 거짓이 무질서하게 난무하고 판을 치는 세상이다. '나'라는 인간 생명체의 실상을 모른 채, 잠깐 왔다가는 한밤의 꿈같은 세상에서 오직 물질 지향적으로 출렁거리면서 물질만이 삶의 궁극적인 목적인 양 온갖 잔머리까지를 굴려가며 살아가고 있는 세상 풍경이 마치 동물농장을 연상케 해주고 있다.

그처럼 세상 지향적인 사람들에게는 하나님의 우주섭리에 관한 이야기는 종교적인 영역이나 철학적인 전유물로 생각할 뿐이다. 그렇기 때문에 그처럼 긴박한 지구촌 재앙의 상황을 TV뉴스를 통해 보면서도 자신과는 전혀 무관하게 생각하며 오직 세상 지향적인 사고思考로 희로애락喜怒哀樂만을 추구하며 출렁거리고 있다.

하지만 오늘 지구촌에 경각심을 주고 있는 이변현상은 창조주 하나님의 천기운행天氣運行에 의한 우주섭리이기 때문에 인간의 일상사와는 전혀 무관할 수가 없다. 그 무엇 하나도 가시권可視圈에서 비非가시권에 이르기까지 태초 우주 근원根源이신 조화주 하나님의 우주섭리의 틀 속에서 벗어날 수가 없는 일이기 때문이다.

오늘 이처럼 일어나고 있는 지구재앙은 천기天氣가 변화하고 있음을 나타내 주고 있다. 그 운행 자체가 삼천대세계三天大世界를 총괄하신다는 창조주 하나님의 우주신도宇宙神道, 그 자체이기 때문에 삼라만상이 그 섭리하심의 운행에서 벗어나 존재할 수가 없다는 것이 종교적인 논리다.

그 원리를 태초 우주만물의 근원根源이신 성부 하나님의 아들 성자들께서 동서東西로 시대와 나라를 달리하고 출현하시어 우리에게 가르쳐 주신 태초의 하나님 그 우주섭리다.

그 진리체 성자들 중에서 이 세상 가장 낮고 비천한 사생아로 태어나 의붓아버지 목수 요셉 밑에서 문짝이나 날라주며 학교 문전에도 가본 일이 없었다는 성자 예수다. 그런데 하신 말씀이 '하늘의 이치를 아는 것이 지식의 근본이다.' 라고 하셨다.

지식의 근본根本, 그 가르침이 영원히 변하지 않는다는 하늘나라 진리의 말씀으로, 듣고 영혼이 깨어나서 자성自省하고 허망한 육체의 본능을 다스릴 줄 아는 진화 성숙된 영인체靈人體로 거듭남을 입어야 한다는 것이다.

그 명제가 천지만물의 근원이신 조물주 하나님께서 성경(창세기 1장)에서 태초의 말씀(Logos)으로 하나님의 형상을 따라 사람을 창조하시고, 그들에게 다스림의 공중권세를 축복으로 주었다는 우주 지성체로 각기 신神의 성호聖號를 붙이고 지구에 내려와 물질인간을 설계 창조할 수 있었던 '천상의 사람'이다.

그 신과神果들이 지구라는 행성에 내려와서 그 호흡으로 설계 창조한 피조물이 바로 예수께서 '회칠한 무덤'에 비유하시고 '너희는 걸어다니는 송장'이라고 말씀하셨던 육체뿐인 존재들로 참 생명의 빛, 그 영혼성靈魂性이 없음을 일러주신 것이다.

그렇기 때문에 과거 원시인간 시대에서 구석기 신석기 청동기 시대를 거쳐 점차로 진화 발전되어 나온 현생인류 역사다. 하지만 지구인들은 태초의 빛으로 전지전능하신 하나님의 창조물이 아닌 그 공중 권세자들에 의해 창조되었기 때문에 육체만 설계 창조되었을 뿐 허상에 불과한 존재들이다.

그런 사망의 자식들을 불쌍히 여기신 천지부모 하나님께서 예언의 선지자들을 보내시어 때가 이르면 이 땅에 만왕의 왕, 구세주가 출현하게 될 것이라는 것을 전하게 하시었다.

그 선지자 예언의 구세주가 유대 땅에 성자예수 출현으로, '태초의 빛' 그 영혼 생명의 말씀(Logos)으로 새 생명을 얻으라는 것이 사랑의 하나님, 그 재창조의 섭리역사로 약속의 말씀이다.

유대 땅에 그 약속이 이루어진 것은 그들의 조상 아담과 이브 창조로부터 그 자손들이 번성되어진 4,000년 만에 이루어졌던 것으로, 예수께서 그 백성들을 향해 하늘나라 영원한 생명으로 구원함을 받으라는 선포의 말씀이 '나는 길이요 진리요 생명이라' 하시고, 와서 듣고 '거듭남'을 입으라고 하신 것이다.

그와 같은 말씀은 성자예수 출현 그 500년 전, 인도 땅에 출현하신 석가 부처(聖子)께서도 마찬가지였다. 그 원주민들에게 그 불성佛性을 불어 넣어주는 법문法文을 와서 듣고 '탈겁'하라는 그 말씀 모두가 재창조의 섭리역사로 고등종교 세계관이다.

그처럼 구원의 사자使者로 이 세상에 보내심을 입고 설파하신 성현들의 진리의 말씀, 그 법문이 태초에 우주만물을 사랑의 말씀(Logos)으로 창조하시었다는 조화주 하나님의 우주정신으로, '태초의 빛'이라는 그 분자적인 일곱색 진리체眞理體가 이 땅에 보내심을 입었다는 바로 그 칠대성현들이다.

그 섭리에 의해 독자 인격신으로 이 세상에 출현하신 성현들의 말씀이 칠색七色의 도맥道脈으로, 하늘나라 천기운행의 섭리를 단계적으로 시대와 나라를 달리하고 설파하게 하시었음을 '요한계시록'에서 '주 앞에 있는 일곱 금촛대의 비밀'이라고 표기해 두고 있다는 사실이다. 그러한 연계성連繫性의 관계를 갖고 유대 땅에 출현하신 성자예수께서는 '내 아버지 하나님은 사랑이시라'는 그 명제의 도맥道脈을 실체적인 모델로 성체에 피 흘리기까지의 고통을 참아내며 보여주고 가신 그 복귀復歸현상으로 생체부활하심이었다.

그 교훈이 하늘나라 영혼생명의 천법天法이다. 성자예수 출현 이전 유대민족의 조상신 여호와가 그 호흡 설계로 '종자씨'를 뿌리고 거기에 육신의 도리를 알게 하기 위해 그 책임과 의무를 십계명율법十誡命律法을 세워 가르쳐오던 그 행사行事가 유대민족 뿌리역사로 구약이다.

그 내용은 그들의 조상신 여호와의 가르침에 따라 주신을 달리한 이방민족과 서로 대립적인 맞수대결로 온통 피 흘림의 전쟁사로 점철되어 있다. 그처럼 살상대결로 죄 많은 사망의 터 밭에 구원의 사명을 받고 출현하시었다는 성자예수께서 선포하신 말씀이 '새 계명을 너희에게 주노니 네 이웃을 내 몸같이 사랑하라' 하시고, 이어서 '원수를 사랑하라, 그것이 내 아버지의 뜻이니라.' 하신 것이었다.

하지만 그 백성들은 그동안 조상신 여호와로부터 이방민족과 경계의 선을 분명히 긋고 개체로 분리시키는 이분법만을 배워왔었기 때문에 그 말씀이 이해되지도 않았을 뿐만 아니라, 또한 받아드릴 수도 없었다.

그 이유는 그들의 민족 수호신 여호와가 전략적인 술수까지를 가르치며 이방민족과의 전쟁을 진두지휘해 나왔었던 그런 시대 상황에서 예수께서 '내 아버지 하나님은 만민을 사랑하시는 분'이라는 말씀이었고 보면, 당연히 그들로부터 비웃음꺼리가 될 수밖에 없었다.

그러한 불신不信의 분위기에 예수께서는 죽은 나사로를 살려내는 기적을 보이셨으며, 또한 귀신을 쫓는 등 여러 가지 이적을 행사해 보이시고, '나를 믿는 자는 죽어도 살리라.' 하시었으며, 그 말씀을 믿는 자는 그 믿음이 의義가 되어 영원한 생명을 얻으리라고 하신 것이다.

그 말씀이 원시종교 여호와 초등학문의 율법 구약시대를 마감하고, 드디어 고등종교 스승 성자예수께서 '너희에게 새 계명을 주노니 서로 사랑하라' 하신 하늘나라 천법天法의 신약복음 시대로, 종의 율법 여호와의 지도地道에서 성자예수의 천도天道로 그 가르침의 차원이 엄연히 다른 세계관이다.

그처럼 성자예수께서 선포하신 천법天法이 만민평등의 고등종교 기독교 세계관으로, 그 존재 근원이 바로 성경(창세기 1장)에서 나타내 주고 있는 '태초의 빛'으로, 그 말씀(LOGS)이 우주만물을 형상화시킨 그 일곱색 빛이라는 것을 '우리'라는 복수형으로 분자적인 성자의 신위神位임을 밝혀주고 있다.

그러한 연계성을 가지고 독자 인격신으로 이 세상에 출현하신 일곱 성현들이다. 그 중에서 성부 하나님의 우주정신 사랑의 도맥으로 유대 땅에 출현하신 성자예수께서 하신 말씀이 여호와의 창조물로 영혼성이 없는 그 백성들을 향해 하늘나라 복된 영혼생명의 말씀을 와서 듣고 깨어나서 거듭남을 입으라고 하신 것이다.

그 말씀이 유대 땅에 오고간 선지자들이 예언한 구세주 메시아 출현으로, 죽을 수밖에 없는 사망의 자식들을 영원한 생명체로 거듭 재창조시켜 주겠다는 인류구원의 희소식으로 '하늘에는 영광이며 땅에는 평화'라는 기독교 세계관이다. 그처럼 복된 구원의 희소식이 오직 변하지 않는다는 진리로 믿고 받아드리는 자는 성자예수께서 부활로써 영혼생명의 실상을 보여주심과 같이 사망의 권세를 깨트리는 '세상을 이긴 자'가 된다고 하신 것이다.

그렇기 때문에 오늘 이처럼 지구 대이변의 환란이 눈앞에 펼쳐지고 있는 상황에서 우리가 생각해야 할 시급한 문제는 현생인류가 종교적인 시대 변화를 얼마나 바르게 이해하고 받아드려 거기에 대처하는 준비를 할 수 있느냐 하는 것이 최우선적인 과제로 풀어야 할 숙제라고 본다.

특히 그 세계관이 엄연히 다른 구약과 신약을 '한 틀' 속에 묶어 개화라는 명분으로 서양에서 들어온 서구신학 논리를 그대로 여과 없이 받아드려 기독교 스승 십자가 고난의 의미에 크게 혼돈을 주고 있기 때문이다. 그것이 어쩌면 예수께서 '말세에 참 믿는 자를 보겠느냐' 하시고 '내가 너희를 위해 수고한 것이 헛될까 하노라' 하신 염려 그대로 응해지고 있는 세상 풍경인지도 모른다.

예수께서는 구약시대 여호와의 율법 아래 있는 그 백성들을 향해 너희가 시대 구별을 하라고 하셨다. 그 섭리를 예수께서는 주인이 농사짓는 비유를 들어 말씀하신 것으로, 이른 봄에 밭갈이를 하고 종자씨를 뿌려 가꾸는 것은 종들에게 주어진 일이며, 그 씨알이 고개를 내밀 때쯤이면, 그 씨알을 알곡으로 익히게 하기 위해 주인이 그 밭에 아들을 보내어 생명의 물을 뿌리게 한다는 것이 기독교적으로 영생수永生水며, 불교적인 용어가 감로수甘露水다.

그것이 주인이 섭리하신 뜻으로, 하나님의 종복從僕들이 지구에 내려와 종자씨를 뿌리고 초급한 율법律法을 가르쳐 가꾸던 구약시대가 성자 출현으로 마감되면서, 영생하는 고등학문 천법天法의 신약시대로 그 시대 변화를 가져온 것임을 예수께서는 그처럼 주인이 농사짓는 비유를 들어 말씀해 주신 것이다.

그럼에도 불구하고 지구촌 물질문명을 발전시켜 나온 서양에서 태동된 종교논리가 그 시대 구별을 하라는 의미의 뜻을 바르게 정리하지 못하고 구약과 신약을 한 틀 속에 묶어 설파하는 것이 바로 그 문제점이다. 그 논리가 주主되신 하나님의 종복從僕 여호와를 태초의 천지부모 하나님 자리에 격상시켜 올려놓고 과거 구약시대 여호와 숭배사상과 함께 그 제사의식으로 속죄함을 받는다는 초급한 믿음의 신앙관을 심어주고 있기 때문이다.

그 문제를 오늘 우리가 풀어내지 않고서는 기독교 스승 성자예수 십자가의 공로가 무색해질 수밖에 없다. 그처럼 십자가 형틀에 매달려야 했던 이유가 바로 여호와 숭배사상의 구약시대를 마감한다는 의미였기 때문에 그 백성들로부터 귀신들린 사람으로 따돌림을 받았고, 마침내는 그 시대 제사장들과 서기관들로부터 이단의 괴수로 내몰려 참수형을 당해야 했던 그 화근으로 종교혁명의 불씨였던 것이다.

사실 예수께서 말씀하신 그 시대 변화를 그들이 수긍하고 받아드린다면 우선적으로 타격을 입는 부류가 그 시대 제사장들과 서기관들이다. 율법적인 제사의식 규례가 끝남과 동시에 그 제사장 제도가 해체되는 것이기 때문이다.

하지만 성자예수께서는 장사한 지 사흘 만에 사망의 권세를 깨뜨려 보이시고, 제자들에게 영혼부활의 복된 말씀을 족속을 초월하여 온 땅에 전파하라고 당부하신 그 말씀이 만민평등으로 기독교 세계관이다.

그처럼 인류구원을 위해 희생의 제물이 되었다는 상징성의 십자가 위에 개화라는 명분으로 서양 신부들이 업고 들어온 논리가 유대민족 우월성을 높이기 위한 여호와 유일신 숭배사상과 함께 그 뿌리 혈통계보에 이방민족 뿌리역사를 단일적으로 '한 틀'에 묶어 왜곡시키고 있다는 것이 또한 그 문제점이다.

그러한 서구신학 논리는 성자예수께서 염려하신 그대로 십자가의 공로를 무색하게 만들어 버린 격이나 마찬가지다. 세상적인 그 어떤 목적으로 진리를 오도시키는 그들의 논리가 바로 '요한계시록'에서 지적해 주고 있는 '사단의 회'임에는 틀림이 없다.

그렇게 진리를 오도시키고 있는 그들을 성서는 또한 '눈먼 몽학선생'이라고 지적하고 있으며, 그들의 말을 진리로 믿고 따르는 맹신자들이 함께 구렁에 빠지게 된다는 경고를 분명히 하고 있으면서, 그들의 심판이 지구 개벽이 오기 전에 먼저 있게 될 것이라는 것을 암시해 주고 있다는 사실이다.

그들이 받을 심판의 형벌은 무지無知가 유죄有罪가 된다는 말을 다시 떠올려 보게 해준다. 한시적인 인간 육신의 정신세계를 깨우쳐 주기 위한 성현들의 근원적인 가르침을 사명감으로 갖고 그 말씀을 준행하고자 하는 신심信心이라면, 적어도 종교라는 명분을 앞세우고 오늘 그런 모습들을 만들어 낼 수가 없는 일이다. 혼탁한 세상만큼이나 종교판 역시도 세상적인 마魔가 끼었다는 이야기다.

그렇기 때문에 명분만 고등종교 스승들의 진리로 포장할 뿐 과거 성자 출현 이전의 저급한 기복신앙관과 '한 틀' 속에 묶어 신도들의 정신을 혼미昏迷시키고 여러 가지 명분을 내세워 세상적인 속된 제물 헌납이나 바라고 있다는 지적이다.

이처럼 종교판이 제 역할의 구실을 해내지 못하고 지구촌이 자연재앙의 대이변 현상으로 혼돈스러운 가운데서 그러나 현대 우주의식으로 열린 과학자들은 뉴턴의 만유인력 법칙으로 설명한 지구의 세차 운동이 현재 지구촌에 전개되고 있음을 피력하고, 그러한 이변현상이 근본적인 패러다임의 전환을 가져올 것이라고 예측하면서 과거 어느 때보다도 초비상 사태로 긴장 상태에 있다고 했다.

사실 오늘 그와 같은 지구촌 대이변의 자연재앙 현상은 때가 이르면 지구 개벽의 시대적 전환점이 오게 될 것이라는 성현들의 예언을 다시 상기시켜 보게 해준다.

그 이변현상이 하나님께서 섭리하신 천기운행天氣運行으로, 지구의 축이 정축으로 바뀌는 그러한 진동의 환란이 있고 난 후, 하늘의 뜻이 땅에서 새롭게 펼쳐지게 된다는 것이 고등종교 스승들의 예언의 말씀이기 때문이다.

그 예시例示가 또한 과거 시대와 나라를 달리하고 동서東西로 출현했던 현자賢者들께서 때가 이르면 선후천先後天이 교차하게 될 것이라는 그 말세론末世論이다.

그 말세론적인 예언은 오늘처럼 고도로 진보된 물질문명 시대에서 태초의 창조주 하나님의 우주의식으로 깨어나서 진화 성숙된 영체靈體 인간만이 거기에 대처하고 이 땅에서 살아남을 수가 있게 된다는 염력念力의 정신문명 시대로 진입하게 된다는 대전환의 시기가 오게 됨을 의미한다.

그처럼 새롭게 도래到來하여 펼쳐진다는 신천지新天地의 세계가 때가 이르면 이 땅에서 거룩하고 아름답게 펼쳐지게 될 것이라는 성현들의 예언이고 보면, 오늘 지구 세차운동에 의한 이변현상은 그 조짐의 경보 울림으로 보아야 할 것이다.

그러한 이변현상이 특히 인류구원을 위해서 이 세상에 출현하셨다는 기독교 스승 성자예수께서 하신 예언적인 말씀으로, '도끼가 이미 나무 뿌리에 놓였으니….' 하시고 '이 세대가 다 지나기 전에 그 일이 이루어지리라.' 하신 그 말씀을 다시 상기시켜 보게 해준다. 그 준비를 위해 '마음을 성전삼고 늘 깨어서 기도하라'고 이르셨기 때문이다.

그 가르치심이 또한 석가부처께서 중생들에게 세상 지향적인 기만의 눈을 마음으로 돌려 자아성찰自我省察하라고 가르치신 그 법문法文이나 다를 것이 없다.

성현들의 그러한 가르치심이 영원한 진리의 말씀으로 영혼생명을 일깨워주시기 위한 인류구원으로 자비로우신 하나님의 은혜며 사랑이라고 했다. 그렇기 때문에 예수께서는 인간에게 영생永生의 복을 주기 위함이라는 천국복음福音의 말씀을 듣고 깨어나 거듭난 자들만이 구원을 받고 그때에 새 노래를 부르게 될 것이라는 그 나라가 다시는 눈물과 고통의 한숨, 그리고 죽음이 없는 지상낙원地上樂園 세계라고 하시었다.

그 가르침과 동일한 설법이 또한 불교의 교조教祖이신 석가부처께서 중생들에게 하신 말씀으로, 세상을 빗대어 '고통의 바다' 고해苦海라고 하시며, 그 상징성을 한 손에 연꽃을 들고 빙긋이 웃어 보이셨다. 그 뜻이 바로 세상은 온갖 벌레들이 우글거리는 고통의 진흙 밭이라는 것과 그 속에서 천지부모 하나님께서 고대하고 바라시는 천지화天地花로 피어나기까지는 세상이 주는 그 모든 고통을 참고 신의 성품으로 변화되었을 때에 비로소 이 땅에 이루어질 것이라는 신천지新天地의 세상에 고개를 내밀게 된다는 것을 한 송이 연꽃을 들어 비유해 보이신 것이다.

그처럼 진흙 밭에서 온갖 벌레들에게 깨물리며 지극하게 피어나는 연꽃처럼 세상이 주는 모든 고통을 참고 이겨내야 하는 것이 피조물로 창조된 인간 모두에게 주어진 숙명임에는 틀림이 없다.

그것이 불가佛家에서 말하는 인과응보因果應報 법칙에 의한 인간 생사윤회生死輪廻의 이치로, 정진수행正眞修行으로 동물적인 육신의 본능, 그 오욕칠정五慾七情을 자재하고 다스릴 줄 아는 고등영체로 거듭나기 위해서는 우주섭리를 담고 있는 진리의 말씀으로 깨어나 불성佛性을 이룬 자가 되어야만 한다는 것이다.

그 가르침이 불교에서 말하는 성불成佛이다. 그 법문의 이치가 기독교 세계관과 결론은 동일한 것으로, 그 지혜의 말씀으로 천기운행의 우주섭리를 깨닫고 거듭남을 입었을 때에 비로소 활달자재豁達自在할 수 있는 능력의 영인체靈人體로 변화되어 죽음을 초월하고 모여서 살게 된다는 지상천국地上天國이 불교적인 용어로 구주미륵용화세계救主彌勒龍華世界다.

그와 같은 이치의 맥락이 또한 노자 성현께서 말씀하신 삼생만물三生萬物로, 그 가르침의 이치가 삼천대세계三天大世界로 천지인天地人이 '한 틀' 속에 고리를 잇고 완성을 향해 운행되고 있기 때문에 미완된 인간 역시도 영혼이 성숙되기 위해서는 세상이 주는 그 모든 고통을 이겨내고 신성神性을 이루어야 한다는 것이며, 그렇게 신의 성품을 이룬 자들만이 하늘의 뜻이 이 땅에 새롭게 펼쳐진다는 그때에 모여서 살게 된다는 나라가 노자 성현께서 말씀하신 신선세계神仙世界로 그 뜻을 동일하게 내포해 주고 있다.

그렇듯 동서東西로 출현하신 유불선儒佛善 기독교의 스승들께서 설파하신 최종적인 결론의 말씀은 그 맥을 하나로 관통하고 있다. 태초에 조물주 하나님 우주섭리에 의해 때가 이르면 하늘의 뜻이 땅에서 이루어지게 될 것이라고 하셨으며, 그 세계에 들어가기 위해서는 진리의 말씀으로 영혼의 거듭남을 입고 만물을 다스릴 줄 아는 영장靈長으로 신성神性을 이룬 그 영체인간靈體人間으로 변화되어야 한다는 것이다. 그처럼 인간영혼이 성숙되어졌을 때에 조물주 하나님이 고대하고 바라시는 성인聖人의 반열에 오르게 된다는 것으로, 예수께서는 진리의 말씀으로 거듭남을 입고 영체인간으로 변화된 자들을 한 가족으로 '형제라고 부르기를 부끄러워하지 않겠다'는 그 믿음과 소망을 심어 주신 것이다.

그 믿음과 소망을 갖게 해주는 것이 기독교 세계관으로, 영원한 생명으로 거듭남을 입게 해주겠다는 그리스도 '인류구원'이라는 진리의 말씀이 천국복음天國福音으로 신약성서 기록이다.

그처럼 복된 영원생명永遠生命의 희소식을 전파하기 위해 이 땅에 출현하셨다는 성자예수 십자가의 고난을 상징으로 세워진 기독교 세계관이다. 그런데 안타깝게도 그 논리가 혼합된 쑥물로 변질되어 들어왔다는 사실을 오늘 우리가 바로 알고 정리하지 않으면, '우리의 소원은 통일'이라는 그 숙제를 풀어낼 수도 없을 뿐더러, 지구 대환난의 재앙에서 구원받을 수 있는 대안의 지혜를 얻어낼 수도 없는 일이다.

예수께서는 태초에 광명하신 하나님, 그 우주섭리를 아는 것이 지식의 근본이라고 하셨다. 그 지혜를 얻기 위해서는 먼저 하나님 우주섭리에 의해 이루어진 지구촌 동서민족의 조상 뿌리 이름의 역사부터 밝혀보는 것이 그 수순일 것이다.

사상이란, 그 민족 뿌리 세움의 조상신으로부터 심어진 민족정기로, 그 민족문화를 이루어 나왔음을 특히 지구촌에 '진실의 서書'라고 내세우며 자랑하는 유대민족 뿌리역사 구약에서 그 민족 수호신 여호와가 '이방민족의 풍속을 좇지 말라!'는 그 선포의 기록에서 그 의미의 뜻이 무엇인가를 생각해 보게 해준다. 서구신학 논리는 그처럼 상대성을 나타내 주는 그 이방민족과의 관계를 어떤 의도에서였던지 그들의 조상 혈통계보에 묶어 설파하고 있기 때문이다.

오늘 우리가 그 의문의 숙제를 풀었을 때, 지구촌 대립적 사상대결로 분단의 아픔을 겪고 있는 그 문제점의 원인이 무엇이란 것을 알게 됨과 동시에 분단된 조국통일은 자연스럽게 이루어질 것을 믿어 의심치 않는다.

그 일을 이루기 위해서는 무엇보다도 정부나 국민이 나의 실체를 깨닫게 하는 하늘 대법大法의 지혜로, 우리 배달한민족 조상 뿌리역사의 소중함을 새롭게 인식하게 되었을 때, 남북이 대동단결할 수 있는 민족 주체성 확립으로 유일하게 세계 속에서 분단국가라는 불명예를 씻어낼 수 있을 것이다.

그와 동시에 고조선시대 '동방의 등불'로 우뚝 솟았던 그 후손임을 자랑하면서 지구촌 인류평화를 이루게 하는 영성 지도국으로 세계를 향해 힘차게 나가게 될 것을 기대해 본다. 그 섭리가 지구촌에 유일하게 하늘 제사권의 소명을 받고 세워졌다는 천손민족으로, 성서 '요한계시록'뿐만이 아니라 동서東西로 오고간 현자들의 예언이기 때문에 믿어도 좋을 것이다.

그 지혜를 얻기 위해서는 지구개벽은 왜 오는가?

그리고 우리 한민족의 개천사상開天思想은 과연 무엇이며, 개국조開國祖이신 단군왕검의 건국이념, 그 홍익인간이화세계弘益人間理化世界가 주는 의미는 무엇인가를 독자들과 함께 밝혀보기 위한 「개벽 그리고 개천 개국」 이 책이 우리 모두에게 새로운 정신문명 시대를 열어가는 삶의 지혜가 되어 준다면 작가로서 그 이상의 보람은 없을 것이다.

구례 지리산을 바라보는 서재에서

麗海 한승연

프롤로그

만물의 천지부모 그 음양사상을 대별적으로 나타내주고 있는 도맥道脈이 음적陰的인 불교의 윤회사상으로 성모님의 자비며, 양적陽的인 기독교의 부활사상이 성부聖父 하나님의 우주정신 '사랑'으로, 그리스도를 성부 하나님의 머리라고 신약성서는 밝혀주고 있다.

그 섭리가 만물의 근원이 되시는 태초의 천지부모 그 음양陰陽이치의 도맥道脈으로 이 세상에 출현하신 고등종교 스승을 성서는 '두 금촛대의 비밀'이라고 표기해 두고 있다.

그러한 관계성에서 그 법문法文의 모델이 되어 보이시기 위해 세상에 출현하시어 온갖 수난과 고초를 몸소 겪어 교훈으로 남기시고, 때가 이르면 다시 오리라는 약속을 남겨 주고 떠나신 고등종교 스승들이다.

특히 성부 하나님의 머리 도맥으로 출현하신 성자예수께서는 사망의 권세를 깨뜨리는 그 상징성을 십자가의 고난을 통해 생체부활로서 자신이 태초의 빛으로 '아버지가 내 안에 내가 아버지와 함께하고 있다'고 말씀하셨던 그 성령체聖靈體임을 확증시켜 보여 주기 위해 그처럼 십자가의 고난을 참아내셨음이다.

그처럼 십자가에 못이 박혀 성체에 물과 피를 이 땅에 흘려야 했던 성자예수의 고난이 인류구원을 위해 자신에게 만세 전부터 예정되어진 운명이라고 하셨으며, 그런 뜻에서 생전에 '한 알의 밀알이 땅에 떨어져 썩으면 많은 열매를 맺게 되느니라' 하신 그 비유 말씀의 뜻이 바로 거기에 있었음이다.

그것이 태초의 하나님 우주섭리에 의한 것으로, 물질이 왕 노릇 한다는 이 세상에 조상의 탯줄을 목에 감고 태어난 인간들은 인간영혼의 성숙을 위해 누구나 아픔과 고통이 따르기 마련이라고 했다.

그 가르치심이 세상이 주는 고통을 통해서 인간영혼이 성숙되어진다는 것으로, 성자예수께서는 험난한 세상을 빗대어 '물질은 일만 악의 뿌리'라고 하셨으며, 석가 부처님 역시도 그런 뜻에서 거짓과 위선이 난무하는 세상을 빗대어 평안이 없는 '고통의 바다' 고해苦海라고 하셨다. 그렇듯이 악惡하고 탁한 물질 세상은 인간영혼 성숙을 위한 닦음의 도량道場으로 누구에게나 눈물과 고통이 있게 마련이라고 하셨음이다.

그런 뜻에서 예수께서는 이 세상에 태어난 인간이면 누구나 자신이 짊어져야 할 각자 몫의 고통의 십자가가 있다고 하시고, 하나님은 감당할 만한 십자가 외에는 주지 않는다고 하시며 범사에 감사하라고 하시었다.

그 말씀의 뜻이 바로 고통을 통해서 인간영혼이 성숙된다는 것으로, 예수께서는 인류구원을 위해서 자신이 짊어져야 하는 그 십자가의 운명 앞에 순종하는 아들의 모습을 보여주셨으며 숨을 거두시는 마지막 순간에 '다 이루었다' 하신 그 말씀이었다.

바로 그것이다. 이 세상에 출현하신 진리체 성자들도 운명적으로 자신에게 주어진 소명을 다하기 위해 온갖 고초를 당했듯이 인간이면 누구나 운명적으로 짊어져야 할 십자가의 고통이 있게 마련이라는 것이다. 그러므로 자신에게 주어진 고통을 참고 하나님 말씀에 순종했을 때에 하나님 아들의 반열에 들어갈 수 있는 영광을 성취한다는 것으로, 세상을 '이긴 자'라고 하시었으며, 공자 성현께서도 하늘이 큰 사람을 만들기 위해서는 뼈를 깎는 고통을 준다고 하셨다.

그런 뜻에서 예수께서는 '범사에 감사하라'고 이르셨던 것으로, 그처럼 세상을 이겨낸 큰 생명체가 되었을 때에 예수께서 '태초의 빛' 그 성육신聖肉身으로 부활 승천하심과 같이 지구환란의 그날에 활달자재豁達自在함으로 사망의 권세를 깨뜨리는 능력자가 되어 살아남을 수 있다는 가르침이었다.

그처럼 복된 영생의 말씀이 인류에게 전해 주고자 하신 믿음과 소망으로 하늘에는 영광이며, 땅에는 평화가 된다는 성자예수 구원의 말씀이 영원히 변하지 않는다는 진리로 기독교 세계관이다.

그리스도란 구원이란 뜻이다. 예수께서는 그러한 뜻에서 '나를 믿는 자는 죽어도 살리라' 하시고, '너희 믿음대로 이루어지리라' 하시었다. 그 믿음을 소망으로 영원한 생명을 얻기 위해서는 잠시 잠깐이면 없어질 허망한 물질세상을 크게 보고 헛된 유혹에 끄달리지 말라는 교훈의 말씀이 '부자가 천국 들어가기가 낙타가 바늘구멍으로 들어가기 보다도 어렵다'고 하셨으며, 그 실제적인 교훈을 광야에서 자신이 세상적인 모든 유혹의 시험을 뿌리치고 이겨내는 그 모델이 되어 보여주셨던 것이다.

그런데 오늘 우리 눈앞에 펼쳐지고 있는 세상은 악惡이 난무하는 고통의 불지옥 그대로를 연상시켜 주고 있다. 그런 세상 풍경 속에서 고등종교라고 내세우는 그 세계관을 다시 재고해 보지 않을 수가 없다. 영혼구원이라는 고등종교 진리의 말씀 위에 성자출현 이전, 인도의 원주민들이나 이스라엘 원주민들이 그들 수호신의 가르침과 요구에 따라 육신의 안위를 추구하며 행사했던 초급한 제사의식의 범주를 크게 벗어나지 못하고 있기 때문이다.

그 논리가 바로 예수께서 지적하신 구약시대 여호와의 초등학문의 가르침으로 그 원시성을 탈피하지 못한 채 제물헌납으로 속죄함을 받고 들어가고 나가도 복을 받게 해준다는 기복신앙이다.

그처럼 초급한 기복신앙 제사 요구는 고등종교 스승 예수께서 설파하신 하늘나라 '새 계명'이라는 천법天法에 철저하게 위배되는 의식이다. 예수께서는 그러한 율법적인 제사의식을 이제는 폐하라고 하시고 '나는 율법의 완성이니라'고 하시었다.

그 말씀은 하나님 섭리에 의한 시대변화를 뜻하는 것으로, 예수께서는 '나는 길이요 진리요 생명이라' 하시고 이스라엘 백성들이 절대

권능의 천주님으로 믿어오던 그들의 주신主神 여호와의 계율 십계명十誡命 율법은 영혼생명의 축복과는 상관이 없는 초등학문이라고 지적하시었다.

그리고 하신 말씀이 이제는 '너희 마음을 성전 삼고 늘 깨어 진리를 사모하고 그 나라와 그 의를 구하라.' 그것이 참 되신 내 아버지 하나님께 드리는 진정한 산제사라고 하시며, 너희가 시대 구별을 하라고 하셨다. 하지만 그 당시 이스라엘 백성들로서는 그 말씀을 도무지 이해할 수도 없었고, 또 받아드릴 수도 없었다.

예수께서 지적하신 초급한 그들의 기복신앙관의 믿음은 이스라엘 민족뿌리를 세운 창조 수호신 여호와가 그 백성들의 생사화복生死禍福을 주관해 오면서 가르친 세상적인 율법으로 그 계율戒律을 어기면 그들의 주신主神 여호와로부터 거기에 대한 보응으로 진노의 벌을 받아왔었기 때문이다.

그런데 그들이 믿어온 주신主神 여호와에게 올리던 율법적인 물질 제사의식을 폐하라는 말씀이었고 보면, 도무지 이해되지도 않았을 뿐더러 또 받아드릴 수도 없는 시대 분위기였다.

그랬기 때문에 귀신이 들린 사람으로 등을 돌렸고, 또한 제사장들과 서기관들로부터는 '이단의 괴수'로 내몰려 마침내 용서 받지 못할 큰 죄인들에게 주는 형벌의 십자가에 매달려 고통의 쓴 잔을 마시어야만 했었다.

예수께서 그처럼 피 흘림을 당해야만 했었던 이유가 바로 그 이스라엘 백성들이 절대자 천주天主 하나님으로 믿고 숭배해온 여호와를 감히 폄하했다는 불경 모독죄였다.

그처럼 단일적인 유대교 여호와 유일신唯一神 숭배사상에서 이제는 깨어나서 그로부터 자유함을 얻고 태초 만생명의 주인이 되시는 참 부모님의 사랑과 자비, 그 실상을 바로 깨달아야만이 고통과 눈물이 없는 천국백성으로 영혼 생명을 얻게 된다는 것이 고등종교 스승 성자예수의 가르침으로 기독교 세계관이다.

그러한 포고가 종교혁명의 불씨로 여호와 지도地道의 율법 초등학문 구약시대에서 성자예수 하늘 천도天道의 고등학문 신약시대로 분리되는 그 시대 변화를 가져온 것이다.

그 비유였다. 그것이 기독교 스승 예수께서 지상천국이 건설되기 전에 이 땅에 '불심판'이 있을 것이라는 예언의 말세론으로, 분명히 그 조짐의 징조가 있을 것이라고 하시었다.

그런데 오늘 지구 도처에서 조물주 하나님의 불심판의 그때가 눈앞에 이르렀음을 알리는 이변 현상으로 그 경보 울림의 신호탄을 울리면서 지구촌 인류에게 각성을 촉구하고 있다.

이처럼 성현들께서 천지가 개벽할 것이라는 예언의 조짐을 지구 도처에서 보이는 긴박한 상태에서 거기에 대처할 시급한 문제는 천지개벽 이전에 먼저는 저급한 논리에 혼미해진 인간정신 개벽부터 있어야 한다는 생각이다. 그래야만이 세상 지향적인 과거의 기복신앙 믿음에서 깨어나 진정한 마음의 제사로 하나님의 실상과 우주섭리를 바로 깨달아 알고 내 영혼의 실체를 바로 볼 수 있을 것이기 때문이다.

그랬을 때에 비로소 예수께서 '한 생명이 우주보다 크다' 하신 영원한 생명을 얻고 다시는 눈물과 고통이 없는 그 지상낙원 세계에 들어가서 새 노래를 부를 수 있게 된다는 이야기다.

거기에 합당한 자가 되기 위해서는 성자예수께서 그 시대 이스라엘 백성들을 향해(갈라디아서) '너희가 그동안 본질상 하나님이 아닌 자들에게 종노릇하였더니….' 그 의미를 깊이 되새김질해 볼 때라고 생각한다. 단일적인 이스라엘의 민족 수호신 여호와는 분명히 본질상 하나님이 아님을 신약성서에 분명하게 시사해 주고 있기 때문이다.

서양에서 태동하여 지구촌에 '진실의 서'로 설파되고 있는 기독신학 논리다. 그러나 그들이 주장하는 유일신唯一神 여호와 숭배사상 논리는 성서 기록상으로 볼 때 진정한 기독 논리에 위배되고 있는 것이 사실이다.

구약의 기록에서 그처럼 이스라엘 백성과 이방민족과의 경계의 선을 분명히 긋고 맞수 대결로 전쟁을 붙여온 여호와의 행사行事 모습은 다만 이스라엘 민족뿌리를 세운 창조 수호신守護神일 뿐 예수께서 만민을 사랑하신다는 조화주 하나님의 위상과 모습이 아님을 분명히 보여주고 있기 때문이다.

그처럼 이분법적二分法的인 여호와의 행사行事를 '창세기 1장'에서 태초의 빛으로 우주만물을 창조하셨다는 전지전능하시고 만민을 사랑하신다는 성자예수 아버지로 격상시켜 '한 틀' 속에 묶어 천도天道를 혼미昏迷시키고 있다.

그 문제점이 서양문물을 앞세우고 고등종교라고 설파하며 들어온 서구 기독신학으로, 그러한 논리 주장에 의해 왜곡되고 있는 것이 또한 지구촌에 분파된 오색인종五色人種의 뿌리역사다.

그 오류가 단일적인 이스라엘 민족의 뿌리 조상 아담과 이브의 후예로 '한 틀' 속에 묶어 예속화시키고 있으면서 지구촌에서 유일하게 여호와 하나님으로부터 선택받은 민족이라는 그 우월성을 높이고 그들의 조상신을 숭배대상으로 삼게 하고 있다.

그 민족 자긍심이 그들의 조상뿌리 여호와로부터 그 백성들에게 심어진 민족정기民族精氣 발로일 수도 있다. 구약시대 그처럼 이분법으로 너와 나를 개체로 분리시키고 있는 여호와였다. 그 행사에서 이방민족과의 살상 대결적인 전쟁을 붙이고 상대방을 유혹하는 전략적인 술수까지를 그 백성들에게 가르쳐왔음을 구약에서 기록하고 있다.

그런 행사로 일관해 나온 여호와의 가르침이 그 민족정기를 심어준 정신문화 유산이라고 할 수 있다. 하지만 예수께서는 분명히 그와는 다른 차원으로 내 아버지 하나님은 사랑이라고 하시며 네 이웃을 내 몸처럼 사랑하라고 하시었다.

그러한 기독교 세계관을 상징하는 십자가 위에 그처럼 이분법을 가르쳐 온 유대교 여호와 유일신唯一神 숭배사상을 그대로 한 틀 속에 묶어 설파함으로 기독교 스승 십자가의 고난이 헛수고로 그 빛을 제대로 발휘하지 못하고 있다고 해도 과언은 아니다.

그 이유는 지구촌에 물질문명을 발전시켜 나온 서양이다. 그렇기 때문에 물질이 왕 노릇한다는 세상에서 여호와를 믿으면 들어가고 나가도 그들처럼 복을 받게 해준다는 종교 논리에 참된 기독신학 논리가 그처럼 무색하게 혼탁해져 있는 채로 지구개벽을 눈앞에 둔 오늘까지 안타깝게도 정리가 되지 못하고 있다.

그렇기 때문에 오늘 우리가 해야 할 일은 '나'라는 생명체의 실상을 바로 알고 찾아야 한다는 명제를 두고 예수께서 '하늘을 아는 것이 지식의 근본'이라고 하신 태초의 하나님 그 우주섭리를 바로 알아야 할 때다.

그러기 위해서는 오늘 그처럼 십자가의 진리를 오도시키는 서구신학의 혼탁한 문제점부터 재정리되어져야 한다는 생각이 그들이 왜곡시키고 있는 동서민족의 뿌리역사를 재조명해 보면서 〈개벽 그리고 개천 개국〉이라는 명제를 가지고 이 글을 쓰게 된 동기부여를 해준 것이다.

비록 어려운 논제지만 성현들께서 이 땅에 새로운 정신문명 시대가 열리게 될 것이라는 그 경보 울림을 주고 있는 전환점에서 이 글을 읽는 독자들과 함께 그 준비를 할 수 있게 되기를 간절히 바랄 뿐이다.

지리산을 바라보는 서재에서
麗海 한승연

■ 차례 ■

불 꺼진 창

서구 기독혁명을 양심선언으로 외친 선구자 김경 목사님을 다시 만났을 때였다. 손에 들고 나오신 「계관시인」이라는 책자와 「왕과 시인」이라는 제목으로 출간된 제11집을 웃으시면서 읽어보라고 건네주시었다.

두 권의 시집을 받아들고 먼저 〈왕과 시인〉이라는 페이지를 넘기다가 '12 · 12는 유혈반란流血反亂'이라는 그 시제詩題부터가 너무나 충격적이어서 단숨에 읽어나갔다.

MBC TV에 비춰지는 '12 · 12' 사건

사실 보도냐 그냥 작품이냐
뭣이 되었건 이는 가슴 무너지는 유혈반란流血反亂
하극상下克上도 분수가 있지
군軍통수권 이리도 어이없이 무너지다니
친구와 친구 한 솥에 밥 먹던 동지 형제
마구다지로 쏴 죽이는 난리, 난리 개난리

권총 장총 장갑차
전차까지 몰고 쳐들어 가는 살벌!
6 · 25와 똑같은 개판

누가 장군將軍이고 누가 적敵인지
엉키고 설키고 분별치 못해
직속부하가 상관 앞에 권총 들이대는
개판, 개판 개새끼들 세상
누가 이걸 믿고 나라 맡기랴
목숨 맡기랴

어허, 어허 눈물나네 피눈물
물고문 당하고 몽둥이찜질
어허 망조로고, 망조로고
신神이 어찌 이런 나라 그냥 두시랴
대통령까지 협박 공갈
떠밀어내는 이 나라 12 · 12
선두에 나선 두 사람
원흉은 바로 그 둘
이거야 말로 국적國賊 아닌가

5 · 18도 그 연장전
나라 뒤집기 작전이거늘
오늘의 문민정부文民政府
이 사실 밝혀 역사의 정도正道 안 세우면
그 또한 역사의 심판 받아야 하리니
먼저는 김재규 공과功過 밝혀야 하고
다음은 12 · 12 정체 밝혀야 하고
세 번째, 5 · 18 피 흘린 광장 샅샅이 캐내어
정통正統 정부의 체통體統 바로 세우지 못한다면
그 또한 후세의 칼도마에 올라야 하리라

1여궁女宮에 2남근男根 심어 12 · 12

거기에 축제까지 겹치고
그 축제로 문민정부 세웠다면
셋은 모두가 동업자同業者 일찍이
어떤 나라에 이런 추물이 있었던가
문민文民 정부政府여 기자氣者!
네 할 일 산외山外에 유산有山한데
천도무문天道無門 어디서 찾으랴 (1995. 11. 3. 07:14)

지난날 참으로 온 국민들에게 크게 충격을 주었던 박정희 대통령 시해사건이었다. 그런데 국민의 한 사람으로써 그 사건을 그처럼 냉철하게 비판하고 있는 칼날 같은 시구를 읽고 그 마음이 알아지면서 그야말로 정도正道로서 일생을 살아오신 진정한 목사님이라는 생각이 들었다. 다시 쳐다보이면서 물었다.

"김재규 공과를 밝히라고 하셨는데, 대통령을 시해하고 그것도 당당하게 내 뒤에는 미국이 있다고 했다는데 목사님은 그걸 어떻게 생각하세요."

"그러니 그 정체를 밝혀야 한다는 거 아닙니까. 아무리 지금 우리나라가 강대국에 의지하고 있는 형편이라고는 한다지만…."

"바로 그겁니다. 생각해 보세요. 해방이 되었다고는 하지만 전략권마저도 미국이 가지고 있고, 또 남북회담 장소에서도 우리는 미국 등 뒤에서 옵서버 노릇이나 하는 형편인데 그게 어디 진정한 해방입니까? 미완된 해방이죠. 그러니 김재규 말대로 한다면 미국을 등에 업고 그 짓을 했다는 거 아니겠어요?"

"그러니까 박대통령이 그들 눈에 가시로 미운 털이 박혔다는 건데…."

"그 이유가 뭐라고 생각하세요, 목사님은…?"

"그러는 데에는 그만한 이유가 있었겠지요."

"앞서 지나간 수레바퀴 자국을 보란 말이 있잖아요. 해방 공간에서 독립운동 선봉장이셨던 백범 김구 선생께서 미군정 체제로 나가는 남한만의 단독정부를 반대하시고 자주독립 통일국가 수립을 주창하고 도모하시다가 테러를 당하셨잖아요. 그 배경이나 김재규가 그것도 당당하게 내 뒤에는 미국이 있다는 것이나 뭐가 다르겠냐구요. 안 그래요?"

그렇게 생각하는 것이 정석일 것 같았다. 그 말에 목사님 역시도 공감을 한다는 듯이 대응을 해주셨다.

"잘 보셨소이다. 김재규가 미국의 사주를 받고 한 짓이라면 분명히 그만한 이유가 있었을 테니까요."

"그게 바로 고분 고분하게 내정간섭을 받지 않겠다는 주체사상이라는 거 아닙니까. 일부에서는 박대통령이 일제시대 일본 사관학교를 나왔다고 해서 마치 친일파처럼 폄하를 하지만 저는 좀 생각이 다르거든요. 옛 말에도 호랑이를 잡으려면 호랑이 굴에 들어가라는 말이 있듯이 그 내부를 알아야 대책을 세울 거 아닙니까. 그게 손자병법에도 있는 말이니까요. 그러니까 박대통령은 과거 위정자들처럼 강대국에 빌붙어 먹는 걸인 근성이 전혀 없는 분이셨던 거죠. 그렇게 분명한 국가관이 강대국에 의지하지 않으려면 먼저 경제부흥부터 일으켜야 한다는 정책이 새마을 사업에서부터 시작해서 오늘 그래도 이만큼 역사 이래에 없는 경제부흥을 일으켜 놓았다는 것은 삼척동자들도 다 아는 사실이잖아요."

"저도 그 부분을 높이 평가한답니다. 사람이 배가 고프다 보면 체면이고 뭐고 간에 이웃에 손을 내밀게 되어 있고, 그게 세상살이라서 그 부자들 말을 들어야 하는 것이고 그러자니 종이 어디 따로 있겠습니까, 핫,핫,하…."

그 부분을 생각하면 저절로 웃음이 나온다는 듯이 통쾌하게 웃으시다가 다시 말을 이었다.

"생각하면 이 나라 장래를 위해 보다 큰일을 하고 가신 분이었다는 생각이 들지 뭡니까. 좀 더 오래 살으셨어야 하는데…."

“큰 재벌도 그렇지만 제왕도 다 하늘이 내는 것이라고 했으니까 뭔가 뜻이 있잖겠어요? 안타까운 일이지만 그렇게 갑자기 테러를 당하신 배후 사정이 뭔지를 바로 알고 정신 좀 차리라는 거 아니겠냐구요? 옛말에도 알아야 면장을 한다고 조국이 뭔지, 우리 조상뿌리가 뭔지도 모르는 제정신 없는 우리 국민들이니까요.”

“그렇지요. 전에도 말했지만 구약의 내용을 보면 이스라엘 백성들이 천주님으로 믿어온 여호와가 그 백성들에게 처음에는 짐승 가죽으로 옷을 만들어 입는 것에서부터 시작해서 성전을 짓는 설계 치수까지도 가르쳤고, 돌판에다 십계명을 새겨서 인쇄 활자법을 정보제공해 주기도 하고, 어디 그뿐입니까, 이방민족하고 맞수대결 전쟁 붙임에서 거짓말 잘하는 영까지도 동원해서 그들을 산골짜기로 유인해서 떼죽음을 시켰다는 것이고, 또 그 무기를 만드는 제작법까지를 세밀하게 가르쳐 주고 있는 내용을 보더라도 그 민족문화는 조상의 민족정기에서부터 비롯된 게 분명한 거죠. 그러니 저렇게 서양이 지구촌에 물질문명을 앞서 발전시켜 나올 수 있었던 거 아니겠습니까.”

목사님 말씀에 공감대를 같이하면서 응수를 했다.

“그렇게 그 백성들 앞에 실제적인 모습으로 나타나서 이것 저것 가르쳐 주고 하던 그 여호와 신이 어느 땐가 부터는 불러도 대답도 없고 하니까 서양의 철인 니체가 신은 죽고 없다고 한 거 아니겠어요? 핫, 핫하…”

“그러게 말입니다. 그래서 제가 로마 교황청에다 그 여러 가지 의문점을 좀 풀어달라고 했었다는 거 아닙니까. 구약의 내용 속에서 보여주는 여호와 행사 전반은 예수께서 내 아버지 하나님은 영원무궁하시고 전지전능하시며 무소부재하시다는 그 하나님 인상과는 도무지 거리가 멀어서 말입니다.”

“아무튼 대단하세요. 오늘 신도들이 그런 질문을 하게 되면 하나님은 인간의 짧은 머리로서는 이해되지 않는 분이라고 무조건 믿으라 하고, 거기에 으레 덧붙여서 하는 말이 의심은 죄라고 하는데, 우리가 과거 천지분간도 못했다는 원시인입니까? 당연이 의심할 수밖에 없지요. 그런 여호와 행사가 기독교 스승 성자예수께서 지칭하신 태초 빛으로 만물을 지으셨다는 하나님 인상과는 거리가 먼데 그렇게 의심하지 말고 믿으라는 게 말이 되느냐구요."

"그러니 제가 신학박사로 성직자 생활을 해나온 것이 마음에 걸려서 지면을 통해 양심고백을 했었다는 거 아닙니까. 내 자신이 꼭 사기치고 앉아 있는 것 같아서 말입니다. 생각해 보십시오. 지구촌 전체 인류가 노란 머리에 파란 눈을 한 유대인 혈통으로 아담과 이브 그 계보 자손이라니 이치적으로 맞는 소립니까? 흐흥…! 저도 한때는 신도들에게 그랬었지요. 여호와 하나님은 능치 못하는 일이 없는 분이라서 노아 홍수 이후에 그렇게 색소를 오색인종으로 변질시켰다구요, 핫, 핫, 핫…."

지난날 목회자 생활을 해오면서 설파했던 그 논리를 생각하면 저절로 웃음이 나온다는 식이었다. 그 마음이 짐짓 알아지면서 거기에 응수를 했다.

"전에도 목사님께서 말씀하셨지만 그 민족문화는 조상혈통 계보로터 이어지는 것이 그 민족정기라고 하셨듯이, 여호와가 그 이방민족을 산골짜기로 몰아 떼죽음을 시키기 위해서 거짓말 잘하는 영까지 동원했다는 그 내용을 보면 예수께서 내 아버지 하나님은 우주만물을 사랑하신다는 그런 하나님 인상에 전혀 어울리지 않는 행사잖아요?"

"맞습니다. 구약의 내용 속에서 보여주는 여호와의 행사는 예수께서 내 아버지는 사랑이라고 하신 기독교 정신과는 어울리질 않는 것이 사실이고, 거기에 의문은 또 있지요. 서구신학 논리대로 한다면 그 이방민족 역시도 아담과 이브 자손으로 그 혈통계보라는 얘긴데, 그 논리대로 한다면 여호와가 그 이방민족을 마치 원수처럼 산골짜기로 유인해서 떼죽음을 시킨다는 게 말이나 됩니까?"

"그러니까 지구촌 오색인종 뿌리역사를 그들 혈통계보에 단일화시키는 그 서구신학 논리를 진리로 믿고 받아드리면 여호와가 들어가고 나가도 복을 준다고 믿으라는 건데, 오늘 현대인이 과거 그처럼 천지분간도 못하고 발가벗고 다녔다는 원시인간들이 아니잖아요. 그 말을 진리라고 믿고 앉아 있는 신도들이 오히려 정신이 이상한 거죠, 뭐."

"생각해 보십시오. 지구촌 전체 인류가 그 유대민족 혈통계보 자손이라면 여호와가 그 이방민족과 철저하게 경계의 선을 긋고 이방민족 풍속을 좇지 말라고 선포하고 그들에게 가르치고 보여준 게 바로 그 거짓말로 유인해서 떼죽음을 시켰다는 거 아닙니까."

사실 그 구약의 내용상으로 보면 오늘 서구신학 논리와는 전혀 일치될 수가 없다. 전혀 그 합리성이 없기 때문이다.

거기에 공감대를 같이 하면서 그 생각을 말했다.

"목사님 생각도 그렇지만 저도 그래요. 오늘 그 서구 기독신학 논리가 그들 조상혈통으로부터 배워온 전략전술에 의해서 만들어진 것이라는 것을 제가 느끼고 고개를 돌리게 된 것은 요한계시록을 읽고 나서였어요. 그 기록에서 자칭 유대인이라고 하는 그들이 거짓말하는 사단의 회라고 했고, 그 쑥물로 많은 영혼을 노략질한다고 그 확증을 주고 있지 뭡니까. 그게 바로 유대인들이 여호와를 유일신 천주님으로 믿어온 유대교 정신 사상과 고등종교 스승 성자예수 기독교 정신을 하나로 묶어 설파하는 그 논리 잖겠어요…? 그 성구를 읽고 생각해 보니까 그렇드라구요. 그게 바로 그들 조상신 여호와로부터 이방민족을 죽음의 산골짜기로 몰아넣기 위한 전략전술을 그처럼 배워온 자손들인데 무슨 거짓말인들 못 만들어 내겠어요. 그게 바로 그 민족문화를 태동시킨 민족정신이라는 거 아니겠어요…?"

"맞습니다. 그게 바로 구약시대 유대민족 조상신 여호와의 우월성을 나타내기 위해서 가르쳐온 전략정책이고, 그것이 유대민족 정신문화를 이루어 나온 것인데, 그 민족정신이 어디를 가겠습니까. 그러니 그 자긍심을 세계에 나타내기 위해서 그처럼 이치적으로도 맞지 않는 논리를 기독신학이라고 십자가 위에 묶어서 들어온 거죠. 그게 지구촌 전체 인류가 자기네 조상 아담과 이브 후예라는 논리인데 그 어떤 무기보다 강력한 침략 정복무기가 될 수 있는 것 아니겠냐구요. 그런데 그 말을 거짓 없는 진리의 말씀이라고 그대로 믿고 꾸벅거리고 앉아서 할렐루야! 하는 신도들이 불쌍한 거죠, 뭐."

"바보가 따로 있나요? 제대로 구약의 내용을 읽어보게 되면 그처럼 합리적이지 못한 서구신학에 현대인이라면 누구나 의문점을 갖게 될 텐데 말입니다."

"그렇지요. 예수께서 그 시대 제사장들로부터 이단의 괴수로 내몰려 십자가를 짊어져야 했던 이유가 뭐겠어요. 자기네 조상신 여호와를 감히 불경스럽게도 본질상 하나님이 아니라고 폄하했다는 것이 그 이유였는데, 그 본질상 하나님이 아닌 여호와를 성자예수 아버지라고 기독교 스승 성자예수 십자가 위에 얹고 들어와서 여호와 하나님을 믿으면 서양마냥 물질이 풍요롭게 들어가고 나가도 복을 받게 해준다는 논리에 배고픈 백성들이 논리 따질 것도 없고 그만 쌍수를 들고 할렐루야 아멘! 하고 있다는 거 아닙니까. 그게 오늘 십자가에 불을 켜고 있는 기독교 논리의 숙제로 기필코 풀어내야 할 문제점이란 거죠."

김경 목사님의 하시는 말씀에 과거 자신 역시도 그러한 맹신적인 신앙생활을 해왔었기 때문에 저절로 웃음이 나왔다.

"후, 후훗… 옳은 말씀입니다. 기독교 스승 예수께서는 그 시대 여호와 율법에 매여 있는 이스라엘 백성들을 향해서 너희에게 자유함을 주러왔다고 하시면서 다시는 무거운 종의 멍에를 짊어지지 말라고 하셨지만, 그 백성들이 이해를 못하니까 주인이 농사짓는 비유를 들어서 이른 봄에 밭에 나가 종자씨를 뿌리는 건 종들을 시켜서 하는 일이라고 말씀하신 뜻이 그거잖아요. 그 섭리가 여호와 행사로 일관되는 구약 종의 시대와 주인 아들이 출현한 성자예수의 신약 복음시대를 구별하라고 하신 건데, 그죠?"

"잘 보셨습니다. 그런데 오늘 서구 기독신학 논리가 그렇지를 않고 주인 하나님의 종 여호와가 어이없게도 성자예수 아버지로 십자가 위에 올라앉아 둔갑을 해버린 격이라, 핫, 하하…. 그래서 제가 로마 교황청에다 그 의문 제시를 두 번에 걸쳐 했었던 거죠. 그런데 일언반구조차도 없는 것이 전략정책으로 다분히 의도적이었구나, 그 생각이 들지 뭡니까. 그래서 그 의문 제시를 기독신문에다가 발표했다가 성직을 박탈당했었던 것이지요, 흐흥!"

"세상에… 그러니까 그들 민족 우월성을 조작하려는 전략정책 논리에 기독교 스승 성자예수 십자가 공로만 무산되어 버린 격이잖아요. 그죠?"

"그렇다고 봐야죠. 그러니 유대민족이 선택 받은 민족이라고 세계에 나가 자랑할만도 하지요. 자기네 조상신 여호와를 감히 본질상 하나님이 아니라고 폄하했다고 해서 성자예수를 십자가에 매달았고, 이제는 그것도 모자라서 자기네 조상신 여호와를 성자예수 아버지라고 십자가에 불을 켜고 설파하고 있으니 말입니다. 하, 하하…."

"그러니까 그 물질 유혹에 예수 팔아먹은 가롯 유다가 따로 있는 게 아니잖아요."

"그래서 예수께서 말세에 참 믿는 자를 보겠느냐고 하신 말씀이 이제야 좀 이해가 될 것 같거든요. 그 시대 구별을 아직까지도 하지 못하고 구약시대 여호와 율법 제사의식으로는 너희가 구원을 얻지 못한다고 하셨는데, 그 규례의식에서 양 잡아 올리는 거 빼놓고는 여전히 그대로 답습하도록 가르치고 있으니까요. 그게 여호와 유일신 숭배사상의 유대교지 성자예수 십자가 고난으로 세워진 기독교 정신이라는 말입니까?"

"그래서 예수께서 내가 너희를 위해서 수고한 것이 헛될까 하노라, 하신 걸 보면 이미 그렇게 될 것을 내다보고 하신 말씀 같아요. 그죠?"

"그렇다고 봐야지요. 제가 드린 그 시집 속에 가롯 유다의 부활이란 제목의 시를 한 번 읽어보시지요. 핫,핫하…."

그 시제부터가 뭔가 그 의미 부여를 해주고 있는 것 같았다. 건네주신「왕과 시인」 시집 페이지를 넘기고 읽어나가기 시작했다.

가롯 유다의 부활

살림살이 쪼들려 배고파 울 때마다
어머니 하시던 말씀 귀에 쟁쟁 울리네,
어미를 팔아먹어라!
어미를 잡아먹어라,
그렇지만 제 어미 팔아먹고 잡아먹는 연놈
이 세상 천지에 어디 있답디까,
만고에 찾아볼 수 없거늘…

예수님 최후의 만찬 하실 때도
이것은 내 살이다 뜯어 먹어라,
이것은 내 피다 빨아 먹어라,
너희 중에 나를 팔아먹을 놈이 있을 것이다.
이때 가롯 유다가 물었다지요,
주님 그게 누구오니까?
바로 네 놈이다.

예수를 무리에게 넘겨주고
은 30량을 받아먹은 가롯 유다
나중에사 통탄 후회하며
천벌 받아 죽어 갔거늘…
그 가롯 유다 후손들이
오늘날 한국교회에 시끌벅쩍 거린다.
이 지구상에는 예수 살인귀들로 대만원이다.

"주님이 구름 타고 오신다."
영접하러 나가자
있는 재산 모두 모두 바쳐라,
돈 없는 자들은 은행 대부 말아라,
심심찮게 예수 팔아 부자가 되는 놈들
동서남북 각처에서 사기해 처먹어도
남의 일처럼 나 몰라 외면만 할 뿐
"말세에 예수님 구름 타고 오셔서 심판한다."
신앙고백 2,000년 되풀이
허무맹랑 눈감고 아옹 소리,

십일조, 감사헌금, 특별헌금
해외선교기금, 추수감사절, 생일헌금
최고 38가지 명목으로
헌금 거둬드리는 교회, 교회, 교회들
돈방석에 올라앉아 천하를 호령하고
교인을 착취 호령하는 심판 가롯 유다들
예수 팔아 떼부자 되는 사기꾼들
왜 이리도 많은고, 말세는 말세로고

목매어 죽었는지 매맞아 죽었는지
누가 보았스랴만
그렇게 죽어간 가롯 유다가
오늘날 한국 땅에 부활 쏟아져나와
태풍처럼 휘몰아쳐도
모든 교회들 맞장구치고
정부조차 외면 묵사발
2,000년에 오신다는 예수님 안 오시고
가롯 유다만 수수천, 만명 부활씨 뿌려

난장판 치는 한국, 한국 교회들…
아, 아!
아이고 사람 살려 모두 다 죽어 옺!

그 시구를 읽고 그만 웃음부터 터져나왔다. 그것도 신학대학 교수 생활 13년의 경력을 가지신 목사님의 양심고백이라는 것이었기 때문이다.

그 용기가 새삼 달리보이면서 더 없이 존경스러웠다. 지긋하게 바라보고 계시는 목사님을 쳐다보며 가만하게 말했다.

"이거야말로 지구에 천지개벽이 오기 전에 서구 기독신학 개벽부터 와야 한다는 그 신호탄을 쏘아 울리신 것 같네요. 제일 기뻐하실 분이 예수님이시겠네요. 만민을 사랑하신다는 하나님, 그 기독교 정신을 바로 찾게 되는 경종을 울리신 일이니까요, 핫,핫,하…."

"저만 그 경종을 울리는 게 아니란 사실에 새삼 용기도 생기고 기뻤습니다. 그 다음 또 한 권 계관시인 백이십구 페이지에 오칠선 씨가 쓴 신앙과 허위 사이에서 다섯째 연부터 한번 읽어보시지요."

바쁘게 책장을 넘겨 그 시구를 찾아 읽어나갔다.

(5)
타락한 무리들은
한 영혼의 머릴 쳐부수고
그 영혼의 빈 껍데기로 남아
또 한 영혼을 끌어들이고
지쳐버린 다른 영혼의 잠자리에
불 지르고 그 다음에 썩어버린
목각으로 방치하고 그것들을 한데 모아
한 집단과 사회와 국가를
살균되지 못한 영혼의 파탄 위에 눕게 하고

곰팡이 슬은 낯 두꺼운 또 다른
영혼의 함정을 파놓고 기다린다.
타락한 신앙의 뼈마디 마디, 사태난
영혼들을 끌어들이고 자만의 함정을 파놓고
기다린다, 기다린다.

(6)
몇 개의 떡덩이와
몇 마리의 물고기와
몇 파운드의 살덩이
몇 데나리온의 황금덩이와
가치가 하락된 돈 몇 냥으로
예수 사랑을 사고 팔고
인정을 헐값에 내놓고
예수를 판다.

몇 개의 욕망의 창이 열리고
그리로 내어다보는 프리즘 속의 살의殺意
맹독을 품은 불황의 목숨들이
미지의 어두움의 절벽을 기어오르고
마침내 타락하는 뇌리 끝에서
진실만이 엿볼 수 있는 창문을 닫아 버린다.
위기의 절벽을 기어오르는
벌떼 같은 어두움의 자식들이
익숙하게 죽음을 실습하고
말세末世의 문을 열어 놓는다.

아~ 절망을 품은 씨앗들이 서서히
썩어 들어가는 세상, 훔친 빛으로

썩어갈 영혼들이 십자로 근처에서
누울 자리 예비한다, 썩은 자식들이~

그 시구를 읽고 역시 놀라움을 금할 수가 없었다. 그 역시도 오늘 김경 목사님이나 마찬가지로 오늘 기독교 문제를 예수 팔아먹는 허위집단으로 벌떼 같은 어둠의 자식들이라고 평가를 하고 있었기 때문이다.

"느낌이 어떻소?"

"세상에… 그러니까 요즘 의식이 깨인 서양 기독교인들이 그 허무맹랑한 서구신학 논리에 고개를 돌려서 성전들이 텅텅 비어 팔려나간다고 하더니 우리나라도 멀지 않아서 그런 현상이 오겠네요, 그죠?"

"모르긴 해도 아마 그렇게 되리라고 봅니다. 옛날과는 달라서 점점 그 의식이 깨어나고 있으니까요. 그 친구 약력을 한번 보십시오. 중앙대 철학과를 나와 가지고 충청일보에서 다년간 문학활동도 했고, 또 대한민국 경우회 신문 편집담당을 했을 정도로 그 의식수준이 높은 친구니까 오늘 서구 기독신학의 문제점이 무엇이란 것을 그처럼 꿰뚫어 보고 지적한 거 아니겠습니까."

참으로 많은 생각을 안겨주는 그 시구를 들여다보고 있다가 어느 순간 눈이 크게 떠졌다.

"어머! 그 옆에 나란히 있는 시제가 타골이 읊었던 '동방의 등불'이란 시제 하고 똑 같으네요? 세상에나…."

"허허허… 그 시도 읽어보시면 아시겠지만 이제 우리나라 젊은이들이 그 의식이 그렇게 많이 깨어나고 있다는 거 아닙니까. 조경수 그 친구 한국 번역가협회 회원인데, 그 시를 읽어보시면 아시겠지만 젊은 친구가 우리 민족의식이 투철하게 깨어 있어서 놀랬지 뭡니까. 한번 읽어보시지요."

목사님의 이야기를 들으면서 눈은 벌써 그 시구를 읽고 있었다.

동방의 등불

다시 일어나라,
다시 일어나라,
동방의 등불이여,
활활 타오르는 횃불로
밤을 비추는, 세상을 밝히는
불빛으로 깨어나라!

동방의 조그만 나라 대한민국이여,
타올라라, 불로 승화하여라,
빛으로 환생하라, 꺼지지 않는 등불로,
세상을 비춰라, 세상에 빛나라,
다시 타올라라, 다시 비춰라,
불사조의 화신으로
동해의 뜨거운 해를 가슴에 담아라,
다시 가슴에 빛을 담아라,
누가 횃불을 다시 드는가?
누가 동해의 뜨거운 해를 껴안는가?

고요와 적막의 한반도에
불로, 빛으로 화하라, 깨어라, 외쳐라,
용광로가 부서지고, 태양이 터지도록,
다시 일어나라, 불사조로,
다시 피어나라, 지지 않는 꽃으로
동방의 횃불로

동방의 불사조요,
세계를 비춰라! 지지 않는 태양으로

세계를 안아라! 뜨거운 가슴으로,
썩지 않는 용광로의 열기로
태양보다 강한 빛으로
세상을 비춰라, 세상을 보아라!

"세상에, 읽다보니까 가슴이 다 뭉클해지네요. 그러니까 고조선 시대 우리 민족정신이 무엇이란 걸 알고 있네요, 그죠?"

"젊은 친구가 그러기가 쉽지 않은데 저도 그 시를 읽고 놀랬습니다. 오늘 우리 국민들이 서양 외래문물이 들어오면서 그 서구사상을 선진국 문화로 여과 없이 그대로 받아드려 가지고 우리 민족정신이 뭔지 또 그 주체성이란 게 뭔지도 모르는 실태인데…."

"잘 보셨습니다. 박대통령이 미국에 미운 돌이가 된 이유가 그 민족 주체성을 찾아 남북이 하나로 대동단결하자는 물밑 작업을 펴시다가 민족 얼이 빠진 김재규한테 그만 테러를 당하신 거 아니겠냐구요. 아무튼 안타까운 것은 우리 국민들이 아직까지도 주체사상 하게 되면 무조건 이북 김일성이가 주창하는 공산주의 빨갱이 사상이라고 몰아붙이고 있으니까 그게 문제지요."

"그건 우리 국민들이 공산주의 개념이 뭔지, 또 민주주의가 뭔지 그 개념을 제대로 몰라서 그런 것이지요. 그게 해방정국에서 민족 자주독립을 외치는 대립된 사상가들을 그 쪽으로 내몰아 처단하기 위한 방편이었던 것인데… 사실 엄격히 분석하면 김일성이가 주창하는 사상은 공산주의가 아니고, 민족주체사상으로 외부에 어떠한 내정간섭도 받지 않겠다는 것이었으니까 소련은 우리 땅에서 물러가라고 한 것 아니겠소이까. 이북이 소련 공산주의를 추종했다면 그렇게 물러가라고 하고 또 미국도 이남에서 내정간섭하지 말고 물러가라고 했겠느냐구요. 그러니 독립 운동가들과 그 코드가 잘 맞았던 거죠. 안 그렇습니까?"

"저도 그렇게 생각해요. 이북 김일성이가 말하는 주체사상은 해방공간에서 자주독립 국가를 건설하자는 애국투사들이나 마찬가지로 민족주의 성향과 다를 게 없는 거죠 뭐. 그 주체사상 정신으로 소련을 물러가게 한 것을 그 정치체제에서 확고하게 보여주고 있다는 생각이 들지 뭐예요. 그래서 언젠가 남북 갈등문제로 친구와 대화를 나누다가 제 의견을 그렇게 말했더니 그 친구 하는 말이 자네 언제 그렇게 빨갱이 물이 들었느냐고 눈에 심지를 세우지 않겠어요? 핫,핫, 하…."

"그럴 겁니다. 그게 오늘 우리 국민정서니까요. 그러니 말이 좋아서 우리의 소원 통일이라고 하지만, 그 개념부터 바꾸지 않으면 남북통일이 결코 쉬운 일이 아니지요."

"그 부분에서 박정희 대통령이 제대로 잘 보신 것 같아요. 그처럼 얼빠진 국민정신 치료방법이 우리 조상 뿌리찾기 정신운동으로 나와 더불어 있는 국가관을 바로 세우자는 준비작업이 바로 그 환프로젝트였다고 하드라구요. 물론 그 사실을 일부에서만 알고 있지만 그 작업이 서울 삼청공원에 개국조이신 단군성전 건립추진 안으로 민족주체사상을 확립해서 사상대결을 하고 있는 남과 북이 민족 정체성을 찾고 외세에 간섭을 받지 않는 자주 독립국가를 건설해 보자는 계획이었답니다. 그런데 거기에 반기를 들고 나온 천주교 신부 주요한 씨하고 서울대 교수 그 누구라고 하던데… 아무튼 그 기독교세를 몰고 시청 앞 광장에 곰탈까지 쓰고 나와서 곰의 자손은 물러가라! 그 시위 데모였다는 거 아닙니까. 그 기세에 우리 민족 정체성을 찾자는 환프로젝트 계획이 무산되고 말았다고 하드라구요. 오늘 국교 이상의 자리를 차지하고 있는 서양 기독논리가 바로 그 아담과 이브가 인류의 조상이라는 논린데, 무슨 뚱딴지 같이 신화 같은 단군 찾아서 어디다 쓰려고 하는 짓이냐는 반대시위 데모에 그만 그 계획이 중단되고 말았지만, 그래도 이북은 개국조이신 단군릉을 복원하고 미국에도 단군상을 건립해 놓고 있다고 하드라구요. 그게 바로 철저하게 외세에 내정간섭을 받지 않겠다는 민족 주체사상 확립의지를 그처럼 분명하게 세계에 나가서 보여주고 있는 증거 아니겠어요…? 그런데 그게 무슨 얼어 죽을 공산주의 국가라니 말이나 되는 소리냐구요. 사실 일제시대 조선총독부에서 우리 민족정신을 말살시키기 위한 정책이 개국조이신 단군왕검 탄생을 허구의 단군신화로 왜곡시켜 표류시켰던 것인데, 해방이 되고 오늘까지도 내가 나의 주인공이라는 국가관의 주체사상이 뭔지도 모르고 얼빠진 헛소리들이나 하고 앉아 있는 거죠 뭐….”

“사실 그게 일제에 항거했던 우리 독립운동가들 민족 주체사상이었답니다. 해방공간에서 일어났던 민중봉기가 그 정신이었는데 해방정국에서 남북 대립적인 좌익 빨갱이들 반란으로 몰아세우고 있다는 거 아닙니까.”

사실 그랬다. 거기에 공감대를 형성하면서 다시 말했다.

“그렇게 민족 주체사상을 찾아서 외세의 내정간섭을 받지 않고 통일을 해보겠다는 그 환프로젝트 추진계획을 미국 입장에서는 결코 고운 눈으로 보아줄 수가 없는 거 아니겠어요?”

“그래서 김재규가 그 못된 짓을 하고 내 뒤에는 미국이 있다고 했던 이유를 알 만하지 않습니까. 박대통령이 민족 주체성을 확립하겠다는 그 계획이 눈에 가시였을 테니까요.”

“원래 박대통령 형 역시도 그 민족 주체사상이 투철하셨던 분이래요. 그러니까 독립운동 선봉장이셨던 김구 선생님과 코드를 같이하고 미군정을 등에 업은 남한만의 단독정부 수립에 반기를 들고 대구폭동을 일으켰던 그 주모자였다는 거예요. 거기에 치명적으로 붙여진 딱지가 공산주의자로 빨갱이였다는 거 아닙니까.”

“그러니까 그 형의 영향을 받은 사람이 해방공간에서 박정희 대통령으로 그럴만한 사연이 있는 데다가 또 그처럼 계획 추진한 환프로젝트가 남북이 하나로 우리 민족 정체성을 찾자는 것이 그 물밑 작업이었으니까, 미운돌이로 제거를 했다는 거 아니겠습니까. 그 사건의 진상이….”

김경 목사님은 박대통령 시해사건의 진상이 새삼 확실하게 느껴진다는 표정으로 고개를 끄덕거리셨다. 화제의 분위기가 어쩐지 무거웠지만 다시 입을 열었다.

"목사님도 잘 아시겠지만 그 해방 정국에서 일어났던 대구폭동과 연계된 사건이 제주도 민중봉기 사태였고, 거기에 또 이어진 사건이 여순반란이라는 거였으니까요. 그렇게 참혹한 참상은 일제 치하에서도 없었다는 거 아닙니까. 그게 바로 나라와 백성이야 어찌되든 오직 일신의 출세 지향적인 욕심이 결국 그 사태의 원인이 된 거라고 보아야겠지요. 저의 오빠 얘기가 그랬어요. 해방공간에서 남한만의 단독정부수립에 전 국민이 반기를 들고 일어난 사건이 대구폭동에 이어서 제주폭동이었고, 그 제주사태를 진압하라고 보낸 정부군 십사연대가 여수에 주둔해 있었던 것인데, 그때 여수 순천 시민들 역시 거기에 반기를 들고 일어났던 민중봉기에 제주사태 진압군 십사연대가 오히려 거기에 합세를 했던 사건이 여순반란이었다구요. 그 당시 저의 집 큰오빠가 학생 시절이었는데, 그 사태가 일어나게 된 동기와 배경을 가슴 아프게 소상히 말해 주더라구요. 그때 여수수고 졸업반 학생이 겨우 둘 살아남고 다 죽었다면서…."

"그래서 잘 아시는구만요…. 그 사태 분위기 조성은 그러니까 해방공간에서부터 비롯되었다는 거 아닙니까. 사실 그 당시 우리 국민들 염원은 삼십육년 간 일제의 굴욕에서 벗어나 당당한 주권국가로 국제사회에 일원이 되는 것이었는데…. 해방의 기쁨도 잠시고 또 다시 이민족으로부터 국정에 대한 내정간섭을 받아야만 했으니까, 전국 곳곳에서 국민들이 반기를 들고 일어났던 사태로 번지게 되었던 거죠."

"그러니까 해방공간에서 접착력이 좋은 자들이 출세 길을 열기 위해 날뛰면서 결국 남한만의 단독정부를 수립하고 남북분단의 결과를 가져오게 한 것이지요 뭐. 그들이 진정으로 국가 백년대계를 생각하는 애국자들이라면 그렇게 했겠어요? 일신의 영달만을 꿈꾸는 기회주의자들이라 그 기득권을 갖기 위해서 온갖 술수와 음해로 테러까지도 시도했던 것이 그 대표적으로 백범 김구 선생 테러 암살사건 이었잖아요."

김경 목사님은 1918년 함남 북청군 신창에서 독립유공자 김용식 열사의 차남으로 출생했다고 했다. 그 활동 전력은 1936년 조선일보 학예부장 발행 신인문학상에 등단하시고, 1942년 한신대학 제1회 문학상 시 1등에 당선된 이후, 1947년 국립한국해양대학 교수생활을 하셨고, 1982년 신학박사 취득을 하시고 〈아, 대한민국〉 등 시집 18권, 문학개론 30여 권, 1999년 제9회 고산문학상, 국제펜클럽 원로시인, 한국목양문학회 고문, 세계계관시인문학회장, 21세기 한국문학회 고문으로 다양한 활동 전력을 가지신 분이었다. 그 정신이 또한 독립운동을 하셨던 가계의 혈통을 이어받아서 그런지 아무튼 불의를 보고는 참지 못하는 성격이었다.

그 주제를 놓고 주고받는 이야기에 서로가 공감대를 같이하면서 김경 목사님은 다시 말씀을 계속했다.

"그러니까 유리한 쪽은 어느 시대나 술수에 능한 쪽 아니겠어요? 그들은 이미 그 잔머리 회전기술이 잘 연마되어 있으니까 기회만 주어지면 무슨 짓인들 못하겠냐구요. 자기 과시로 나라야 어찌되든 나만 뽐내고 잘살면 된다는 그런 의식인데… 하긴 그렇게 얼빠진 인간들 전례가 과거 구한말 친일파들 작태였고, 또 우리나라가 일제에 억압을 받던 시대에도 마찬가지였던 거죠. 그런데 해방공간에서 영어를 잘 구사할 줄 아는 해외 유학파들이 대체적으로 그 모양으로 미군정에 의해 자신의 출세를 기대하고 그 모양들을 했지만, 안타깝게도 그 흐름에 밀려난 것은 민족해방을 위해 그토록 목숨을 내걸고 싸워온 독립투사들이었다는 거 아닙니까. 얼마나 기다려온 조국 해방인데…."

사실 우리 민족의 해방은 1910년 8월 29일 경술 국치일로부터 정확히 34년 보름 만에 비로소 이루어진 것이다. 하지만 1876년 2월 2

일 일제의 강압에 의해 체결된 병자수호조약(강화도조약)으로부터 계산하면 69년이었고, 실제적으로 국권을 빼앗긴 것은 1905년 을사보호조약에서부터 계산하면 40년간의 긴 세월이었다.

그 기간 동안 우리 민족은 모든 것을 일제에게 빼앗긴 통한의 망국적인 시기였었다. 말과 글씨를 빼앗기고, 전통과 문화를 박탈당했으며, 그것도 모자라서 조상 대대로 물려받은 성씨마저도 바꾸어야 했던 치욕은 민족말살정책 그것이었다.

그러한 민족굴욕을 벗어나기 위해 오직 그 한 목숨 조국광복을 위해서 불사르겠다는 신념 하나로 조국광복을 위해 광야를 집으로 삼고 세계를 향해 외쳐온 독립투사들의 희생이 있었기에 마침내 조국광복을 맞을 수 있었다.

그러나 해방된 조국으로 돌아온 그들에게 안겨 준 것은 실망과 배신뿐이었다. 독립투사 인사들은 자력으로 해방을 쟁취하지 못한 약소국가 국민의 설움을 다시 되씹어야만 했었던 것으로, 그처럼 꿈에라도 그리던 조국해방, 그날이 오면 더덩실 춤을 추며 귀국할 것이라고 생각했던 그들에게 해방된 조국은 환희가 아니라 절망만을 안고 기다리고 있었던 것이다.

그야말로 애국애족한다고 설쳐대는 접착력 좋은 무리들의 술수에 뒷전으로 밀려나야만 했다. 하지만 그들은 무엇보다도 민족자주 독립국가의 건설이 시급하다고 외롭게 호소하고 오직 출세 지향적인 그들과의 투쟁을 벌려왔었다. 그처럼 민족정기가 살아있는 애국투사들의 정신은 전 국민에게 없어서는 안 될 공기처럼 폐부를 파고들면서 많은 국민들이 거기에 지지 합세하고 들고 일어났었던 민중봉기였다.

그 결과는 결국 미군정을 등에 업고 자신의 영달만을 위해 살아온 무리들의 이기심에 의해 결국은 공산주의 좌익분자라는 빨간 딱지로 내몰리는 결과만 초래했을 뿐이다.

해방 초기 미국서 돌아온 이승만도 처음에는 미군정의 정책을 별로 반가워하지 않았음을 그의 행적에서 보여 주고 있다. 그러나 이미 미군정에 접착하고 그 정책에 무조건 찬성하고 휩싸여 돌아가는 무리들의 기득권에 실려 앞으로 나서게 되었다. 그것이 어쩌면 통합을 위한 어쩔 수 없는 방법이라고 할 수도 있었겠지만, 그의 입장에서는 그들을 포용해야만이 자리 구축을 할 수가 있었기 때문이기도 했을 것이다.

하지만 거기에 끝까지 합류하지 않은 백범 김구 선생님이셨다. 처음 미군정은 국민들의 지지가 김구 선생에게 쏠려 있음을 파악하고 김구 선생을 이승만과 함께 끌어들이려고 했던 것도 사실이다. 그러나 거기에 끝까지 응하지 않은 백범 김구 선생님이셨다. 거기에 뜻을 같이한 임시정부 계열은 해방된 조국에 어떠한 외세의 간섭도 받아서는 안 된다는 주장으로 '임시정부'를 중심으로 하는 '과도정부'를 천명했다.

그로부터 미군정은 김구 선생을 견제했고, 이승만은 거기에 실려 대부大夫로 추대를 받으면서 해방정국의 기득권을 취득할 수 있게 된 것이었다. 그 당시 해방정국이 그러한 분위기로 흐르면서 1948년 분단은 이미 기정 사실화되어 가고 있었다. 남과 북으로 대립된 상태에서 체제를 달리하는 정권이 들어설 준비가 빠르게 진행되고 있었기 때문이다. 그처럼 해방공간에서 미 · 소 공동위원회의 결렬과 동시에 한반도 문제는 유엔으로 이관되었기 때문에 분단 상황이 눈앞에 다가선 것이다.

그런 상황 분위기에 남과 북으로 갈라져서 반쪽 정부 정권을 세워서는 안 된다는 것이 누구보다도 백범 김구 선생과 김규식 선생의 강력한 주장이었다. 그로부터 남북협상을 서둘렀었던 김구 선생은 이북의 김일성과 김두봉에게 남북 요인회담을 제의하는 서신을 보내는 한편, 유엔 한국위원단에 남북협상 방안을 제시했다. 그리고 어떠한 경우에도 완전한 통일국가 건설을 해야 한다는 김구 선생의 제안은 1948년 2월 19일 '삼천만 동포에게 읍고함'이라는 성명서를 발표했다. 그 성명서 내용은 다음과 같았다.

"나는 통일된 조국을 건설하려다가 38선을 베고 쓰러질지언정 일신의 구차한 안일을 취하여 단독정부를 세우는 데는 협력하지 않겠다."

그와 같은 성명서 발표를 하고 그 길로 남북협상 길에 올랐다. 그것이 통일정부 수립을 위한 백범 김구 선생의 마지막 몸부림이었다. 그러한 김구 선생의 몸짓을 남한만의 단독정부를 세우려는데 협조하고 있는 무리들이 곱게 보아줄 리가 없었다.

드디어 미군정이 김구 선생의 일행이 남북협상 길에 오르는 것을 막아보려고 반대하고 나섰으며, 이승만을 지지하고 있던 청년단체, 그리고 월남서 돌아온 인사들로 구성된 단체와 거기에 기독교 단체들까지도 모두 합세 반대하고 나섰다.

그러나 일반 국민들은 미군정을 등에 업고 남한만의 단독정부 수립으로 치닫는 정국에 반발하고 나선 것으로, 남북이 분단되는 것을 당연히 원하지 않고 있었다.

해방공간에서의 국민들은 봉건적인 군주체제에서 곧바로 주권 없는 일제의 식민지로 억압된 생활을 겪어 나왔기 때문에 민족자주의 통일국가 건설을 기대했었다. 그런데 망국으로 치달리던 구한말의 정세가 그랬듯이 강대국에 빌붙어 오직 일신의 안일만을 추구하려는 주체성 없는 그들 무리의 행보가 실망으로 더욱 분노케 했었던 것이다. 지난날 일제치하에서 혹독한 치욕을 견뎌내며 얼마나 기다려 왔던 조국광복이던가.

그런데 이제는 미군정의 내정간섭을 받아야 하는 남한만의 단독정부라니, 거기에 반대하는 국민감정은 복합적으로 해방정국이 만들어내는 여러 가지 불만 요소에 민중항쟁의 불씨가 되어 번지기 시작했다. 대구폭동이라는 것이 그랬고, 제주 4·3사건과 여수 제14연대가 시민들과 합세한 항쟁의 불씨는 남한만의 단선단전이 추진되면서 그처럼 전국에서 불이 붙어 일어났었던 민중봉기였다.

그러나 그로부터 그들에게 붙여진 불명예가 안타깝게도 이북 김일성이의 주체사상에 동조하는 불순분자 좌파로 그 '빨갱이'라는 딱지가 붙여졌다. 이때 정부군에 체포된 사람들의 가옥은 무참하게 파괴되거나 약탈당하기도 했다,

그런가하면 붙잡혀 경찰서로 끌려간 사람들은 병신이 되어 나올 정도로 혹독한 고문을 당했으며, 은닉하다가 체포된 사람들은 다 수용할 수가 없을 정도여서 정부는 곳곳에 임시 수용소를 설치할 정도였다는 것이다.

박정희 대통령의 형 박상희 씨가 해방공간에서 주도했던 대구폭동의 10월 항쟁은 그처럼 비참한 결과를 초래하면서 그 불씨는 계속 이어졌다. 1947년, 미군정과 지방정치세력 간의 충돌이 제주도 3 · 1절 기념식 행사장에서 또 다시 일어났으며, 당시 중앙에서도 마찬가지였다. 남한만의 단독정부를 반대하는 좌파와 그 성향이 다른 우파가 각각 남산과 서울운동장에서 별도의 기념집회를 갖고 시가행진을 가졌다. 그 도중에 남대문 앞에서 충돌을 일으키는 사태가 있었으며, 제주도에서는 좌파계의 민족전선이 기념식을 주도하여 오현중학교에서 2천여 명이 참석하는 기념회 집회가 끝나고 시가행진을 할 그때였다고 한다.

관덕정으로 집결하는 과정에서 경찰에 의한 발포사건이 발생하면서 6명이 사망했으며, 이로부터 미군정 경찰과 제주도의 지방정치 세력 간에는 적대적인 불씨가 만들어지기 시작했던 것으로 일반인들도 미군정에 대한 불신과 분노를 표출하기 시작했다는 것이다.

그로부터 제주도민들은 미군정 경찰의 무차별 발포에 항의하면서 제주도 총파업 투쟁위원회를 결성하고 전격적으로 파업을 결행했던 것으로, 그 시위에 도, 군청 관리들이 75%나 참여하면서 제주도민 민중봉기는 본격화된 것이라고 했다.

그처럼 미군정 초기에서부터 이어져온 제주의 인민위원회 및 대중들과 경찰, 우익단체 간의 갈등은 마침내 폭발하면서 민중봉기의 요

구 조건은 다음과 같았다.

1. 미군 즉시 철수
2. 망국적인 단독선거 절대 반대
3. 투옥중인 애국지사 즉시 석방
4. 유엔 한국임시위원단 철수
5. 이승만 매국도당 타도
6. 경찰대와 테러집단 즉시 철수

그와 같은 요구 조건을 선포하고 한국통일 독립만세 등의 슬로건을 내걸고 유격대가 조직되면서 경찰과 충돌하는 유격전이 본격적으로 벌어지기 시작한 것이다.

제주도의 봄, 유채꽃이 흐드러지게 피어 있는 4월 3일 새벽 공기를 뚫고 한 발의 총성이 울리는 것을 신호로 산중에 집결해 있던 약 3천여 명의 유격대들은 도내 20여 개의 경찰지서 가운데 10여 개 지서를 일제히 기습공격했으며, 이어서 화북, 조전, 삼양, 세화, 남원, 한림, 애월 등 지서를 습격하고 트럭 3대의 경비대 병력으로 제주경찰서와 검찰청 등을 습격하는 사태로 번져나가게 된 것이었다.

그러나 이러한 사태에서도 미군정 당국은 끝내 제주도민들의 요구를 묵살했으며, 군정경찰을 대폭 추가 파견시켰을 뿐만 아니라 극우단체인 서북청년단을 일으켜 도민을 탄압하기 시작했다. 그러한 미군정의 억압정책은 제주도민들의 격렬한 분노를 더욱 자아내게 했으며, 당시 중도적인 입장을 취해 오던 도민들마저도 반미군정 성향으로 돌아서게 하고 말았던 것이다.

마침내 미군정 당국은 4월 5일 제주도 지방경비사령부를 설치하고 통행증명제를 실시하는 한편, 4월 10에는 5연대의 7개 대대를 제9연대에 증파, 배속시키고 대대적인 토벌작전을 실시했던 것으로, 쌍방이 많은 희생자를 낼 수밖에 없는 상황이 되고 말았다.

그러한 분위기의 상황에서 마침내 제9연대장 김익렬 소령과 유격대 대표 김달삼 사이에 협상을 위한 회담을 가졌던 것으로, 그 협상에서 4개 요구조건을 제시했다는 그 안건은 다음과 같았다.

1. 단독선거, 단독정부 수립 반대
2. 경찰의 완전무장 해제, 경찰 토벌대의 즉시 철수
3. 반동 테러단체의 즉시 해산, 서북청년회의 즉시 철수
4. 피검자의 즉시 석방, 부당한 검거, 투옥, 학살 즉시 중지

그 제안의 회담 결과 양자 간에 일정한 타협이 이루어져 결국 유격대는 무장해제에 동의함과 동시에 4월 30일 이를 실시하기로 했다. 그러나 안타깝게도 당시 경무부장 조병옥의 지시로 경찰에 의한 기습공격이 감행되면서 회담의 성과는 무산되었고, 그로부터 격렬해진 유격대와 미군정 경찰 간에 치열한 충돌이 또 다시 이어졌던 것으로, 당국은 10월 8일, 도 전역에 계엄령을 선포했으며, 11일에는 제주도에 경비사령부를 설치하고 본격적인 토벌작전으로 들어간 것이다.

거기에 유격대는 지리적 고립과 병력 및 보급품 조달 중단 등으로 점차적으로 기력을 잃어가기 시작하면서 49년 중반 무렵에 이르러서는 유격대는 토벌군에 의해서 거의 소멸되고 말았으며, 이 사건으로 제주도민은 5·10일 총선을 치르지 못했다.

이때 토벌대 측의 발표는 사살 약 8천 명, 포로 약 7천 명, 귀순 약 2천 명, 군경전사 209명, 부상 142명, 이재민 9만 명, 민간 사상자 3만이라는 집계를 냈지만, 〈연표 한국현대사〉 자료에 의하면 살상 8만6천, 방화 1만5천호, 7만5천 두의 소와 2만2천 필의 말과 2만9천 마리의 돼지 도살, 곡류 13만5천 석 등의 피해를 입혔다고 밝혔다.

이 사건으로 10만여 명이 살상되면서 제주도에는 그후 연약한 부녀자를 제외한 장정들을 전혀 구경할 수 없을 정도가 되어버린 상황이었다는 것이다.

이렇게 국가폭력에 의한 무차별한 폭력은 같은 동족끼리 서로 총부리를 겨누어 죽이게 하는 민족의 비극으로 해방정국에서 계속적으로 이어지면서 제주도 4·3사건을 일어나게 했고, 거기에 불이 붙어 일어난 사건이 여수 민중봉기였다.

그때 당국은 본격적인 유격대 토벌을 돕기 위해 여수에 주둔해 있던 제14연대를 제주도에 투입하려 했었던 것으로, 제14연대 창설은 단정단선 반대투쟁이 절정을 이루던 1948년 5월 초 광주의 4연대 1개 대대를 기간으로 하는 14연대가 여수에서 창설되어 신월동에 주둔하고 있었다.

국방경비대는 미군정하에 수립된 정책이 반영된 결과로 1946년 1월 15일 제1연대 창설로 만들어졌었다. 민군정에서 국방경비대를 창설하면서 특별한 사상검열 없이 '불편부당 정치적 중립'을 내세우며 국방경비대원을 모집했었다. 그렇게 특별한 제한이 없었던 관계로 국방경비대에는 다양한 색체들이 참여할 수 있었기 때문에 대구폭동의 주모자였던 박상희 씨의 동생 박정희 씨 역시도 무난하게 사상검열을 받지 않고 그 부대에 입대할 수가 있었던 것이라고 했다.

그래서 일제시대 일본군, 만주군, 중국군 등에서 군대 경력을 쌓았던 자들이 그처럼 입대할 수 있었던 것으로, 그들은 미군이 상륙하기 전 사설 군사단체를 조직하고 있었다. 그런데 사설 군사단체를 해산하는 미군 정책에 의해 국방경비대에 참여하거나 다른 부문에서도 활동하게 되었다.

이렇게 국방경비대는 창설될 그때부터 황토연대로 편성되었다. 미군정에서는 국방경비대 창설 계획인 '뱀부계획(Bamboo Plan)' 안을 작성하여 각 도에 1개 연대씩 편성하게 했던 것이다.

그처럼 다양한 색채들이 모인 국방경비대와 향토연대는 국가가 수립되면 만들어질 '군대의 주역'이라는 의식이 국방경비대의 특성이었다. 하지만 당시 민중들로부터 일제시대 종사해온 친일집단으로 지탄을 받고 있었던 경찰들로부터 '국방경비대는 빨갱이 소굴'이라는 비난을 받기도 했었다.

이렇게 서로간의 갈등과 대립으로 경찰은 마침내 미군정에 국방경비대를 비방하는 보고를 제출하면서 국방경비대와 경찰은 극한 대립을 하고 있었던 것으로, 4월 3일 제주도에서 일어난 정부 단선단정에 반대하는 무장봉기가 일어나게 된 것이라고 했다.

제주 민주항쟁의 불씨

제주항쟁 초기에는 각도에서 차출한 경찰 동원만으로 진압작전에 나섰다. 하지만 경찰의 힘만으로는 어려워지자 국방경비대를 진압작전에 동원하면서 국방경비대는 유격대 토벌작전을 전개하게 했고, 경찰은 해안 부근의 마을 치안을 담당하게 했었다.

국방경비대가 유격대 진압을 하고 있을 당시 제주도 모슬포 부근에서 작전지휘를 하고 있던 제9연대장 박진경이 암살당하는 사건이 발생했다. 이 사건은 동족을 살상하는 작전에 반대하는 일부 국방경비대원들의 저항이었다.

그 사건을 계기로 전군 차원의 사상검열이 시작되었다. 이로써 대한민국 정부수립 이전부터 진행되었던 숙군의 합법성이 부여되는 계기가 되면서 이전보다 강력하고 조직적인 숙군이 전개되었다. 이러한 숙군의 여파는 제14연대 창설요원이던 이등중사 김영만이 체포되었다. 그는 제14연대 남로당 세포조직 제14연대 독립대책이며 재정책을 맡고 있었다.

제14연대 남로당 조직에서는 김영만의 체포계획을 사전에 알고 있었지만, 그러나 김영만을 도피시킨다면 그에 따른 조직 수사 확대를 우려하여 그 한 사람이 체포당하는 것으로 조직을 지켜낼 것을 결정하였다고 한다.

이렇듯 숙군의 여파로 제14연대 남로당 조직의 위기감이 조여지고 있을 무렵 제주도 파병 문제가 논의되면서 그 해 10월 초순부터 시작되는 시가전 훈련과 무기 교체가 급속하게 이루어지면서 제주도에 14연대가 파병될 것임을 짐작한 부대 내의 이른바 좌파들은 은밀하게 술렁이기 시작했다.

제주도 토벌작전에서 연대장 암살사건을 계기로 미군정이 숙군을 시작하여 그 영향으로 소위 '혁명의용군사건'에 연대장 오동기 소령이 연루되어 구속 수감되었기 때문이다.

당시의 정국 분위기는 그랬다. 전라남도 대부분의 지역 역시도 1946년 전반기부터 미군정에 의한 남한만의 단독정부 수립에 합세하는 우파들의 기세가 높아지고 있었다. 거기다가 계속된 인플레 현상과 미군정의 미곡 수집령으로 일반 농민들의 삶은 일제시대나 별반 달라진 것이 없었기 때문에 군정 당국에 대한 원성이 높아가고 있었다.

그러한 농민들의 불만과 실망은 점점 누적되어 마침내 전남 동부지방 구례, 순천을 포함한 4개 군에서 5 · 10일 선거를 저지 투쟁하는 사건이 발생했고, 1948년 3 · 1절을 계기로 구례의 경찰서 및 우익 습격사건을 비롯하여 순천의 시위군중과 우파 학생과의 충돌사건이 빈번하게 일어나면서 이윽고 전남 동부지방의 민중들까지 들고 일어나기 시작했었던 것이다.

그처럼 민중봉기로 들고 일어나기 시작한 사태는 점차로 광양과 여수 등지에서 경찰서와 투표소를 습격하는 등 사건은 급진전으로 확대되어 나갔다. 그러한 사태는 5월 10일 제헌선거를 전후로 해서 더욱 빈번해지면서 고흥으로까지 번져나가 대서면 지서를 습격한 사건이 발생하면서 9월 3일, 주모자들 모두가 경찰청에 의해 체포되기도 했다.

그러한 전국 분위기에서 1948년 3월 17일 미군정은 남한과 도 정부법령 제175호로 국회의원 선거법을 공포했다. 그리고 1948년 7월 12일 당시 국회의장 이승만은 대한민국 헌법을 제정하고 7월 17일 이 헌법을 공포하였으며, 이날 정부조직법 법률 제1호도 함께 공포

시행되었다.

그리고 1948년 8월 15일, 대한민국 정부수립을 내외에 선포하면서 대한민국 제1공화국이 탄생되었지만, 그러나 국민들은 남한만의 날치기 정부수립에 대한 불만이 팽배해 있었다. 그런 민중들의 감정은 곳곳에서 크고 작은 사건을 일으켜 경찰과 충돌했던 것으로, 그 불씨는 전국적으로 번져 마침내 여수로 점화되었고, 학생들과 시민이 함께 들고 일어났던 것이 그 당시의 분위기였다. 그처럼 남한만의 단독 정부수립에 대한 실망으로 국민감정은 그렇게 기울어지고 있었다.

그 당시의 국제 정세는 강대국 소련의 공산주의와 미국의 정치이념인 민주주의로 그 이데올로기가 양립되어 있었고, 그 사이를 넘나들면서 민족해방을 호소했던 우리의 독립투사들이었다. 여기에서 생각하는 각자의 사고가 그 정치적인 사상으로 노선을 달리하면서 갈등과 대립을 가져오고 있었던 것이다. 그렇기 때문에 남한만의 단독 정부수립을 반대하는 시위대를 무조건 공산주의를 추종하는 좌파로 불순한 빨갱이들 반란이라고 내몰게 했던 것이 그 시대 분위기였다.

김경 목사님은 부친께서 독립운동가였었기 때문에 해방공간에서 그처럼 찬반론으로 대립적이었던 분위기를 너무나 잘 알고 있었다. 그래서 공감대를 같이 형성하고 그 이야기를 주고받게 된 것이다.

물론 이야기의 주제는 무거웠다. 하지만 아무 하고나 쉽게 논의될 수 있는 이야기가 아니었기 때문에 시간가는 줄을 몰랐다. 그래서 그처럼 해방정국에서 남한만의 단독 정부수립에 반대하는 상대방을 빨갱이로 몰았던 그 공산주의 사상이란 무엇인가?

그 부분에 대해서 이야기를 나누고 싶었다. 가만하게 다시 입을 열었다.

"우리 민족 조상들의 전통사상은 하늘에는 조화주 하나님이 계신다는 것이고, 그 정신사상이 만물이 그 한 틀 속에서 운행되어지고 있기 때문에 개체와 전체를 모두 포괄한다는 정신으로 내가 나의 주인공이라는 정신사상인데, 더구나 우리 민족 자주통일 국가를 이루어야 한다는 독립투사들이나 국민들이 해방공간에서 공산주의 유물론 사관에 박수를 보냈겠어요?"

"허허… 역시 저와 생각이 같으시군요. 공산주의 유물론 사관이란 인간의 정신은 물질의 소산에 불과하기 때문에 물질에 의해서 지배된다는 논리거든요. 그 사상이 유태인 조상신 여호와가 그 백성들에게 세상을 살아가는 이치를 가르쳐온 율례적인 초등학문을 기초로 한 외적인 논리가 유물론사관이지요.

하지만 당시 우리 독립투사들이 지향했던 사상은 그와는 다른 내가 나의 주인공이라는 확고한 주체사상으로 나와 더불어 있는 국가와 민족이 어떠한 외세의 간섭을 받아서도 안 된다는 것이 자유민주주의로 해방된 민족이라는 건데… 더구나 그처럼 고급한 인간 정신세계와는 관계도 없는 초급한 그쪽 공산주의 사상을 추종하는 불순세력이라고 매도한다는 것이 말이나 되는 소립니까? 킁!"

"그렇지요. 저도 그렇게 생각하거든요. 공산주의 유물론적 사관에 의하면 인류사회의 발전은 인간의 의지나 정신세계와는 전혀 무관하고 물질관계의 변화에서만 확실하게 이루어진다는 논리잖아요. 그러니까 객관적으로 존재하는 것은 물질뿐이라는 공산주의 유물론사관은 구약시대 유대민족의 창조 수호신 여호와가 그 백성들을 외적 십계명 율법으로 세상적인 이치를 가르쳐온 것이나 크게 다를 게 없는 거죠. 안 그래요?"

그리고 얼핏 생각나는 부분이 있어서 다시 입을 열었다.

"사실 공산주의 이론을 정립해낸 칼 마르크스 아버지 하인리히 마르크스는 국적은 독일이었지만 유태계였다는 거 아닙니까. 그 혈통가계가 그렇기 때문에 그 아들 마르크스가 피는 못 속인다고 그처럼 인간 정신세계와는 전혀 관계가 없는 초급한 유물론적 사관의 논리를 펴내지 않았겠어요?"

"그렇게 보시는 게 정석일 거 같습니다. 성자예수 출현 이전 유태인들은 그들 민족 주신 여호와 하나님으로부터 오직 세상 지향적인 율법만 배워왔으니까요. 그래서 하늘의 이치를 일러주시는 예수님을 이단의 괴수로 내몰아 참수형을 시켜야 한다는 것이었고, 그 재판 과정에서 빌라도가 이 사람이 무슨 악한 일을 했기에 십자가에 매달아야 하느냐고 했을 때, 그들이 더욱 소리를 지르고 도리어 민란이 일어나려는 것을 보고 빌라도가 물을 가져오라 하고 손을 씻으면서 그들을 보고 이 사람의 피에 대해서 나는 무죄하니 너희가 당하라 했을 때 그들이 뭐라고 했소이까?"

"당연히 성자예수를 하나님 아들로 인정하지 않았으니까 겁도 없이 그 피를 우리와 우리 자손에게 돌릴지어다, 했었잖아요."

"바로 그겁니다. 그러니 그 자손들이 한때 독일 히틀러로 인해서 그들 종자씨가 말릴 정도로 떼죽음을 당하고 온 땅에 유리하는 자가 되었다는 거 아닙니까. 그게 바로 말이 씨가 된다는 그 실례적인 본보기를 하느님께서 그 자손들을 통해서 그처럼 세계적으로 크게 나타내 보여주신 거 아니겠어요? 핫, 하하…."

"그게 바로 예수께서 너희가 심는 그대로 거두리라 하신 그 말씀이 그대로 응해진 거 아니겠어요? 당시 그 유태인들은 그들 조상뿌리를 에덴동산에 심고 열심히 가꾸어온 유대민족 창조 수호신 여호와를 절대자 천주님으로 받들어 숭배하고 있었으니까요. 그런데 그 유대 땅에 선지자들이 예언한 구세주로 출현하셨다는 예수께서 너희에게 자유함을 주러왔다고 하시면서 다시는 무거운 종의 멍에를 짊어지지 말라 하시고, 그동안 너희가 본질상 하나님이 아닌 자들에게 종노릇 했다고 하셨잖아요. 그리고 거기에 이어서 나를 믿으면 영혼 생명을 얻게 되리라고 하셨지만, 출생 신분도 사생아에다가 외모도 볼품이 없었다는 예수님이니까 우습게 얕보고 십자가에 매달아야 한다고 했고, 또 그 성체에 흘리셨던 그 피 값을 우리와 우리 자손에 돌릴지어다 했으니까 유태인들이 그 조상들의 무지에 대한 죄 값을 그처럼 이방민족 히틀러를 통해서 받게 되었던 거 아니겠어요…?"

"잘 보셨습니다. 사실 저도 그렇게 생각한답니다. 유대 땅에 출현하신 예수께서 그 백성들을 향해 이제는 세상적인 초급한 율법을 폐하라는 말씀이었기 때문에 그 유태인들이 예수를 시험하기 위해서 가이사에게 세금을 바치는 것이 가하나이까, 불가하나이까 물었을 때 예수께서 동전 하나를 가져오라 하시고, 이 형상과 글이 뉘 것이냐? 하시고 가이사의 것은 가이사에게, 하나님의 것은 하나님에게 바치라고 하신 말씀이 육신혈통의 계보와 인간 영혼생명의 참부모를 혼돈하지 말라는 뜻 아니겠냐구요…?"

"그렇지요, 그래서 육은 무익하니라 하셨던 거구요. 그런데 그 백성들이 영혼 생명의 참 부모이신 하나님의 아들 성자예수를 몰라보고 십자가에 매달은 죄 값으로 그 자손들이 그처럼 대학살을 당했고, 또 일부 살아남은 자들이 유럽 전역으로 유리하는 자들이 되었다는 거 아닙니까. 그때 대학살을 피해 나간 그 자손이 마르크스니까 당연히 신은 없다고 부인할 수밖에 없지 않겠어요? 예수님께서 부활 승천하신 이후는 성령께서 역사하시는 신약시대로 고등종교 문이 열리면서 구약시대 유태인들만을 관리 수호해 오던 여호와 전반적인 행사가 마감되었기 때문에 그처럼 유태인들이 대학살을 당해도 구원의 손길조차도 없고 했으니까, 유태인 혈통의 마르크스가 유물론적 사관으로 신은 없다고 할만도 하죠 뭐."

사실 공산주의 유물론 사관을 펴낸 마르크스는 유태인 대학살을 피해 1818년 독일어를 쓰는 땅에서 태어났다. 그즈음 유럽 전역에서는 유태인에 대한 경계심과 멸시가 대단했다. 그러한 분위기에 마르크스는 자라면서 '나는 누구인가?' 하는 자문 속에서 짙은 고독과 함께 성장했다고 한다.

마르크스 아버지는 유태인으로 변호사였다. 당연히 조상의 전통적인 제사의식으로 유태교를 믿어야 했었다. 그러나 과거 율법적인 규례에 따라 복과 저주로 그 백성을 다스려 나오던 여호와의 행사 모습도 그 이후에는 볼 수 없었고, 또 구약의 내용이 그렇듯이 실제적인 인간의 모습으로 등장하여 주고받고 했었다는 그 음성조차도 들을 수가 없게 되자 마르크스가 일곱 살 나던 1824년 자녀들과 함께 기독교로 개종을 해버렸다. 유태인 혈통에서 유태교를 떠난다는 것은 대단한 결단으로 용기가 필요한 것이었다.

기독교 스승 성자예수는 분명히 유태인들이 오직 유일신唯一神 천주 하나님으로 믿어온 여호와를 본질상 하나님이 아니라고 지적했기 때문에 그들 조상신에 대한 불경모독 죄로 십자가에 매달아 참수형을 시켰던 것이 그 이유였다. 그런데 그 어떤 특별한 이유도 없이 기독교로 전향한다는 것은 그만큼 기존의 유태교 의식에 회의를 느꼈기 때문이었을 것이다.

그래서 마르크스 가족은 같은 혈통의 유태교 집단으로부터 따돌림을 받을 수밖에 없었고, 그것이 경계의 소외감으로 마르크스로 하여금 많은 것을 생각하는 사람으로 정신적인 성장을 시켜 주었던 것인지도 모른다.

결국 그는 그러한 환경적인 소외감 때문에 학창시절 젊은 헤겔파라 불리우던 좌파들의 서클에 적극적으로 어울렸고, 1841년 4월 마침내 예나(Jane)대학에서 철학박사 학위를 받게 되었다. 하지만 마르크스는 대학에 남을 수 없었고, 겨우 라인신문의 편집장으로 취직이 될 수 있었다. 그러나 그것도 불과 5개월 만에 신문사가 폐간 당하면서 그후로는 일생 동안 취직이라고는 해본 일이 없는 고적한 생활이었다.

그렇기 때문에 늘 불안 초조한 삶으로 이어져야 했던 그의 생활은 억울하다는 것이 늘 심층 밑바닥에 깔려 있었고, 그 팽배된 사회적 구조의 불만은 마침내 보편적인 믿음이나 신을 부정하기에 이르렀던 것이다. 그러한 마르크스의 생활은 당시의 권위체제나 학설 등에 반발하고 나서기에 주저하지 않았다.

마침내 그의 외침은 '부르조아 사회를 쳐부수고, 새로운 사회를 건설하기 위하여 노동자여! 프롤레타리아여 단결하라! 그대들의 잃은 것은 그대들의 발목에 있는 족쇄요, 얻은 것은 모든 것이니라!'

그와 같은 외침은 당시 유럽의 산업 자본주의가 펼쳐내는 부조리의 사회현상 속에서 억울하게 착취당하고 있는 시민들을 구제할 수 있는 처방의 묘약을 만들어 내는 새로운 불씨였다. 그것이 마르크스가 부르짖은 '사회혁명' 혹은 '세계혁명'이라는 새로운 사상에 불씨를 당긴 것이다.

이렇게 마르크스는 노동자들이 불이익을 당하게 하는 자본가의 착취 문제를 중요하게 다루었던 것으로, 생산력과 생산 관계를 둘러싼 시대적 변동을 연구해 놓은 것으로, 이것이 공산주의 이론으로 유물변증법唯物辨證法 또는 사적유물론私的唯物論이라고 한 것이다.

이러한 마르크스 유물변증법이란, 역사 발전의 사상무기로 그 사회 자본가들이 노동자를 착취하고 있다고 설파함으로써 유태교와 혼합된 서양 기독교 신도들이 그 정신적인 뒷받침이 되고 있는 자본주의 사회에 대해서 그야말로 사상적인 공격을 무차별하게 가했던 것이다.

그와 같은 유물론 사관의 마르크스 공격은 인류역사 발전의 원동력은 여호와 하나님이 아니고, 물질을 생산해내는 인간의 노동력이 인류역사를 발전시켜 나왔다는 논리였다. 그것은 원시사회에서 문명사회로 넘어오면서 만들어졌던 자본가 위주의 사회제도를 개혁해야 된다는 것이었다.

그처럼 인민 모두가 공익으로 잘살 수 있는 공산화 혁명은 불가피한 것이라고 주장했다. 그러한 마르크스 논리 전개의 유물론적 해석이나 잉여가치설 등은 그 시대가 요구하는 역사적 혁명으로 상당한 공헌을 해준 것이 사실이었다. 과학적 방법론으로 사회현상을 설명하여 이해시켜 주고 있었던 것으로, 무엇보다도 그 시대 상황은 부르조아 계급의 횡포가 극에 치닫고 있었기 때문에 그 시대 사회에 경종을 울리게 했었던 만큼 빈익빈, 부익부의 사회병리 현상이 조금은 예방되어진 것이 사실이다.

그것이 마르크스가 바라보는 공산화 제도의 사회주의 혁명이라는 불씨였던 것으로, 시대에 소외되고 계급에 억눌렸던 백성들로부터 절대적 환영과 지지를 받으면서 세계로 번져나갔던 것이다.

그러한 소련 공산주의 사상을 우리 국민들이 알게 된 것은 억압을 받던 일제시대에 자주독립을 외치던 독립투사들이 대서양을 넘나들면서 어쩔 수 없이 강대국에 도움을 청하게 되면서부터였다. 사실 이북 김일성 역시도 일제시대 만주벌판에서 일본군과 강력하게 맞서 싸우던 독립군의 일원으로 소련으로 은익 망명했던 전력이 있었다.

그렇기 때문에 해방이 되고 남한만의 단독정부에 결사반대를 하고 나선 김일성을 미군정 체제하의 남측에서는 공산주의자로 가차 없이 내몰았으며, 또한 김일성이가 주창하는 동질성 회복의 주체사상에 동조하는 사람들 역시도 공산주의 좌익 불순분자로 체포 사형에 처했던 것이다. 그와 같은 분위기가 해방정국에서 형성된 분위기로 남한만의 단선단전에 영합하는 무리들을 미국 자유민주주의를 선호하는 우익으로 양분하여 대립적으로 갈라놓고 그처럼 크게 혼란을 빚고 있었던 것이다.

물론 북측의 논리를 선호하는 층은 구한말 반상제도에 억눌려왔던 민초들로부터 박수를 받을 수밖에 없었다. 그와 같이 신분제도를 타파하자는 평등주의 사상 논리에 박수를 보내는 성향이었기 때문이다.

하지만 일제시대 목숨을 내걸고 독립운동을 해왔던 애국투사들이 외쳤던 민족 주체사상은 그와는 다른 성향으로, 우리 배달한민족의 정체성을 찾아 하나로 뭉치자는 것이었고, 그 사상이 바로 우리 조상들의 만민조화의 협동정신으로 모두를 유익하게 한다는 인간 존중의 자유, 박애 평등사상으로 미국과 소련 그 양대 사상 모두를 포괄하는 대도大道로써 홍익인간弘益人間이화세계理化世界를 이 땅에 건설하자는 평화의 우주정신으로, 그것이 우리 조상뿌리에서부터 배워온 '한사상'인 것이었다.

하지만 일제 식민시대 조선총독부에서 우리 배달 한민족 정신말살 정책으로 왜곡시킨 것이 허구의 단군신화로 뿌리역사를 왜곡시켜 표류시켜 버린 것이다. 그 이유는 내가 나의 주인공이라는 그 민족정신이 하나로 뭉쳐지게 되면 그 어떤 무기보다도 강력한 힘을 발휘하게 된다는 것을 그들은 알고 있었기 때문이다.

그것이 일제가 식민정책으로 시도했었던 민족정신 말살정책으로 그로 인해서 고조선 시대 그처럼 빛나던 우리 민족의 '얼' 그 정신을 잃어버린 국민들이었다. 하지만 모두가 그런 것은 아니었다. 해방정국에서 정부수립이 두 달째로 접어들었을 때였다.

서울에서는 민족주의 성향의 연소 국회의원들이 '미군은 철수하라!'는 내용의 성명서를 발표했다. 그리고 1948년 10월 13일 여수에 주둔해 있던 14연대는 제주 파병을 위한 시가전 예행연습을 했었고, 그 이틀 후 15일, 국방경비대 사령부는 19일 오후 6시를 기해 14연대에 제주도로 출동하라는 파병명령이 하달된 것이다.

그 출동명령은 제14연대 내의 민족주의자, 즉 그들이 말하는 좌익계 병사들에게 있어서는 동족상잔과 민중봉기 중에 양자 택일을 하지 않으면 안 되는 긴박한 상황이었다. 출동 시간은 21시로 되어 있었기 때문에 제1대대는 식사 후 떠날 출동준비를 하고 있었고, 잔류부대인 2대대는 출동부대의 식사 준비를 하고 있었다.

그럴 즈음 연대 인사계 선임하사관 지창수는 부대 내에 핵심 세포 40여 명에게 사전의 계획대로 무기고와 탄약고를 점령케 하고 비상나팔을 불게 했다. 이때 시각이 20시경이었다.

비상나팔 소리에 출동을 한 부대는 지체 없이 연병장에 집결했다. 그러자 이들 앞에 모습을 나타낸 지창수가 결의에 찬 모습으로 말했다.

"지금 경찰이 우리한테 쳐들어온다. 경찰을 타도하자! 우리는 동족상잔의 제주도 출동을 반대한다. 우리는 조국의 염원인 남북통일을 원한다! 지금 조선인민군이 남조선 해방을 위해 38선을 넘어 남진 중에 있다. 우리는 북상하는 인민해방군으로서 행동을 개시한다. 알았나!"

"옳소! 우리는 민족상잔을 더 이상 보고 있어서는 안 될 것이오. 우리 함께 일어납시다!"

"그렇소! 일제 치하에서도 그 같이 우리 국민이 처참한 죽음을 당하지는 않았소. 이것은 나라를 팔아먹은 매국노 이완용이보다 더한 역적들이 아니겠소?! 어느 역사에 제 국민을 이렇게 죽음으로 몰아넣은 제왕이 있었단 말이요? 타도를 합시다!"

"그렇소! 이것은 민주정치가 아니요! 민주주의 정치는 국민의 의견에 따른다는 것인데 지금 국론은 어느 개인이나 당파의 특정한 이론에 좌우되고 있는 실정이요. 이것이 우리가 그토록 바랐던 민주주의란 말이요? 일어섭시다!"

여수 순천 민중항거의 불씨는 그렇게 제14연대에서 지창수 선임하사관이 혁명의 불씨를 붙이고 있었다. 여기에 반대 의사를 밝힌 동료가 있다면 즉석에서 처형하는 것으로 되어 있었다. 마침내 제14연대는 지창수를 대장으로 하여 정부명령을 거부한 혁명군으로 돌변했다. 그리고 저녁 9시경 비상나팔을 불어 출동준비를 하고 있던 제1대대 병력을 재빨리 소집했다.

이렇게 하여 제1대대에 대한 무장이 끝났을 때였다. 나머지 2개 대대를 소집한 소대장 김지회 중위가 나타났다. 그 역시도 그렇게 밖에 할 수 없는 자신의 소신을 밝힘으로써 약 2,500명에 달하는 병사들이 그 같은 결의에 힘을 실어 주었다.

1948년 10월 19일 23시경이었다. 제14연대 영내에서는 14연대 혁명이 성공할 수 있다는 확신을 얻고 있었다. 그래서 그 같은 소식을 평소에 내비치고 교류하고 있었던 민간인들과 학생들에게 빠르게 전달하도록 했다. 지휘는 제14연대 소대장 김지휘가 맡았다.

그 당시 여수 수산학교 기숙사는 신월리에 주둔하고 있는 14연대로 가는 길목 학교 앞 덤산 밑에 위치해 있었다. 그 소식을 접한 학생회장 최재욱은 그날 밤으로 비상소집을 하고 말했다.

"여러분! 드디어 우리들도 때가 온 것 같네. 14연대 경비병들이 오늘 밤 혁명을 일으킨다는 기별을 보내왔다네. 우리도 작은 힘이지만 의병으로 일어서야 하질 않겠나. 우리가 일어서는 것은 나라를 위해서가 아니겠나?!

미제국주의 사상을 찬양하는 저 앞잡이 놈들은 국가의 비극임과 동시에 국민 전체의 비극이고, 우리의 혁명정신에 암적 존재들이 아니겠나! 그야말로 작은 하나에 착오가 생기면 백 가지의 착오가 뒤를 따르게 된다고 하질 않던가. 지금 정부가 그렇네. 민족과 국가의 백년대계를 위한다는 자들이 지금까지 국민 앞에 보여준 모습이 무엇이었다는 말인가? 간악한 일제치하에서도 볼 수 없었던 만행을 일말의 양심도 없이 저지르고 있지 않은가. 우리는 그 같은 동족상잔을 가만히 보고만 있어서는 안 될 것이야. 사람은 누구나 확실한 자기 신념이 있어야 한다고 했네. 음흉한 사람은 불행을 피하려고 애쓰지만 하늘이 찾아가서 혼을 낸다고 하는 말도 있지 않은가. 그것은 칼날을 쥐느냐? 칼자루를 쥐느냐의 차이인 것이다. 자! 우리도 이제 민족과 나라를 위해 의병으로 일어서자!"

1948년 10월 20일 새벽 1시경이었다. 학생과 합세한 14연대는 여수 시내로 진입했다. 그리고 경찰서 무기고를 접수한 후 그 무기들을 좌익단체와 학생 600명에게 나누어 주고 각 관공서 및 중요기관을 점령하기에 이르렀다. 그로부터 여수 시내를 완전히 장악한 시간이 새벽 6시경이었다.

10월 20일 오전 10시경, 본격적으로 보안서 및 인민위원회가 빠르게 구성됐다. 이 조직에 의해 경찰, 우익인사 우익청년단, 지주 색출작업 명단이 만들어지는 한편, 14연대 소대장 김지회는 제주도 출동거부 병사위원회를 조직하고 그의 명의로 성명서를 내걸었다.

〈제주도 출동 절대 반대! 미군도 이북을 점령했던 소련군을 본받아 즉시 철퇴하라!〉

그리고 그 밑으로 '인민공화국 수립만세!'라고 써서 붙였다. 그날 오후 3시경 시내를 완전히 장악한 14연대는 중앙로터리 광장에서 인민대회를 열었다. 거기에 모인 군중은 4만여 명에 이르렀다. 그 함성은 제주도 동족상잔 토벌을 반대한다는 한결 같은 외침이었다. 그것은 반란이 아니라 부당한 중앙에 저항하는 민중봉기였다.

그처럼 들고 일어났던 인민봉기의 인민대회는 추도가, 해방의 노래 등으로 시작하여 박채영, 김귀영, 문성휘, 유복동 5명이 의장으로 선출되어 대회를 진행해 나갔다. 여기에서 6개항의 결정서를 채택했으며, 최후의 결전가를 부르고 대회를 마쳤다.

그리고 신속하게 구성된 인민위원회 조직에 의해 인민재판 명단에 오른 인사들의 색출작업이 본격적으로 시작되었다. 총성은 여기저기에서 터져나왔고, 끌려가는 사람 뒤로 울부짖는 가족들의 몸부림과 아우성이 아비규환 그것이었다.

그러한 아비규환 속에서 한상호가 28기생 선배들의 잔심부름을 해주고 있을 때였다. 광순여관 아들 최양수가 상호를 만나자 찾고 있었다는 듯이 다급하게 말했다.

"어이, 이리 나와 좀 보세나!"

"……? 무슨 일인가?"

상호가 은근한 눈짓을 해오는 최양수를 따라 그 한 옆으로 갔을 때였다. 양수는 주위를 둘러보며 가만하게 말했다.

"자네 아버지가 나보고 연락을 좀 해달라고 하시드구만. 얼른 가보게."

상호 아버지는 당시 광주에서 출장을 내려와 광순여관에 투숙하고 계시던 그때 하필 그 사태가 벌어진 것으로, 광순여관 아들과 상호는 같은 반 친구였다. 그 기별을 받고 상호가 광순여관을 찾아들어 갔을 때였다. 아버지는 지레 겁을 먹고 여관방 다다미를 뜯고 그 밑에 몸을 숨기고 있었다. 상호의 아버지는 아들의 목소리를 듣자 조심스럽게 모습을 나타내셨다.

아들 상호를 바라보는 아버지의 눈빛이 침통했다. 아들의 팔에 두르고 있는 '민주청년동맹'이라고 쓴 완장이 사뭇 못마땅하다는 표정으로 혀를 차시며 말했다.

"학생이 공부나 할 일이지 뭘 안다고 설치고 다니는 거냐? 쯧쯧쯧…."

"우리 학생들도 이제 알 것은 다 알고 있구만요. 14연대가 제주도 출동명령에 반기를 들고 일어났다는 거 아닙니까. 생각해 보세요. 같은 동족끼리 토벌이라니 그게 어디 말이나 될 법한 소립니까? 당연히 우리 학생들도 들고 일어나야지요. 두고 보십시오. 이것은 반란이 아니라 위대한 혁명과업으로 남을 테니까요."

"하긴 제 동족끼리 토벌을 해야 한다니 반기를 들고 일어설 만도 하지 쯧쯧…."

아버지 역시도 그 부분에 대해서는 생각이 같다는 뜻을 내비치셨다. 상호가 바쁘게 일어서려는 몸짓을 하며 말했다.

"아버지는 질서가 잡힐 때까지 당분간 여기서 불편하시더라도 꼼짝하지 말고 계셔야 해요. 아셨지요?"

"소식이 궁금해서 그런다. 김영준 씨 그 양반이 무사할는지… 부르조아 계급부터 척결한다는 것이 공산주의 혁명 아니냐?"

"공산주의 혁명이라뇨? 뭔가 잘못 알고 계시구만요. 남북통일로 자주 독립국가를 수립하자고 일어난 민중봉기인데…."

아버지는 그 사태가 14연대에 숨죽이고 있던 공산주의 좌익세력들에 의해 일어난 것이라고 단정을 지어서 말했다. 상호는 아버지가 걱정하시는 것이 무엇인지를 알고 있었다. 체제가 바뀌면 먼저 벌려 놓은 아버지 사업부터 타격을 입지 않겠느냐는 그런 생각이 없지 않았을 것이기 때문이다.

아버지는 일찍이 일제시대 여수 수산전문학교를 졸업하신 분으로 해방을 맞던 그 무렵 일본의 어업 전진기지였던 고흥 나로도 어업조합 이사로 근무 재직하시던 중에 해방을 맞게 되었던 것이다. 그래서 쫓겨가던 일인 선박 일곱 척을 인수하여 우리나라 최초로 전남수산개발회사를 설립하시고, 광주에 본사를 그리고 여수에 지사를 두고 있었다. 그런데 하필이면 여수지사 출장 중에 그 같은 변란의 사태를 맞게 된 것이었다.

우선 그 사업의 후원자가 여수 제일의 갑부 천일고무공장 김영준 씨였다, 그러고 보면 부르조아 계급 숙청작업 제1호로 척결될 것이기 때문에 아버지가 벌려 놓은 사업도 따라서 타격을 입게 될 것은 물론이다.

아버지의 그 마음이 짐짓 알아지는 상호가 말했다.

"부익부 빈익빈 이것이 부르조아 자본주의 사회제도 아닙니까. 그래서 인간은 누구나 모두 공평하게 살아야 하는 정치제도를 만들어야 한다는 것인데 그게 어디 잘못된 겁니까? 물론 가진 자 쪽에서는 그런 제도를 반대하겠지만… 저도 그 이론에 대해서는 찬성하거든요. 그리고 또 남북이 대동단결해서 자주 독립국가를 만들어야 한다는 것인데, 마치 적국 스파이쯤 되는 것처럼 토벌작전을 한다는 건 말이 안 되지요. 사상이란 것이 정치이념이고, 정치는 전체 국민을 위한 공익 수단이어야 하는 것인데, 이 정부 체제에 반대하면 무조건 공산주의로 몰아세우고 그 견해를 달리한다고 해서 부모를 때려죽인 대천지 원수마냥 소탕작전을 벌리는 것이 민주정치라면 그거 잘못된 거죠. 그러니까 나라 주인은 국민이어야 하는데 심부름꾼들이 주인을 몽둥이로 때려잡아 죽이는 이런 나라꼴이 되어 버렸으니 여기저기서 난리가 일어나는 거 아닙니까."

"너 하숙을 시킨 것이 잘못이구나. 언제 그렇게 빨간 물이 몽땅 들어 버렸냐? 혁명은 이상적인 꿈이 아니라 현실이다. 너 말대로 혁명이 그렇게 쉽게 이루어질 것 같으냐? 그만해라 머리 아프다."

사실 상호가 여수 수산학교에 입학하게 된 데에는 절대적인 아버지 의사에 따른 것이었다. 하지만 독실한 기독교 신자였던 어머니는 처음에는 반대했다. 그것은 아들의 성격이 거기에 어울리지 않고 낭만적이어서 장래 목사를 만들고 싶어 했었던 어머니였다. 그만큼 성격이 낙천적이었고, 풍류아적인 기질이 어머니의 눈에는 심약하게만 보였던 것이다.

그러나 아버지는 장손인 큰 아들을 당신의 뜻을 담고 있는 수산업 후계자로 만들어야 한다는 생각이었고, 그래서 입학시킨 후 여수 수산학교 후원회 회장직을 맡아 아들의 학교생활에 더 없이 큰 백그라운드가 되어 주고 있었다.

그런 아버지는 당시 공부를 잘하는데도 형편이 어려워서 학비를 미쳐내지 못하고 있는 학생이 있으면 대납해 주기도 했고, 또 상호가 기숙사 생활을 하게 된 것도 그랬다. 하루는 상호가 카메라를 들고 돌산을 들어가기 위해 나룻배를 기다리면서 콧노래를 흥얼거리고 있었다.

'북쪽에는 종고산이 솟아 있고요~, 남쪽에는 장군도가 놓여 있고나….'

언제 보아도 가슴 시원하게 해주는 바다, 그 물결 위로 희망을 싣고 오락가락하는 돛단배와 거기에 끼룩거리는 갈매기의 노래 소리는 젊은 꿈과 낭만을 끝없이 풀어져 나가게 했다. 그러한 출렁거림이 카메라로 손장난을 하고 있을 때였다. 저만치 바위 끝에 한 여학생인 듯 싶은 처녀가 바다를 멍하게 쳐다보고 있는 것이 카메라 앵글에 잡혔다. 그런데 그 여학생이 신발을 벗어 두고 합장을 하는가 싶더니 갑자기 바다로 뛰어들려는 몸짓을 했다. 놀란 상호는 소리를 지르며 단숨에 달려가 막아 세웠다.

"이게 무슨 짓이요? 무슨 사연이 있는지 모르겠지만 이렇게 목숨을 함부로 해서 되겠소?"

"이런 세상 더 살아서 뭣합니까? 흐흑…!"

그리고 처녀는 그럴 수밖에 없는 자신의 처지를 털어놓았다. 처녀는 공주사범학교를 다니던 여학생으로 함남례라고 했다. 그 처녀 아버지는 해방이 되기 그 얼마 전에 만주로 떠난 뒤 소식이 끊어졌고, 어머니마저도 시름시름 앓다가 죽고 난 뒤 외갓집에 얹혀서 살게 되었다고 했다. 그러나 형편이 어려워 더는 학교를 중단할 수밖에 없게 된 처지에 차라리 중이나 되어 버릴까 하고 나왔다가 그 생각을 자살로 바꾼 것이라는 말이었다.

그래서 상호는 처녀를 달래어 위로하고 그 마음을 돌아서게 했다. 그리고 그 상황을 급히 광주 아버지에게 전화를 걸어 전했을 때였다. 아버지는 그 길로 달려 내려오셔서 그 여학생에게 하숙을 정해 주고 다시 복학하도록 선처를 해주셨을 정도로 아들의 말이라면 믿고 따라주신 분이었다.

그만큼 남다르게 정이 많으셨던 분으로 후원자와 친구를 염려하신 아버지는 인민재판에 회부되어 수감되어 있다는 두 분의 소식을 아들에게 부탁하신 것이다. 하지만 상호로서는 돌아가는 상황 분위기에 처음에는 머뭇거려졌다.

"지금 내가 가서 만난다고 해서 무슨 도움이 될 수 있는 것도 아니고… 또 면회가 될는지도 모르겠네요."

"물론 안다. 쪼물래기 학생이 무슨 힘이 되것냐? 가서 담배라도 좀 넣어주고 오너라. 그리고 내가 천우신조로 다시 만날 수 있게 되기를 빌고 있다고 전해다오. 부디 몸조심 하시라고…."

상호가 아버지의 부탁을 받고 인민재판을 받고 수감되어 있다는 읍사무소로 향했다. 하지만 총을 메지 않고는 그 장소에 접근할 수가 없었다. 그때 같은 반 친구 유희근이 귀띔을 했다.

"시민극장으로 가 보세나. 거기 가면 신분 확인하고 총을 나눠 준다고 하데."

유희근은 고향이 같은 구례였기 때문에 상호와는 더욱 친밀하게 지냈다. 시민극장으로 달려갔을 때는 군인들이 부대에서 총을 가지고 나와서 학생 신분을 조사하고 나눠주고 있었다.

총은 왜정시대에 쓰던 구식 총이 아니면, 미제 M1소총이었다. 모인 학생은 600명쯤으로 거기에 여학생들도 그에 못지않게 많은 숫자가 박수부대로 나와 웅성거렸다.

그때가 10월 20일 오전 10시경이었다. 보안서 및 인민위원회를 구성한 이들은 이 조직에 의해 경찰, 우익인사, 우익청년단, 지주 색출작업에 들어간 그 한편으로 이날 아침 여수역에서 6량의 통근 열차에 인민공화국 깃발을 단 약 70명쯤 되는 시위대들을 태우고 또 각종 차량으로 1,300명이 순천으로 향했다.

당시 순천은 경찰과 더불어 경비 임무를 맡은 제14연대 2개 중대가 홍순석 중위의 지휘 아래 파견되어 있었다. 그리고 4연대 1개 중대 병력이 20일 새벽 광주로부터 파견되어 순천을 방어하고 있었다.

그날 오전 9시 30분경 '민족해방군위원회'라고 쓴 완장을 두른 이른바 혁명군들이 여수를 출발하여 순천에 도착하자 홍순석 중위 휘하에 있던 2개 중대도 여기에 합세했다. 그러자 동천변을 사이에 두고 방어하고 있던 제4연대 1개 중대에서도 사병들이 내부에서 폭동을 일으켜 거기에 합세하는 사태가 벌어지면서 그날 12시경, 순천읍은 이들에 의해 완전히 포위를 당했다.

순천읍을 지키던 500여 명의 경찰은 속수무책으로 다수의 사상자를 내면서 이들에게 밀리었고, 오후 3시경에는 경찰 병력의 패퇴로 순천은 14연대 혁명군에 의해 완전히 점령당하고 말았다.

이렇게 점령된 순천 역시도 좌익학생, 노동자들에게 무기가 지급되면서 경찰, 우익요인, 기독교인 등을 적발 처형하기 시작했다. 기독교인들은 서구 민주주의를 추창 선호하는 입장이었기 때문이다. 순천을 장악한 14연대는 3개 부대로 재편성되어 약 1천 명은 구례, 곡성, 남원 방면으로 진군했고, 나머지 일부는 벌교, 보성, 화순 방면으로, 그리고 나머지는 광양, 하동 방면으로 무리 없이 그들이 외치는 혁명전선을 확대시켜 나갔다.

이것이 순식간에 진행된 일로 20일 저녁과 21일 사이였다. 남원은 14연대가 도착하면서 주민들이 여기에 합세했고, 구례는 14연대가 도착하기도 전에 벌써 숨죽여 지내던 반정부 세력과 군민들이 합세하여 경찰서와 지서가 완전히 점령당해 있었다.

보성 역시도 지방 반정부 민족주의 좌파 세력들과 군민들이 합세하여 들고 일어나서 경찰서를 공격했다. 달리 대책이 없는 경찰과 우익 인사들은 경황없이 달아났고, 14연대는 그대로 무혈입성을 할 수 있었다. 이렇게 인민공화국 깃발을 단 14연대는 집집마다 그리고 달리는 차에도 그와 같은 깃발을 달게 했다. 혁명의 불씨를 당겼었던 여수는 이제 완전히 인민공화국 깃발을 펄럭이는 가운데 인민재판에 들어간 것이다.

21일이었다. 여수경찰서장 고인수를 비롯한 사찰계 직원 10여명이 인민재판에 회부되어 처형됐다. 그러나 총무과장 정홍수, 수사과장 정주용 등은 양심적인 경찰로 석방되기도 했다. 이날 육군 총사령부는 반군 토벌사령관에 송호성 준장을 임명하고 총사령부를 21일 오후 광주에 파견했다. 그러나 여수인민위원회는 22일 날도 역시 반역자 적발과 숙청을 계속하고 있었다. 여수군청을 비롯한 각 행정기관을 장악한 인민위원회는 과장급 이상은 모두 파면하고 나머지 직원들은 정상적인 업무를 집무케 했다.

10월 23일, 대한민국 정부는 이를 반란으로 규정하고 여수, 순천지구에 계엄령을 선포했다. 당시 대한민국 정부는 수립되었지만 계엄법은 아직 만들어지지 않았을 때였다. 그런 상태에서 국무회의가 이를 제정하고 의결했던 것이다.

이것은 식민지 시대 일제가 계엄령을 소급해서 적용해 오던 것과 같은 처사였다. 그런데 새롭게 재건되었다는 대한민국 정부에서 일제가 식민지 정책으로 써오던 계엄령을 선포했다는 것은 민주주의 국가로서 국민을 무시한 헌법 위반인 것이었다. 국무위원과 정부는 법률안을 제출할 수는 있지만 제정할 수 있는 권한은 없는 것이기 때문이다.

그날 오전 부산에서 파견된 해군부대와 국방경비대 병력 일부가 육해군 합동으로 여수 상륙을 시도했다. 그러나 신무기로 무장하고 잘 훈련된 14연대의 강력한 저항에 좌절됐다. 정부군의 진압작전은 처음에는 이렇게 반군에 밀리어 쉽지 않게 되면서 10월 21일 재조정

진압작전에 들어갔다. 총 5개 연대의 10개 대대와 1개 비행대, 경비행기 10대, 해안경비대 함정 등이 동원되었던 것이다.

이렇듯 진압군의 토벌이 재조정되고 있을 그때 인민공화국 깃발을 펄럭이고 있는 여수는 여전히 인민재판이 계속되고 있었다. 총을 얻어 둘러멘 상호가 김영준 씨가 수감되어 있다는 곳으로 향했다. 인민재판 심사는 군청 읍사무소 2층에서 열리고 있었다. 상호가 그곳을 찾아 들어갔을 때는 다행히도 김영준 씨와 해양경비대장 서가올 씨는 아직 인민재판을 받지 않은 대기 상태에 있었다.

그래서 상호는 바쁘게 총학생회장 최재욱을 만났다. 그리고 김영준 씨가 아버지 후원자라는 것과 그가 사회적으로 봉사해온 그 기여도를 인민위원회가 참작해 주었으면 좋겠다고 그냥 흘리듯이 말했다. 그만큼 평소에 상호는 최재욱을 형처럼 따랐었기 때문에 조금은 도움이 되어 줄 수 있을 것이라고 생각을 해본 것이다.

최재욱과 14연대 김지희와는 긴밀하게 연락이 되고 있음을 알고 있었기 때문으로, 인민재판은 14연대 김지희 대장과 서주석이 함께 심사를 맡고 있었다. 이윽고 김영준 씨가 불려나왔다. 순간 서주석의 눈과 김영준 씨의 눈이 딱 마주쳤다.

"자네들, 여그서 이렇게 만날 줄 몰랐네."

김영준 씨가 서주석을 향해 먼저 입을 열었다. 그 얼굴이 갑자기 한 줄기 구원의 빛을 본 사람처럼 얼굴에 생기가 돌았다. 김영준 씨는 평소에 서주석이를 아껴주고 있었기 때문이다.

"죄송합니다, 영감님."

그러나 서주석은 극히 사무적인 어투로 담담하려고 하는 표정이 역력했다. 그러자 김영준 씨가 조금은 목소리에 힘을 주고 말했다.

"이 사람아, 내가 뭘 잘못했다고 날 이렇게 잡아오나?"

"영감님이 무슨 잘못이 있겠습니까? 죄라면 돈이 많다는 것이 죄지요."

"어허, 이 사람아. 있는 것도 죄가 된다던가?"

옆에 있던 김지희가 다소 부드러운 어조로 그런 김영준 씨를 향해 물었다.

"어떻게 해서 경찰 후원회장을 맡게 되셨소?"

"내가 무엇을 알아서 맡았겠소? 내가 돈이 있다가 보니까 덕을 보려고 했던지 감투를 씌워주니까 그냥 쓰고 있는 것뿐이었소."

"그건 맞는 말이지만 그 경찰 우두머리라고 하는 자들이 친일을 했던 고등계 형사들이었다는 사실을 알고 있을 것 아니요? 그런 자들을 후원해 준 것이 옳은 일이라고 생각하셨소?"

"나는 한 푼 두 푼 돈을 벌어가지고 없는 사람을 도와 준 죄 밖에 없소. 고아원도 세우고, 양로원도 세우고 학교 세우는 데도 지원을 했소. 옛날 가난해서 못 배웠던 것이 한이 돼서…."

사실 그는 대부분 재벌들이 그처럼 더없는 가난 속에서 현실을 빨리 직시하고 열심히 노력한 대가로 부를 축적할 수 있었듯이 그랬다. 소금이 귀했던 시절 소금장사로 시작해서 한 푼 두 푼 모은 돈으로 고무신이 귀했던 일제시대 천일고무공장을 세워 전국적으로 고무신 판로를 열어 확보함으로 마침내 부상의 입지를 굳혀 나온 사람이었다. 그렇게 부를 일으킨 김영준 씨는 그 돈을 가난한 사람들을 위해 솔선수범 앞장서기도 하여 여수시민들로부터 덕망이 높은 분으로 알려져 있었다. 그런 김영준 씨가 착취계급 명단에 끼여 여수 유지들과 함께 끌려온 것이었다.

그런 김영준 씨를 마주 보고 있기가 차마 민망했던지 서주석은 시선을 피했다. 이때 김영준 씨를 물끄러미 건너다보고 있던 김지희가 어떤 결심을 한 듯 이윽고 입을 열었다.

"좋습니다, 영감님 말씀대로 노동으로 돈을 벌어 가난한 이웃을 도우셨던 만큼 정상을 참작해 볼 필요가 있을 것 같아 보내드릴 테니 우리가 부를 때까지 집에 가셔서 근신하고 계십시오."

김지희의 말이 이렇게 떨어지자 김영준 씨 본인이야 더 말할 것도 없겠지만 상호 역시도 뛸 듯이 반갑고 기뻤다. 최재욱 형이 아마도 김지희에게 넌지시 김영준 씨에 대한 이야기를 귀띔해 준 것이라고 생각했기 때문이다.

뜻밖에 인민재판에서 풀려나게 된 김영준 씨였다. 일어나서 고맙다는 인사를 한 번 꾸벅해 보이고 뒤도 돌아보지 않고 한 걸음으로 인민재판장실을 빠져나갔다. 상호 역시도 일어나 그 뒤를 따랐다. 그렇게 밖으로 나왔을 때였다. 김영준 씨는 뒤도 돌아보고 싶지 않다는 듯이 마치 달아나듯이 줄달음을 했다.

그때였다. 경비를 맡고 있던 군인이 그를 향해 소리를 쳤다.

"정지! 정지…!"

그러나 김영준 씨는 그 지옥 같은 곳에서 구사일생으로 풀려나게 된 것만으로도 반가웠던지 그대로 줄달음을 치고 있었다. 그때였다. 경비군인이 그 뒤를 쫓아가면서 정지! 소리를 연발했다. 그런 어느 순간이었다. 총성이 울리는가 싶더니 줄달음을 치던 김영준 씨가 퍽 하고 길바닥으로 쓰러져 엎어지고 말았다. 공포로 쏘아 올린 총알이 그대로 명중한 것이었다.

그처럼 어이없는 광경을 목도한 상호는 너무나 충격적이었다. 그처럼 허망하게 죽어간 김영준 씨를 보게 된 상호는 아버지가 당부하시던 말씀이 퍼뜩 머리에 떠올랐다.

"그 마음들이 지금 오죽하겠냐. 네가 아버지 이름을 대고 담배 두 갑씩만 넣어주고 오너라."

그 말씀이 뇌리를 스치면서 다시 최재욱을 찾았다. 그리고 조금 전에 목도했던 일을 말하고 붙잡혀온 경찰 경비정 선장 서가올 씨가 아버지 친구이기 때문에 담배라도 넣어주고 싶다고 사정하듯이 말했다.

그러자 최재욱은 고개를 끄덕이며 김영준 씨가 안 됐다는 듯이 말했다.

"사람 운명이란 것이 하늘에 달렸다고 하더니 그런 것을 어쩌겠나. 죽은 양반이야 안 됐지만 잊어버리게. 죽을 운수가 되면 인간의 힘으로는 안 된다는 것을 보여준 걸세."

그리고 그는 아버지 친구가 아직 인민재판을 받지 않았음을 확인하고 붙들려와 감금돼 있는 곳으로 상호를 안내했다. 하지만 상호는 아버지 친구라는 그분의 얼굴을 한 번도 본 적이 없었다. 그 수감장 안을 고개를 내밀고 들여다보며 말했다.

"여기 서가올 씨란 분이 계십니까?"

그러자 한쪽 벽에 창백하게 붙어 앉아 있던 건장하게 생긴 한 남자가 머뭇하다가 힘없이 대답했다.

"…나요."

상호는 가만하게 한 걸음 다가서며 물었다.

"한종수 씨를 아십니까?"

"그렇소만…."

"죄송합니다. 제가 한종수 씨 아들입니다. 아버님께서 천우신조로 다시 뵙게 되기를 빈다고 하시면서 이 담배를 전해 달라고 해서 왔습니다."

상호의 그 말에 그는 벌떡 자리에서 일어나며 어느새 눈시울이 붉어지면서 목이 메어오는지 젖어드는 목소리로 말했다.

"고맙네, 가서 전해 주시게. 내 살아나가지 못한다고 해도 친구 우정 죽어서라도 잊지 않겠다고 말일세."

말끝이 흐려지면서 두 눈에 눈물이 맺히고 있었다. 그 눈물을 바라보고 있어야 하는 상호는 더 없이 민망했다. 담배 두 갑을 얼른 건네주고 돌아서면서 말했다.

"아무쪼록 하나님의 가호가 함께 하시기를 빌겠습니다."

그런데 아버지의 그 같은 우정의 담배 두 갑이 며칠 후 아들을 죽음 현장에서 살려내는 기적 같은 구명줄이 될 줄이야 누가 생각이나 했었겠는가.

그러한 분위기 속에서 다음 날인 26일, 미군정은 혼란한 한국 정부와 한국 군인들을 믿을 수 없다 하여 직접 작전지휘를 하고 나섰고, 진압군에게 탄약과 무기, 식량을 비롯해서 통신수단까지 지원하면서 공중 포사격까지 개시해 왔다. 그야말로 완전히 불꽃 튕기는 공방전이 벌어졌다.

14연대에 합세했던 학생과 민간인들은 어쩔 수 없이 진압군에 의해 밀려나면서 구례, 광양 방면으로 대부분이 퇴각했다. 여수 시내는 다시 쫓는 자와 쫓기는 자들이 뒤바뀐 채 아비규환을 이루고 있는 공포의 도가니 속이었다. 이렇듯 분별할 수 없는 어지러운 상황 속에서 시민들은 혁명을 부르짖는 그들과 진압군의 틈바구니 속에서 우왕좌왕하다가 죽어갔다. 상황이 다급해졌다. 상호는 덤산에 몸을 숨기고 있다가 아버지가 은거해 있던 광순여관으로 숨어들었다. 아버지는 상호를 보자 우선 아들이 살아 있었다는 반가움에 손을 덥석 잡았다.

"아이고 이놈아, 살아있었구나. 그래 내가 뭐라고 하더냐? 혁명이 그리 쉬운 것인 줄 알았더냐? 그러나 저러나 큰일이구나. 잡히면 무사하지를 못할 텐데…. 무조건 까까머리 학생들은 다 붙잡아 가는 모양인데 여기라고 무사할 수 있겠냐?"

그 여관도 언제 가택수색을 당할지 모른다는 아버지의 한숨 섞인 말이었다. 만약 좌익학생을 숨겼다가 발각이 나면 숨겨준 주인마저도 피해를 입을 것이기 때문에 더는 그곳에 숨어 있을 수도 없다는 말이었다. 어쩔 수 없이 아버지와 헤어져 떠날 수밖에 없게 되었다. 밤이 이슥해지기를 기다리는 동안 아버지는 주인에게 부탁을 해서 가지고 온 평복 한 벌을 내밀어 주시면서 말했다.

"옛다! 어서 이 옷 갈아입고 내 모자를 눌러쓰고 여관을 빠져나가거라."

태산이 무너지는 듯한 아버지의 한숨 섞인 소리를 뒤로하고 여관을 빠져나왔다. 어쨌거나 당시의 상황으로는 고향 구례로 가서 숨어지내다가 서울로 상경하라는 아버지 당부의 말씀이었다. 순천 쪽으로 가서 백운산을 넘어야 했다. 서정다리를 지나고 있을 때였다. 군인 하사관 한 명이 상호 곁으로 와서 눌러쓴 모자 밑으로 얼굴을 찬찬히 훑어보면서 말했다.

"너 읍사무소에 들락거리던 학생 같은데 맞지?!"

그 말이 떨어짐과 동시에 거칠게 오랏줄로 묶었다. 상호가 그들에게 끌려간 곳은 서정다리에서 저만치 보이는 서국민학교였다.

학교 운동장은 이미 여기 저기 피가 고여 질펀했고, 운동장 철봉대에 물간 생선처럼 축 늘어진 채 혀를 길게 빼내 물고 죽어 있는 사람들과 그 밑으로 처참하게 죽어 있는 시체들이 즐비하게 쌓여 있었다.

그 참담함 속에서 남편을, 그리고 아들의 이름을 애타게 부르며 울부짖는 아낙들과 또 가족의 시신을 찾아내고 땅을 치며 통곡하는 모습들은 그야말로 생지옥이 따로 없었다. 그들은 상호를 운동장 한 곁에 서 있는 벚나무에 묶어 두고 조사를 하기 시작했다.

"너 가담했던 학생 맞지?! 어느 학교 몇 학년 몇 반이야? 바른대로 말해!"

상호는 더는 살아날 수가 없음을 알았다. 하지만 끝까지 부인을 해댔다.

"내가 읍사무소를 들락거린 것은 사실이요. 하지만 그건 붙잡혀 간 아버지 친구한테 연락을 취해 주기 위해서였던 거요."

"짜식! 너 거짓말 하고 있는 거 아냐? 그래 너 아버지가 연락을 해 달라는 친구 분 이름이 뭔데?"

"우리 아버지가 수산학교 후원회장이시고, 아버지 사업을 후원해 주셨던 분이 김영준 씨였소. 그리고 친구 분은 경찰 경비정 선장 서가올 씨인데 상황을 알아보고 오라고 해서 들락거렸던 거요."

"네 아버지 성함이 뭐냐?"

"한종수 씨요. 광주에서 출장을 오셨다가 난리를 만나서 광순여관에 숨어 계셨소."

"틀림 없냐?"

"조사를 해보시면 알 것 아닙니까."

"그래? 그럼 조사가 끝날 때까지는 여기 있어 주어야겠다."

그리고 그들은 돌아서서 무슨 말인가를 주고받다가 사라졌다. 사실 여부를 확인하러 간 모양이었다. 하지만 상호는 거기에 크게 기대를 할 수가 없었다. 특히 아버지가 여수 수산전문학교 후원회장직을 맡고 있었기 때문에 그 후광으로 유도를 배웠고, 또 일본인들이 쫓겨 가면서 두고 간 말 4필 중에서 1필을 학교에서 인수해서 상호가 관리하게 되면서 그 말을 타고 거들먹거리고 다녔었다.

그래서 그 여순 민중봉기가 일어나고 붉은 완장을 두르고 여전히 그 말을 타고 설치고 다녔던 상호였다. 그렇기 때문에 조사를 하게 되면 신분이 바로 드러나게 될 것이고, 또한 아버지 친구 분 그 뒤 소식은 모르지만 아무튼 사실을 증명해 줄 김영준 씨는 이미 세상을 떠나버린 뒤였기 때문에 난감할 수밖에 없었다.

그런데 잠시 후 믿을 수 없는 기적이 일어났다. 아버지의 부탁을 받고 담배 두 갑을 넣어 드렸던 그 분이 상호 앞에 모습을 나타냈다. 그리고 상호가 묶여 있는 것을 보자 대뜸 함께 온 그들을 돌아보며 말했다.

"어이, 이 학생은 좌익학생이 아녀. 내가 보증을 함세. 풀어 주시게나."

담배 두 갑을 몰래 넣어주게 했던 아버지의 우정을 죽어서도 잊지 못하겠다고 하던 그 약속이 그처럼 살아서 그 은혜를 크게 갚아 주고 있었다. 사형 직전에 풀려나게 된 상호는 더는 머뭇거릴 수가 없었다. 붉은 완장을 두르고 반정부 활동을 해온 것이 사실이었기 때문이다.

풀려난 그 길로 정신없이 순천을 넘어 광양 사이에 있는 백운산을 저만치 바라보고 올라가고 있을 때였다. 저만치서 진압 군인들이 들어오는 자동차 행렬이 있었다. 가을걷이를 하러 나와 있던 농부들이 그들을 향해 '대한민국 만세!'를 회치며 손을 흔들어 주고 있었다.

도망자의 신분을 감추어야 하는 상호 역시도 그들을 따라 '대한민국 만세!'를 따라 외치며 손을 흔들었다. 그러자 거기에 대한 답례인 듯 군인 한 사람이 상호를 쳐다보며 손에 들고 있던 태극기를 던져주며 지나갔다.

상호는 달려가 밭고랑에 던져진 태극기를 주워 주머니 속에 넣고 다시 얼마쯤 백운산을 올라가고 있을 그때였다. 검문을 나왔던 수색대원들에 들키고 말았다. 상황이 다급해진 상호는 주머니 속에 넣고 있던 태극기를 얼른 꺼내서 흔들어 보였다. 그러자 그들은 상호가 평복에 모자를 쓰고 있었기 때문에 별 관심 없이 그냥 지나쳤다.

그러나 다시 또 위기를 맞았다. 산 속은 숲이 울창하여 한낮에도 동서남북을 분간을 할 수가 없었다. 대충 어림 눈짐작으로 숲속 길을 더듬어 가까스로 간전면 효곡리를 향해 내려가고 있을 때였다. 갑자기 숲속에서 인기척이 나면서 서너 명쯤으로 짐작되는 사람들이 불숙 상호 앞을 가로 막아서며 말했다.

"암호를 대라!"

"……?"

암호라니, 도대체 어느 쪽인지 어둠 속에서 짐작할 수가 없었다. 머뭇거리자 그 중에 한 사람이 말했다.

"저놈 몸수색부터 해라!"

꼼짝없이 몸수색을 당했다. 그런데 주머니에서 태극기가 나온 것이다.

"어? 태극기 아냐? 짜식!"

그 말투 어감으로 보아 진압군에 밀려 산으로 도망친 14연대 군인들이 틀림없는 것 같았다. 상호는 일단 안심을 하면서 그들을 향해 말했다.

"저도 진압군에 쫓기는 학생입니다. 믿어 주십시오."

그러나 그 말을 그대로 믿어 줄 리가 없는 그들이었다. 일단은 몸에서 태극기가 나왔기 때문에 믿어 주려고 하질 않는 눈치였다. 상호는 어쩔 수 없이 태극기를 소지하게 된 경위를 변명처럼 늘어놓았다. 그러자 그들은 오히려 첩자로 몰아 세워 다그치듯이 으름장을 놓았다.

"이 짜식이! 우리더러 그 말을 믿으라는 말이냐? 이놈 첩자 같은데 끌고 가서 자백을 받아내고 처치해 버려!"

상호가 꼼짝없이 그들에게 묶여 끌려간 곳은 그 아래 황등면이 저만치 내려다보이는 산중턱이었다. 거기에는 백운산을 통해 달아나고 있던 14연대 군인들이 대여섯 명쯤이 대기하고 있었다. 그들은 중년이 넘게 보이는 어떤 사람을 포박해 잡아다 놓고 있었다. 주고받는 이야기로 보아 그 아랫마을 황등면장인 것 같았다.

"면장이 어디에 있는지 탐색하러 보낸 놈이 틀림없는 것 같아. 더 조사해 봐!"

"저는 첩자가 아닙니다. 전 순천 사람도 아니고 여수에서 학교를 다니다가 혁명에 가담했기 때문에 진압군을 피해 다니다가 고향 구례로 가는 학생입니다. 믿어 주십시오."

상호는 사실 그대로 믿어달라고 애원했다. 그러자 그들 속에 끼여 있던 한 청년이 상호를 보고 물었다.

"그럼 여수 돌산 장사를 알고 있나?"

"돌산 장사를 모르는 여수 사람이 어디 있겠소? 돌산 장사가 여수중학교에 다니는 아직 학생 아닙니까."

"어, 어! 진짜로 아네."

그 청년이 바로 상호를 구해 준 생명의 은인으로 김종부였다. 그 역시도 14연대 혁명에 가담했었던 학생이었다. 그래서 김종부는 상호를 되도록 유리한 입장으로 도와주려고 하고 있었던 것인지도 모른다. 그가 군인들에게 다가서면서 말했다.

"면장과는 아무런 관계가 없는 것 같은데요."

"좋다! 끌고 가서 면장과 대질시켜 봐. 서로 면식이 있는 자들인지."

"알았습니다, 가자!"

김종부라는 청년은 붙잡혀 온 황등면장과 상호를 대면시키면서 면장을 보고 물었다.

"당신 이 사람 알고 있지?"

"처음 보는 사람이요."

그러자 김종부는 그것 보라는 듯이 옆에 따라온 군인을 보고 말했다.

"서로 면식이 없는 것으로 보아 탐색을 나온 사람은 아닌 것 같은데요."

"그래도 태극기를 소지하고 있었던 것이 어쩐지 찜찜하단 말야. 잘못하면 문제가 생길 수 있어. 밤에 수색대원들 총성이 울리면 저 면장이랑 함께 자네가 땅을 파고 묻어 버려!"

김종부는 상호를 동정해 주고 있었으나 께름하게 여긴 군인의 명령에 따를 수밖에 없는 것이 안타깝다는 목소리로 말했다.

"그 참 운이 없는 것으로 생각하게나."

상호는 꼼짝없이 황등면장과 등을 대고 앉아 있게 했고, 저만치서 4명의 혁명군들이 두 사람을 묻을 땅을 파는 소리가 심장의 고동소리를 쿵쾅거리게 했다. 두 사람을 지켜보고 있던 김종부가 조금은 지켜보기가 민망하다는 듯이 중얼거렸다.

"우리가 원했던 혁명은 이런 것이 아닌데… 면장을 해먹었다고 해서 죽일 필요도 없고 태극기를 가지고 있다고 해서 죽여야 한다니, 그 참…."

그리고 그는 잠시 두 사람을 번갈아 쳐다보다가 무슨 생각을 했는지 상호 옆으로 바싹 다가서며 빠르게 귀에다 대고 말했다.

"승산 없는 일이었어. 우리 함께 도망치세나."

그리고 그는 빠른 동작으로 묶인 두 사람의 포박을 끌러 주면서 황등면장을 보고 말했다.

"여기서 도망치게 되면 그때부터 어르신이 저를 도와주셔야 합니다. 자요, 어서 여기서 빠져나갑시다! 여기서 조금만 떨어져도 어두워 찾아내지 못할 겁니다."

"고맙네, 이 은혜를 어떻게 갚을지…."

꼼짝없이 죽은 목숨으로 생각하고 있던 황등면장은 뜻밖에도 도망쳐 나가자는 김종부의 말에 감격하고 있었다. 도망자가 된 세 사람은 죽기 아니면 살기였다. 그처럼 절박한 상황 속에서 세 사람은 어둠을 타고 그곳으로부터 빠져나오는데 성공했다.

이윽고 황등 쪽으로 가는 길과 구례 쪽으로 가는 갈림길이 나왔을 때였다. 종부는 황등면장을 따라 그 쪽으로 가면서 상호에게 말했다.

"혹시 가다가 붙잡혀 누구냐 묻거든 백운산이요 하고, 다시 묻거든 백운산 가요 하시오, 그것이 암호요."

상호는 생명의 은인 김종부와 가는 길을 달리하면서 다시 만나자는 약속과 함께 고향집 주소를 일러주고 헤어졌다.

상호가 악몽 같은 죽음의 현장에서 빠져나와 효곡리를 지나 구례군 간전면 한들이라는 동네에 당도했을 때는 먼동이 터오는 이른 아침이었다.

그 당시는 밤에 산 속에 숨어 있던 혁명군들이 동네에 내려와 설쳐대고, 낮에는 군경이 동네를 지키는 그런 어수선한 분위기였다.

상호는 한들 동네에 살고 있는 할머니의 동생 집을 찾아 들어갔다. 그때가 아침 10시경이었다. 그런데 군경이 집집마다 수색을 하다가 청년 하나를 끌고 나와 동네 사람 전부를 정자나무 밑으로 모이게 했다. 청년은 28세라고 했다. 경찰은 그 청년을 통해 동네 좌파들을 선별하는데 이용하려고 한 것이다.

군경이 그 청년을 동네 사람들 앞에 세워놓고 으름장을 놓았다.

"지금부터 너 아는 친구를 말해 봐! 그렇지 않으면 몽둥이로 맞아 죽을 테니 알았어?!"

경찰의 서늘한 으름장에 청년은 동네 사람을 둘러보다가 전혀 낯선 상호와 눈이 마주쳤다. 그의 손가락이 상호를 향해 쭈욱 뻗었다.

"어어…?!"

순간 상호의 입에서는 짧은 비명의 소리가 튕겨져 나갔다. 그러자 곧 이어 달려온 순경에게 그대로 멱살을 잡힌 채로 질질 끌려 나갔다. 참으로 어이없는 순간이었다. 그런데 그 뒤를 이어 달근질을 해대는 군경의 성화에 청년은 여섯 사람을 더 손가락질 했고, 상호까지 모두 7명이 앞으로 끌려 나갔다. 울화가 머리끝까지 치밀어 오른 상호는 청년을 향해 버럭 소리를 질렀다.

"너 임마! 언제 나를 안다고 손가락질을 해대는 거냐? 저 녀석 미친 놈 아녀?!"

그러나 상호의 질타적인 항변은 그런 상황 분위기 속에서는 아무 도움도 되지 못했다.

"짜식! 입 다물고 얌전하게 있지 못해!"

그와 동시에 상호의 눈에 불이 번쩍 나는 것 같았다. 순경이 손에 들고 있던 총대로 뒤통수를 내리쳤기 때문이다. 참으로 억울했다. 어제 밤 그처럼 사지死地에서 구사일생으로 살아나온 목숨인데, 이번에는 그와 반대로 진압군에 붙잡혀 꼼짝없이 죽게 되었기 때문이다.

그처럼 어처구니가 없는 상황 속에서 참으로 놀라운 일이 기적처럼 또 일어났다. 모여 있던 동네 사람 가운데서 웬 청년이 앞으로 불쑥 나서면서 말했다.

"저 청년은 좌익과는 아무 상관이 없는 사람이요. 내가 보증을 합니다."

그 청년은 반갑게도 상호를 익히 알고 있는 사람이었다. 그 청년의 아버지가 광주 아버지 회사에 근무하고 있는 운전기사의 아들이었기 때문이다.

평소에 아버지가 이웃에게 베풀었던 남다른 정이 다시 또 아들을 사지死地에서 구해내게 했던 그 기적으로, 시골은 생선이 더욱 귀했던 시절이었다. 그런데 아버지의 자상한 성품은 휴가를 보낼 때마다 생선을 푸짐하게 싸서 보내는 것을 잊지 않으셨으며, 아이들을 맡고 있는 담임선생은 물론 학교 교장에 이르기까지 귀한 생선을 보내 주시곤 했었다.

그 운전기사의 아들은 평소에 그 동네 순경 아저씨와 긴밀한 관계를 가지고 있었던 듯 주고받는 눈빛이 친밀해 보였다. 참으로 기적이 따로 있는 것이 아니었다. 뜻밖에 나타난 청년의 도움으로 다시 풀려나게 된 상호였다. 하지만 나머지 여섯 사람은 동네 사람들이 지켜본 가운데서 처형되고 말았다. 그 속에는 처갓집에 다니러 왔다가 낯선 생면부지의 사람만 골라서 손가락질을 해댄 바람에 억울하게 죽어간 사람도 있었다.

그와 같은 위기를 거듭 넘기고 살아 고향집으로 돌아온 상호였다. 하지만 구례 역시도 그런 분위기였다. 조심스럽게 고향집으로 숨어든 손자를 본 할아버지는 여간 놀라워하지 않았다. 그간의 이야기를 대충 전해 듣고 난 할아버지는 한 발자국도 방문 밖으로 나가지 못하게 이르고 문단속을 철저히 시켰다. 사실 고향집은 상호가 숨어 지내기에 모든 여건이 안성맞춤이었다.

고향집과 담장 하나 사이로 붙어 있는 지서만 하더라도 그랬다. 그 지서 자리는 할아버지의 여동생 고모할머니가 불쌍한 고아들을 위해 세운 건물이었다. 그런데 해방이 되고 지서로 탈바꿈한 것으로, 할아버지의 형제는 모두 삼형제로 아들 둘에 딸이 하나였다. 그 딸이 구례 제일의 갑부 김계목 씨 집의 큰 며느리로 시집을 간 것이다. 그런데 신랑 김종원은 딸 둘을 낳고 신학문을 한다며 미국으로 떠나 뉴욕 콜럼비아 대학에서 철학박사 학위를 취득하고 돌아온 호남 최초의 미국 유학생으로, 구례군민들로부터 미국 '김 센'으로 호칭되고 있었던 분이었다.

그 고모할아버지가 미국 유학 시절에 이승만 박사와 호형호제하고 지내온 입지였기 때문에 상호가 고향 구례에서 군경 수색작전의 감시망을 피할 수가 있었던 그런 입지의 환경 여건이었다.

하지만 그 고모할아버지는 미군정을 업고 들어온 이승만 박사의 손짓에는 고개를 돌리고 오히려 백범 김구 선생과 그 사상을 같이 했던 분으로 대한민국 정부가 수립되고 그 많던 농토와 가옥을 몽땅 회수당하고 말았던 것이다.

그만큼 해방정국은 누가 진정한 애국자며 매국노인지 어지럽고 어수선한 속에서 외세에 의해 만들어진 대립적인 사상이 공산주의와 민주주의로, 그 이후 고모할아버지 집안은 공산주의자로 몰려 그 자손들까지도 빨간 딱지가 붙어서 공직에 나갈 수가 없는 형편 처지로 불이익을 당해야만 했었다.

그 시대 분위기를 어려서 어느 정도 보고, 또 들어온 연이었기 때문에 연로하신 김경 목사님과 그처럼 대립적인 사상이란 과연 무엇인가? 하는 논제를 가지고 이야기의 주제가 되면서 이야기가 계속되고 있었다.

"그러니까 해방공간에서 민족 자주독립 통일국가를 주창하는 사람은 일제히 소련 공산주의를 선호하는 빨갱이로 내몰았듯이 당시 여수시민 학생들과 합세하여 그 깃발을 들고 일어났던 14연대를 빨갱이들 반란이었다는 거 아닙니까. 그런데 당시 그 군부대 내에서 그들과 함께 작전을 펴다가 체포된 사람이 박정희 대통령이었다는 건 국민 대다수가 다 알고 있는 사실이잖아요."

"그렇지요. 군반란을 조직하는데 협력했다고 해서 이승만 씨의 장교들에 의해서 사형선고를 받았는데 다행히도 그때 이승만 측근에 있었던 강문봉 씨가 일본 사관학교 시절 동기였답니다. 그가 도움을 준 거지요. 그러니까 이미 사태가 기울어진 만큼 그동안 14연대 전략정보를 제공하면 사형을 면제 받을 수 있게 해주겠다는 회의에 그 말대로 따랐던 것이 박정희 대통령에게 달라붙어 있는 그 아킬레스 사건이라는 것이지요. 지난 언젠가 박대통령이 그 여순사건에서 체포되어 묶인 장면이 텔레비전에 방영된 적도 있었으니까요. 어디 그뿐입니까? 군사정권이 정치활동을 재개할 때였지요. 개편대회에서 대통령 후보로 지명된 박정희 씨가 군복을 벗고 본격적으로 대통령 선거에 나섰을 때 선거전에서 그 사상논쟁이 벌어졌는데 전주에서 지방유세를 하고 있던 윤보선 씨가 기자회견을 청해 박정희 후보를 향해 화살을 날렸는데 그때 뭐라고 했는지 아십니까?

여순반란사건의 관련자가 정부 안에 있으며, 이번 선거야 말로 이질적 사상과 민주사상의 대결이라고 했고, 또 같은 날 여수에서 윤보선 후보의 찬조연설을 나온 윤재술 의원은 그 말뜻을 좀 더 밝혀서 그가 한 연설이, 이곳은 여순반란사건이란 핏자국이 묻은 곳이다, 그 사건을 만들어낸 장본인들이 죽었느냐 살았느냐. 살았다면 대한민국에서 지금 무슨 일을 하고 있는가를 여러분은 아는가, 모르는가? 여러분이 모른다면 저 종고산은 알 것이다. 이렇게 비아냥거렸다는 거 아닙니까, 허허허…."

그리고 사이를 두고 다시 이어서 말했다.

"그러니까 사상논쟁으로 궁지에 몰리게 된 박정희 후보는 긴급회의를 소집하고 최고회의는 윤보선 후보의 발언을 국가안보의 차원에서 대처하기로 하고 선거법 위반으로 고발하고 나섰다는 거 아닙니까. 공화당 측의 공격은 윤보선 후보를 강렬하게 이중 인격자라고 반박하고 윤씨가 대통령에 재직하고 있을 당시 오일육 사태를 미리 알고 있었다고 폭로했었지요. 그러자 민정당 기획위원회에서는 박의장의 사상은 이질적이며 위험한 존재라고 성명을 발표했다는 거 아닙니까. 그때 그렇게 쌍방의 논쟁이 극으로 치달아 확산되었지만 오히려 박정희 후보에게 동정표가 몰렸다는 거 아닙니까. 민심은 천심이니까요."

"그런 걸 보면 국민정신이 아직 그렇게 동서남북을 못 가릴 정도는 아닌가 봐요, 그죠? 사일구 혁명이 일어났던 것을 봐도 그렇구요."

"그렇다고 볼 수 있지요."

김경 목사님과 남북분단의 비극을 논의하게 되면서 오늘 우리에게 논의되고 있는 사상이란 과연 무엇인가를 새삼 다시 생각해 보게 해주면서 잠시 사이를 두고 말했다.

"저도 사실 과거에는 공산주의가 뭔지를 몰랐고, 또 남북분단의 근본 원인을 몰랐기 때문에 무식한 소릴 많이 주절거렸었지요. 그뿐만

이 아니었어요. 지금 생각하면 더 없이 미안하고 부끄러운 일이 그 사상이 뭔지도 모르고 간첩신고를 한 적도 있었으니까요. 그런데 뒤늦게 우리 뿌리역사 공부를 하다 보니까 그게 아니더라구요. 해방공간에서 우리 독립 운동가들이 주창했던 주체사상이 결국 이북에서 외세의 내정간섭을 받지 않겠다고 소련은 물러가라고 했던 그처럼 투철한 민족주의 사상이었다는 것도 알아지면서 비로소 그토록 참혹했던 민족 비극의 육이오 동란이 왜 일어났던 것인지 그 동기 자체도 알아졌지 뭡니까."

"그게 어쩔 수 없는 우리나라 국운이었다고 할 수 있겠지만… 아무튼 그 모두가 외세의 침략정책으로 우리 민족의 정체성을 잃어버렸었기 때문이라고 봅니다. 하지만 해방된 정국에서 외세의 내정간섭을 받지 않겠다는 것이 북측에서 주창했었던 주체사상으로 소련은 물러가라고 했던 것이지요. 하지만 신탁통치 안을 받아들인 남측은 찬반 양론으로 분열되면서 격렬한 찬반 투쟁이 전개되기 시작했고, 그 신탁통치 안에 독립운동 선봉장이셨던 김구 선생 역시도 거기에 반기를 들고 나섰던 거구요, 흠…. 그게 독립 운동가들이 외쳤던 민족 주체사상으로 그처럼 찬반 양론으로 대립적인 분위기가 해방공간에서 이승만 박사 우익 노선과 그 성향을 달리한 대립 현상이었다는 거 아닙니까."

김경 목사님은 그 부분에 대한 이야기를 잠시 사이를 두고 다시 덧붙여 말씀해 해주셨다.

"저의 아버님께서도 사실 그 부분을 제일 안타까워하셨지요. 그처럼 어수선했던 해방공간에서 그 노선을 달리했었던 대립적인 구도가 끝내 국내 분열을 초래하게 되었던 것이라구요. 그러니까 김구 선생께서 지지하셨던 통일정부 수립 노력이 끝내 좌절될 수밖에 없었든 것은 미군정을 등에 업은 우익 노선에 불가항력으로 암살되고 말았기 때문이라구요, 흐흥…! 그로부터 남한만의 단독정부 수립 노선을 선택한 그들에게 도덕적 명분을 만들어준 셈이 되고 말았다는 거 아닙니까. 그처럼 해방공간에서 노선을 달리했던 분열은 자주 통일국가를 이룰 수 없게 만들어 버린 비극적인 결과를 초래하고 말았던 것이지요."

사실 해방공간에서 그 신탁통치 안의 문제를 놓고 있었던 찬반론의 대립적인 분열은 마침내 남과 북으로 3 · 8선이 그어진 시대 배경으로 한국에 상륙한 미군은 3 · 8선 이남 지역에 군정을 포고하고 아놀드 소장이 군정장관에 취임했으며, 그로부터 본격적인 미군정 체제를 갖추어 나갔던 것이라고 김경 목사님은 부친에게서 들은 그대로를 자세하게 설명해 주시었다.

동족상잔의 비극

모든 주권을 잃어버렸던 일제 식민시대의 억압에서 온 국민이 얼마나 고대하고 바랐었던 해방이었던가.

그러나 해방의 기쁨도 잠시뿐 그처럼 어지러웠던 해방공간의 분위기에서 민족 자주독립을 강력하게 주창했던 이북은 외세의 내정간섭을 받지 않겠다는 강력한 주체사상으로 결국 소련을 물러가게 했었다. 하지만 남측 분위기는 그와는 또 다른 체제로 가고 있었다.

미군정은 남한에 군정을 실시하면서 공표한 것이 중경 임시정부는 물론, 인민공화국 등 미군정 이외의 어떠한 권력기관도 인정하지 않겠다는 발표와 함께 전국 각지에 자발적으로 결성된 치안대 및 인민위원회 등 각종 자치기구들을 강제로 해체시켰다. 그리고 일본의 전략적인 통치기구를 그대로 존속시키면서 조선인 행정관리들을 재고용으로 등용시키고 통치하기에 이르렀다.

그처럼 일제치하에서 충정을 다했던 그 잔재 무리들을 북한처럼 정리하지를 않고 오히려 그들의 활로를 열어준 미군정 체제였다.

여순 민중봉기가 일어나고 험준한 지리산 일대로 숨어 들어간 패잔병들을 공산주의를 비호하는 공비라고 했으며, 빨치산 부대라고 했었다. 그때 퇴로가 막힌 그들은 살아남기 위해 밤이면 지리산 밑 부락에 출몰하여 식량을 탈취해 갔다. 그러한 형세에 곤혹을 치루는 것은 말할 것도 없이 민초들이었다.

해방공간에서 그처럼 사상대립적인 갈등으로 빚어진 결과는 마침내 동족상잔의 6 · 25사변의 참상을 불러일으키고 말았다. 남침을 한 인민군이 남한을 거의 석권해 나가고 있을 때였다. 상호의 아버지는 해방과 동시에 쫓겨가는 일인들로부터 헐값으로 사들였던 건착선 6척과 경비정 1척을 모두 임시수도 부산항으로 모으고 사태를 관망하고 있었다.

그 무렵까지도 전쟁은 국군이 북진하는가 하면, 다시 밀려 내려오는 그야말로 그 상황을 예측할 수 없는 전쟁의 와중에 있었다. 그때 고향 구례에서 은거 칩거하고 있던 상호는 아버지의 연락을 받고 여수에서 배를 타고 부산에 도착하여 아버지와 상봉했다.

당시는 전시 중이었기 때문에 젊은 청년들은 모두 전장에 나가야 할 국민의 의무가 있었기 때문에 아버지는 전장에 나가야 할 아들을 염려하신 것이다. 그래서 아버지는 부산에 도착하고 그동안 친분을 맺어왔던 506 특무대 공작과장으로 있던 박소령에게 아들을 부탁하고 상호를 불러 내렸었다.

박소령은 당시 36세였고, 그 506특무대 대장이 김창룡이었다. 그 부대는 한국군을 좌우하는 공작부대였기 때문에 당시 부산항에 정착중인 아버지의 경비정 연락선을 미군 8240 특수부대에서 활용하게 된 것으로, 당시 유일하게 무전기가 달린 배가 그 경비정이었기 때문이다.

부대는 부산 충무동 한국군 헌병대 옆에 있었다. 당시는 영어를 제대로 구사하는 사람이 별로 없었을 때였다. 상호 역시도 그 부대 루트 대령과 의사소통이 전혀 불능할 수밖에 없었다. 그런데 다행스럽게도 루트 사령관의 통역관이 와다나베라는 일본 사람이었다. 일제시대 교육을 받아온 상호는 일본어에 능숙했다. 그런 관계로 사령관과의 의사소통을 그 부관인 와다나베가 얼마 동안 해주었다. 그리고 점차 영어를 익혀 그런대로 의사소통을 할 수 있게끔 되었다.

그즈음 아버지의 사업은 운영난에 봉착해 있었다. 사업자금을 지원해 주던 김영준 씨가 여순 민중봉기 사태로 사망하고, 뒤이어 일어난 6·25전쟁은 아버지의 사업에 엄청난 타격을 준 것이다.

그 당시 아버지는 건착선 6척과 연락선 1척을 여수에서 부산으로 옮겼지만 국방부에서 조업을 하지 못하도록 지시를 내렸기 때문에 유지 관리비 문제로 형편이 어려울 수밖에 없었다. 아버지가 인수했던 건착선은 근해에서 조업을 하는 고기잡이 배가 아니었기 때문이다. 그때 그 경비정을 국가 공작부대에서 활용하게 되면서 아버지와 박소령이 교류를 갖게 되었던 관계로 상호의 신원보증을 박소령이 섰고, 그로 하여 미군 8240 특수부대에 무난하게 들어갈 수 있었다. 그때 상호의 나이 23세였다. 그것을 보고 하늘이 각 사람에게 정해 준 그 운명이라고 하는 것인지도 모른다.

아버지가 추진하셨던 사업은 여순 민중봉기 사태에 이어 6·25사변으로 이어지면서 연속적으로 그 계획이 뒤틀려갔지만 그러나 그러한 계기를 통해 아들 상호를 미군 특수부대에 들어가게 할 수 있었던 기회가 주어지면서 우리 국민들이 도무지 상상할 수조차도 없었던 6·25사변이 일어나게 되었던 동기와 배경에 또 다른 비밀이 내재되어 있었던 그 정보를 입수하게 되었던 것이다.

1953년 7월 27일, 휴전협정이 이루어지면서 정부는 임시수도 부산에서 서울로 환도했다. 1953년 10월 27일이었다. 따라서 상호가 근무하던 미군 8240 특수부대 역시도 서울로 북상했다.

사령부는 서대문에 있었고, 루트 사령관의 숙소는 명륜동에 위치해 있는 50평 정도의 적산가옥으로 당시 비어 있던 이층집이었다. 당시 서울은 주인 없는 빈집이 많았다. 환도 후의 서울 풍경은 그처럼 더 없이 황량하기만 했었다.

서울이 수복되었다고는 하지만 아직 어수선한 때여서 모든 면에서 질서가 제대로 잡히지 않았기 때문에 학교는 복학하는 학생 수가 모자랄 수밖에 없었다. 그래서 학생 출석 성적이 좋지 않더라도 적당하게 시험만 치루면 진학이 가능했다. 그런 관계로 상호 역시도 적당하게 학교와 군복무 생활을 양립하면서 첩보요원으로 이북에 넘어갈 사람을 모집하러 다녔다. 조건은 이북의 지리적 사정에 밝아야 했기 때문에 고향이 이북 사람이어야만 했다.

그리고 조건이 맞아지면 당시 만이천원이라는 큰돈이 위험 부담금으로 지급되었고, 첩보요원으로 그 훈련을 마치면 배를 태워서 영종도로 보내졌다. 그리고 거기서 교육이 끝나면 각자 임무를 가지고 이북으로 보내졌고, 그들의 업무 수행이 끝나면 지시대로 정해준 시간까지 어김없이 약속 장소로 나와 있어야 했다. 그래야만이 접선이 되면서 다시 넘어올 수 있었기 때문이다.

그때 그 공작부대에서 간첩을 실어 나르기 위해 국가에서 활용했던 배가 아버지 소유의 무전기가 달린 그 경비정이었다. 그렇게 임무를 마치고 살아서 돌아온 첩보요원들을 8240부대에서 조사 검토하여 그 자료를 미국으로 보내는 업무를 그 부대가 맡고 있었다. 그래서 살아 돌아온 첩보요원들의 몸수색을 가끔씩 상호가 맡기도 했었다.

그런 어느 날이었다. 고향이 이북 평양으로 첩보요원으로 보내졌다가 돌아온 청년의 손이 무의식적으로 허리춤께로 자주 가고 있음을 발견한 상호는 그 옷을 벗겨 조사를 해보았지만 별다른 것이 없었다. 다만 허리끈이 천으로 꼬아져 만든 것을 착용하고 있었다는 것밖에는 다른 이상함을 발견하지 못했기 때문에 그냥 지나치려다가 그 허리끈을 풀게 했다. 그리고 손가락으로 쭈―욱 한번 훑어보았다. 그런데 어느 지점에서 손끝에 만져지는 촉감이 이상했다. 분명히 무엇이 들어 있는 것 같았다.

"…응, 이게 뭐지?"

그러자 그 첩보요원의 낯빛이 순간 납색으로 변해지고 있음을 본 상호는 이상한 예감이 들어 칼끝으로 허리끈을 잘랐다. 그때였다. 꼬깃하게 말린 작은 종이 쪼박지 하나가 불거져 나왔다. 백악관이 그려져 있는 것으로 보아 미화 달라 돈이 틀림없는 것 같았다. 그런데 이제까지 상호가 한 번도 구경해 본 일이 없는 처음 보는 것이었다. 거

무스레한 검정색 바탕에 100$이라고 쓰여져 있었다.

그 길로 첩보요원은 조사실로 넘겨졌고, 그 엄청난 미화 달라 돈이 진짜인지 가짜인지를 확인하기 위해 미대사관으로 연락이 취해졌다. 그러나 그 달라 돈을 받아 든 미대사관 직원들조차도 어찌된 일인지 그 진의를 가려내지 못했다.

드디어 조사를 하기 위해 미국에서 3인의 조사반이 나왔다. 그들은 그 달라 돈을 큰 가방처럼 생긴 기구에다가 쓰윽 집어넣었다. 검증 결과 그 달라 돈은 120년 전에 미국에서 발행한 수표였다는 것이 밝혀졌다. 그 수표는 놀랍게도 소련이 캐나다를 미국에 팔아넘길 때, 미 재무성에서 발행하여 소련에 넘겨준 수표로 개인이 바꾸어서 활용할 수도 없는 무용지물이나 마찬가지였다.

그런 수표를 어떻게 하여 첩보원이 습득할 수 있었던 것인지 조사가 시작되었다. 첩보원은 그 무용지물 같은 수표를 진짜로 알고 건네받고 오히려 이쪽의 정보를 제공해 주고 온 것으로, 그러니까 이중간첩으로 매수당한 것이었다.

그는 자기가 그토록 심한 바보였다는 사실을 전혀 깨닫지 못하고 그 무용지물의 종이 쪼박지를 마치 그 어떤 소중한 보물처럼 간직하며 한동안 가슴이 부풀어 있었을 것이 틀림없었다. 그런데 그즈음 루트 사령관 통역관으로 다시 발탁되어 들어온 사람이 고향이 이북 평양 사람으로 송길호였다. 그는 일제시대 일본 와세다 대학 영문과를 나왔다. 그와 상호는 루트 사령관의 통역관과 경호원이라는 관계에서 친하게 지냈다.

그때 8240 특수부대 요원은 총 50명으로, 김창룡이 있던 506 공작부대에서 밀봉교육을 시켜 이북으로 넘겨보낸 자들이 살아서 넘어오면 그 자료들을 모아서 미국으로 보고하는 것이었다. 그래서 중국어, 일본어, 영어를 할 줄 아는 통역관들이 필요했던 것이다.

그 일이 있고 8월 어느 저녁 퇴근 무렵이었다. 통역관 송길호가 외출을 했다가 들어서는 상호를 보자 찾았다는 듯이 말했다.

“이보게 상호! 나하고 저녁에 함께 나갔다가 올 데가 있네.”

“어디를 출타하시는데요?”

“그 참, 아무래도 찜찜하단 말야.”

“뭐가요…?”

그러자 통역관 송길호는 한참 무엇인가를 깊이 생각하는 듯하다가 입을 열었다.

“고향 친군데 사상이 좌익이었거든. 그 친구가 전쟁 중에 월남했다는 소식을 들어본 일이 없는데 불쑥 연락이 왔지 뭔가. 좀 만나자는 게야. 아무래도 기분이 찜찜하거든 뭣 땜에 그러는지….”

“피난 내려온 거 아닐까요. 전쟁통에….”

“절대 그럴 친구가 아니지. 좌익 골수분자였거든. 아무튼 만나서 이야기 좀 하자는데 안 나가자니 그렇고… 그래서 말인데 자네가 같이 가주어야겠네. 나와는 모른 척하고 자네는 저만치 떨어져서 말야.”

“그러니까 경호를 맡아 달라 이 말씀이군요, 하하하….”

상호는 대수롭지 않게 생각하고 크게 웃었다. 그리고 송길호 통역관이 생각보다 소심한 사람이라고 생각했다. 상호는 군복을 벗고 사복으로 갈아입었다. 그리고 송길호 통역관이 시키는 대로 약속이 되어 있다는 부대 옆 술집으로 먼저 들어가 자리를 잡고 해장국 한 그릇에 곁들여 소주 한 병을 시켜놓고 먹고 있는 척했다.

허름한 선술집이었다. 그때 선술집에는 두 사람의 손님 밖에 없었다. 그들은 술과 안주를 시켜 놓고 누군가를 기다리고 있는 눈치였다. 상호는 직감적으로 송길호가 말한 그 친구일 거라는 생각이 들었기 때문에 무심한 척 눈길도 주지 않은 채 소주잔을 홀짝거렸다. 사이를 두고 이윽고 송길호가 선술집 안으로 모습을 나타냈다. 그리고 짐작했던 대로 그 사람들을 향해 반갑다는 듯이 손을 흔들어 보이며 말했다.

“어! 먼저 왔구만. 이게 얼마만인가? 반갑네 그려.”

"그래, 살아서 이렇게 만날 수 있다니 반갑네. 역시 자네는 소식 들은 대로 신수가 좋구만, 허허허…."

송길호는 그들과 마주 앉아 그동안의 안부를 주고받다가 정색을 하고 말했다.

"그래 어떻게 된 건가? 자네는 이북에 있을 것이라고 생각했는데 말야, 흐흥!"

"허허, 이북에 있을 사람, 이남에 있을 사람이 어디 따로 있다든가, 이 판국에…. 이북이남 가르지 말게나. 전에도 말했지만 나는 같은 국가 같은 민족이라는 것 밖에 모르는 사람 아닌가."

"그참, 자네가 전쟁통에 월남했다는 이야기는 들어보지 못했는데 이렇게 만나니 반갑지 뭔가."

"내가 월남한 게 그렇게도 궁금한가? 그야 자네처럼 먼저 내려올 수도 있고, 나중에 내려올 수도 있는 것 아니겠나, 흠흠…. 자네는 그 꼬장꼬장한 성미가 여전하네 그랴, 핫, 핫하…."

그 친구라는 사람은 송길호의 본론적인 물음을 애써 피하고 호탕하게 웃어제꼈다. 그러다가 잠시 후 정색을 하고 다시 말했다.

"이보게 친구, 민족분단의 비극을 깊이 생각해 본 일이 있나?"

그러자 송길호가 그 말을 받아 말했다.

"그래, 엄청난 비극이지. 같은 피를 나눈 동족끼리 서로의 가슴에 총부리를 겨누어야 한다는 것 말일세. 이번 전쟁에서 얼마나 많은 생명이 죽어간 줄 아나? 남북한 합쳐서 삼백오십만 명쯤에 이르는 희생자를 냈다고 하데. 그것이 인민을 위한다는 그러니까 자네가 좋아하는 그 공산주의 사상 아닌가. 그 김일성이가 전쟁을 도발함으로 어찌된 줄 아는가? 유엔으로부터 침략자라는 낙인이 찍히게 되었네. 어디 그뿐인가? 국제적으로나 우리 민족적으로나 공산주의는 이제 가장 위험한 존재로 인식되게 되었단 말일세."

"모르는 소리 하지 말게나. 도발을 하지 않으면 안 되는 이유가 분명히 있다고 들었네. 다시 말하면 우리 민족은 하나로 통일하지 않으면 강대국의 노예밖에 더 되겠는가. 그래서 무력행사로 남침을 하기 전에 평화적인 대화로써 그 길을 열어보려고 부단하게 노력했었다는 것을 자네가 모르니까, 그렇게 말하는 것이네. 왜 평화적인 대화를 열지 못했던 줄 아는가? 이남 지배자들 사고는 공간 사고거든. 그러니까 인간정신을 중요시하기보다는 그가 어떤 감투를 쓰고 있는가를 중요시하고, 또 재산은 얼마며 집안은 어떤가, 이렇게 공간적 물리적 현상에 중점을 두고 있는 것이 미 제국주의 민주주의 사상이거든, 흐흥…!"

그리고 소주잔을 들어 마시고 다시 말을 이었다.

"공간 사고는 내용보다 형식에 치우치고 인간의 고귀한 동기보다는 결과에 관심을 갖고 사회정의와 민족적 당위성보다는 목전에 호의호식하는 것과 감투 쓰는 일과 돈을 버는 일, 그 자체만을 치중하다 보니까 지배자들이 감투싸움에 혈안이 되는 것 아니겠나. 그들이 언제 민족을 위하고 애국애족을 보여온 애국자들이라는 말인가? 킁…! 몽땅 미 제국주의에 젖어 있는 매국노들이지. 일제시대 독립지사들을 때려잡아 죽인 매국노들을 그대로 등용시키고 있는 남한 정부가 민족통일의 대화를 열어가겠는가? 자네도 생각해 보시게. 그처럼 밑둥까지 몽땅 썩어 있는 남한 정부를 맹하니 바라보고 있는 것이 그럼 민족을 위한 옳은 일이라고 자네는 생각하는가?"

친구의 가만한 열변에 송길호는 말문이 막힌 모양이었다. 술잔을 비워 건네주면서 말했다.

"아직도 자네 사고는 여전하구만…."

"그참… 그런 의식도 없다면 우리 민족은 영원히 구제불능 아니겠나. 그야말로 강대국 발밑에 엎드려 놀아나는 꼴들이라니… 그게 바로 얼빠진 노비 근성이 아니고 뭐겠나. 그게 바로 구한말에 지배자들이 보여준 정신으로 말은 일본 침략이라고 하지만 분석해 보면 그 얼빠진 위정자들이 갖다가 바친 꼴이나 다름없는 형국이었네. 오늘 남측 형세가 그때나 뭐가 다르겠나. 국가와 민족은 어떻게 되든 말든

간에 뱃가죽만 불리면 된다는 유치한 사고 말일세. 그 유아적인 사고를 벗어나지 못하고 있는 남한 정부 지도자들이지. 그러니까 해방공간에서 그들이 국민 앞에 보여준 것이 어떤 모습이었는가 한번쯤 생각해 보란 말일세. 자네도 지성인이니까, 흐흥…!"

구구절절이 옳은 말이었다. 듣고 있던 송길호는 얼마 만에 심드렁하게 입을 열었다.

"하지만 김일성이가 무력 남침한 것만은 옳지 않았다고 생각하네."

"그건 자네가 모르는 소리네. 그래, 평화적으로 대화를 열자고 해도 외면해 버리는 데야 물리적인 방법을 취할 수밖에 없지 않겠나. 정신들이 모두 썩어 있으니까…."

"…언제 김일성이가 평화적 방법으로 대화를 열자고 했다던가? 나는 금시초문일세."

그러자 그 친구는 잠시 사이를 두었다가 가만하게 입을 열었다.

"사실 내가 자네를 찾아온 것은 자네의 도움을 받고자 왔네. 도와주겠는가?"

"…내가 자네를 도울 수 있는 일이라는 것이 도대체 뭔가?"

"어려운 일이 아닐세. 지금 자네 부대가 있는 자리 말일세. 그 마루 밑 땅을 파고 전쟁이 나기 전 십만 달러를 묻어둔 사실이 있네. 그것을 찾아만 주시게. 그럼 자네에게 크게 사례하겠네. 자네가 마침 그 부대 통역관으로 있다는 것을 알고 믿고 찾아온 걸세."

"이게 무슨 소린가? 언제 뭣땜에 자네가 그 엄청난 돈을 거기에다가 묻어 두었단 말인가? 나는 도무지 이해가 안 가네."

"그거야 나랑 함께 가서 확인해 보고나서 자초지종을 이야기해도 늦지 않네. 그렇게 해주겠는가?"

"아니 같이 들어가자는 말인가? 그건 안 되네. 거기가 어디라고…."

송길호는 단호하게 거절했다. 그러자 친구는 잠시 사이를 두고 말했다.

"그것이 어렵다면 자네가 지금 들어가서 확인만이라도 해주시게."

"그야 어렵지 않지만 글쎄, 나는 처음 듣는 소리라서…. 그러나 아무튼 가서 확인해 보고 오겠네."

"그래 주시겠는가? 찾기만 하면 평생 자네가 편안하게 먹고 살도록 사례를 해줌세. 분명히 약조하네."

테이블을 사이에 두고 그들의 이야기를 훔쳐 듣고 있는 상호였다. 도무지 그 엄청난 돈을 무엇 때문에 그들이 거기에 묻어 두었다는 것인지 얼핏 이해가 가지를 않았다. 그러나 그들이 하는 이야기로 보아 이북에서 넘어온 첩자들이라는 심증이 굳어지고 있었다.

송길호가 확인해 보고 오겠다며 밖으로 나갔다가 얼마 후에 다시 돌아왔다. 초조하게 송길호가 나타나기만을 기다리고 있던 두 사람은 송길호가 앉기도 전에 대뜸 물었다.

"찾아보았는가…?"

"예끼 이 사람아! 딸라 비슷한 종이 쪼박지 같은 것도 없던데, 자네가 지금 날 놀리나?"

송길호는 그 말하는 어투로 보아 정말 그렇게 생각하고 있는 것 같았다. 조금은 볼멘소리를 하고 있었다. 그러자 그 친구는 그럴 리가 없다는 눈빛으로 송길호를 의심스럽게 건너다보며 말했다.

"거 이상하네. 분명히 마루 밑에 묻어 두었다고 했는데…. 누가 거짓말을 하는지 모르겠네."

"그러니까 자네가 직접 묻은 게 아니었든가?"

"……."

그 친구는 잠시 동안 송길호를 말없이 쳐다보고만 있다가 얼마만에 무겁게 입을 열었다.

"뭘 숨기겠나. 사실은 그 딸라 돈은 남한 정부 이승만에게 평화적으로 대화를 열어보자고 북에서 신부를 통해 내려보냈었던 돈일세. 남한 국민들은 너무나 모르고 있는 것이 많네. 왜 그런지 아는가…? 그것은 미군정을 업고 자신의 권력 연장만을 위해 혈안이 되어 있는 그 협잡배들 때문이지. 우리 민족은 남북이 힘을 합쳐서 자주 독립국가로 통일을 해야 하지 않겠나. 분단 문제를 미, 소간의 흥정의 산물로 돌려서는 안 된단 그 말일세. 우리는 과거 나라를 잃고 우리 민족이 식민지 노예로 얼마나 불행했던가를 다시 상기하지 않으면 안 되네."

그 말에 송길호가 대응을 했다.

"하지만 지금 세계정세가 개화 물결을 타고 급변하고 있지 않은가. 그런데 힘없는 나라가 거기에 어떻게 대처하겠는가. 우리나라가 자치적인 힘을 세울 때까지 도움을 주겠다는 거 아니겠나 미군정이…."

"일제의 식민지 생활을 오래 하다보니까 우리 국민정신이 강한 세력을 지나치게 의식하는 나머지 우리 자신의 민족적 의지나 역량을 과소평가하려는 경향이 있는데, 그 생각은 조국통일을 위해서 도움이 되지 않는단 말일세. 자네가 어느 나라 어느 민족에 조상 뿌리를 두고 있는가. 먼저는 통일을 하자는데 힘을 합치자는 것이 우리 민족 주체사상으로 뭉치자는 거 아니겠나."

"오늘 이처럼 허기가 져서 힘도 못 쓰는 나라가 주체사상 찾아서 뭐하겠나?"

"그 생각 자체부터가 문제네. 지금 이 나라 운명은 젊고 의식이 있는 우리 젊은이들에게 달려 있네. 전에도 내가 자네에게 말했지만 자본주의 허점을 바로 남한 정부가 그 실상을 보여주고 있지 않은가. 제각기 자신만 잘 되겠다고 하는 이기주의와 황금만능주의에 빠져서 나라야 어찌되던, 또 남들은 어떻게 어떤 상태에 빠지던 잔인할 정도로 자신만의 성공과 출세를 위해 치닫고 자기의 이해관계만을 위해서 신경을 곤두세우고 정치를 하잖은가 말야. 그들이 민족과 나라를 생각한다면 그런 모습을 하겠는가? 흐흥…! 모두 위선자들이지. 위선이란 일종의 타락이라고 했네. 타락한 자들이 국가와 민족을 생각하겠나? 어림도 없지. 내가 여기서 길게 얘기하지 않겠네. 사실 그 돈 이십만 딸라는 이승만에게 갖다 주라고 북에서 내려보냈던 공작금이었다네. 말하자면 미국을 믿지 말고 우리가 자주적으로 평화통일을 이루어보자는 뜻이었지. 그런데 고맙게 잘 받았다는 인사는커녕 울리는 메아리조차도 없었으니 평화적인 통일은 불가능하겠구나 하고 분개할 수밖에 더 있었겠나?"

송길호는 처음 들어보는 엄청난 이야기에 놀란 표정을 하고 한꺼번에 쏟아 물었다.

"십만 불이라…? 그게 사실인가? 아니 그게 도대체 언제 있었던 이야긴가? 지금 정부는 환도해서 올라온 지가 불과 얼마 되지도 않았는데 도무지 무슨 말인지 나는 지금 이해가 안 되네."

주고받고 있는 그들의 이야기를 훔쳐듣고 상호 역시도 얼른 납득이 되지 않는 이야기였다. 그러나 분명해지는 것은 그 어떤 임무를 띄고 남파된 첩자들임에는 틀림이 없다는 생각이었다. 술을 마시는 척하고 더욱 그쪽으로 귀를 기울였다.

송길호의 친구는 마루 밑에 묻어 두었다는 돈이 없다는 것이 아무래도 믿어지지 않는다는 그런 표정으로 고개를 갸우뚱거리다가 말했다.

"그럴 리가 없어. 거짓말을 했을 때는 살아남지를 못한다는 것을 신부가 더 잘 알 텐데…."

그 말에 송길호가 불쾌하다는 듯이 그 말을 받았다.

"그렇담 내가 자네한테 지금 거짓말한다고 생각하는가?"

"이건 분명히 뭔가 잘못된 거야. 신부가 지금 거짓말을 할 상황이 아니니까. 내 솔직히 이 마당에 다 털어 놓겠네."

그리고 어떤 결심을 한 듯 자초지종을 털어놓기 시작했다.

"그 돈은 여순사태가 벌어졌을 때 순천에 있는 손양원 목사 아들 둘이 좌파 학생들 손에 죽지 않았는가. 그런데 진압군이 들어와서 그 아들 죽인 좌파 학생을 총살시키려고 한 일이 있었다는 건 자네도 들어서 알고 있으리라고 믿네."

"그 얘긴 나도 들어 알고 있지. 그런데 그 돈과 무슨 상관이 있단 말인가.”

“들어봐! 그때 그 손목사가 사령관을 찾아가서 부모 죽인 원수까지도 사랑하라는 것이 기독교 정신이니 이 기회에 기독교 선교사업을 복음화하겠소 해서 이승만이 사면조치를 했다는 거 아니겠나. 여기에 북에서는 크게 감동을 받았고, 그렇다면 그 기독교 정신으로 평화통일을 이룰 수 있겠구나 해서 그 신부를 통해서 기독교 선교사업에 쓰라고 십만 불을 내려보냈다네. 그런데 몇 달이 지나도 이승만으로부터는 고맙게 잘 받았다는 인사 한마디도 없고 싹 무시해 버렸다는 말씀이야. 북에서는 괘씸할 수밖에 없지. 더는 평화적으로 대화가 안 되겠다고 생각한 거지. 그래서 무력으로라도 적화통일을 해보고자 한 거고, 흠흠…. 그래, 밀고 내려왔을 때 그 신부를 붙잡아 올라갔는데 알고 보니 이승만이와 교량역할을 해주겠다던 이기붕이가 조금만 기다려라, 조금만 기다려라 해서 그렇게 몇 달이 지나버렸다는 게야. 그래 그 돈은 어디 두었느냐고 하니까 신부가 살고 있던 마루 밑에 묻어 두었다는 게야. 그래 그 진실 여부를 확인하려고 했지만 이미 사령관 숙소로 변해 있고, 자네가 마침 그 통역관으로 있다는 걸 알고 해서 내가 이렇게 위험을 무릅쓰고 찾아온 걸세. 어떻든 방법을 찾아 통일을 해보자고 한 것인데 안 그런가? 도와주시게.”

“그참, 도무지 믿어지지 않는 말이구만. 그렇다고 자네가 지금 헛소리하자고 날 찾아온 것도 아닐 테고….”

그 말을 뒤에서 훔쳐 듣고 있던 상호의 두 귀는 쫑긋해질 수밖에 없었다. 여순사건이 일어나고 순천에서 있었던 손양운 목사에 대한 이야기를 고모를 통해서 직접 들은 일이 있었기 때문이다.

그러니까 여순사건이 일어나기 직전 순천 역시도 학생들 간에 좌파와 우파로 나누어져 치열했던 사상논쟁은 몸싸움으로까지 번지고 있었다는 것은 너무나 잘 알려진 이야기였다.

남한만의 단독정부를 반대하는 좌파 학생들은 환경론에서 무신론, 무신론에서 유신론, 유신론에서 결정론, 결정론에서 자유의지론, 자유의지론에서 사회계급론, 자유와 핍박, 착취와 노동 등을 논제로 삼았고, 우파에 속하는 기독학생들은 사랑과 용서와 화해, 박애와 평등, 속죄와 구원, 천국사상의 기원, 산상보훈에 나타난 역설적인 파라독스의 종교 등을 내세워 논쟁을 했다.

이러한 사상논쟁은 서로가 서로를 이기려고 우겨대다가 주먹이 오고 갔고, 마침내는 일대 격투가 벌어지기도 했다. 그럴 때면 선생들이 뛰어왔지만 좌파 학생은 우파 쪽 사상을 가지고 있는 선생을 구타하고, 우파 학생은 좌파 쪽 성향을 가지고 있는 선생을 구타하는 난극이 벌어지기도 했었다.

그처럼 학생들 간에 대립적인 사상논쟁은 유도하는 학생들에 의해 창밖으로 내던져지는 사태까지 벌어졌기 때문에 교무회의에서는 좌파 선생은 우파 학생을 벌주어야 한다고 매도했고, 우파 선생은 좌파 학생을 처벌해야 한다고 매도함으로 학생들이 동맹휴학에 들어가는 사태가 벌어지면서 급기야는 교장이 정체불명의 괴한들에게 끌려가 구타를 당하고 사표를 내기도 했던 것이다.

이렇게 좌, 우파 학생들로 나누어져 학교가 심각한 상태에 빠져 있을 즈음 여순 민중봉기가 일어났던 것으로, 이때 좌파 학생들에게 붙잡혀 간 손양운 목사의 두 아들이 손동신, 손동인이었다. 두 아들이 죽었다는 소식이 전해진 것은 진압군이 순천에 들어오기 하루 전날인 25일이었다.

손양운 목사는 두 아들의 시신이 운반되어 왔을 때, 두 아들을 한꺼번에 잃어버린 충격에 넋을 잃고 있었고, 온 집안 식구들은 물론 손목사가 돌보고 있던 애양원 나환자들까지도 통곡의 울음바다로 변했다. 그런데 상황은 뒤바뀌어 진압군이 순천에 들어오면서 치안을 맡게 되었다. 그러나 지역 사정에 어두운 진압군은 지역 사정에 밝은 지방 우파들의 도움이 필요했다. 좌파들의 색출작업이 시작되면서 그 보복은 만만치 않았고 더 없이 참혹했다.

그때 순천은 우파 학생과 기독학생들로 학생연맹이 조직되었다.

학생연맹에서 내려진 판단은 진압군에 의해 거의 받아들여지면서 우익 인사 처형에 앞장섰던 자는 즉석에서 곤봉과 개머리판으로 때려 죽였다. 여기에서 백두산 호랑이로 이름난 김종원 대장이 일본도를 휘둘러 수십 명을 즉석에서 참수하는 솜씨를 보인 것이다.

그 색출작업 이틀째 되는 날, 손목사의 두 아들을 끌고 가서 총살시킨 좌파 학생 강철민이 붙잡혀 왔다. 그가 두 아들을 끌고나가 총살했고, 죽인 후 확인사살까지 했으며, 시체를 끌어다가 중학교 앞 신작로에 버렸다는 사실까지도 확인했다. 그래서 강철민에 대한 판결문에는 '악질사형'이라는 글씨가 뚜렷이 적혀 있었다.

아들을 죽인 범인이 체포됐다는 소식을 전해 듣고 손목사는 애양원을 출발해 순천으로 향했다. 그리고 먼저 찾아간 곳이 나덕환 목사였다. 그때 마침 상호의 고모가 그 순천교회 전도사로 그 자리에 함께 있었기 때문에 그 상황 이야기를 소상하게 들을 수 있었던 것이다. 상호의 고모가 그 교회 전도사가 되기까지는 애절한 사연이 있었다. 구례 간전면 한씨韓氏 하게 되면, 남원과 구례가 행정구역이 하나로 되어 있을 당시 남원에 원님이 부임하고 인사를 올 정도로 구한말 조정에서 효자비를 세워 주었을 정도였었다고 했다.

그래서 할아버지의 여동생 상호의 고모할머니는 전라도 갑부 김대목 씨의 장손 며느리로 시집을 갔고, 고모는 헌종 때에 전라감사를 지내온 함안 조씨趙氏 댁의 손자며느리로 시집을 가게 된 것이다. 그 시아버지 되시는 분이 1876년(고종 13) 사헌부 대사헌의 벼슬직을 맡았을 정도로 구례 토지면 함안 조씨 하게 되면 대대로 명문가로 알려져 있는 집안이었다. 그 조씨 댁 큰며느리로 시집을 간 고모였다. 그러나 그것이 운명이었던지 신부가 이제 막 임신을 했을 때 불행하게도 신랑이 강도를 만나 비명횡사를 하고 말았던 것이다.

그래서 친정에서 유복자를 낳게 된 고모였다. 그때 그 소문을 듣고 그 처절한 산모의 아픔을 달래주기 위해 출입했던 사람이 우리나라 최초의 여선교사 밀라 부인이었다.

그로부터 처절한 아픔을 달래게 되면서 유복자 아들은 친정에 맡겨두고 그 안내로 신학교를 나와 여전도사가 된 고모였다. 그리고 제일 먼저 전도를 했던 분이 당시 신랑이 미국 유학중이던 친정 고모님으로, 그 당시 화엄사에 암자를 지어 희사해 주었을 정도로 열렬한 불도 신자였다.

그렇게 친정 조카의 전도를 받고 기독신자가 된 상호의 고모할머니는 거주지인 구례군 마산면 냉천리에 있는 터 밭을 내놓았고, 상호의 어머니와 함께 교회를 세워 그 업적을 남기신 분이었다.

그러니까 불행을 당한 상호의 고모로 인해서 불도신자였던 집안이 완전히 기독교로 전향을 하게 되었고, 이후 유복자인 고모의 아들 조용호와 손양원 목사님의 두 아들이 순천 매산학교에서 함께 동문수학을 했던 관계로 그 당시의 분위기를 그처럼 소상하게 전해들을 수 있었던 상호였다.

순천에 진압군이 들어오고 사태가 완전히 뒤바뀌면서 손목사의 부탁은 아들을 죽인 범인을 구해 달라는 부탁이었다고 한다, 그것이 원수까지도 사랑하라고 하신 그리스도 예수님의 복음이 아니겠느냐는 부탁에 감동한 나덕환 목사였고, 고모 또한 감동했었다는 이야기였다.

그 길로 나덕환 목사는 밖으로 나가 강철민을 구해내려 했지만 악질로 낙인이 찍혀 있어서 구해 내기가 쉽지 않았다고 했다. 그때 담당 대령은 사정을 하는 나덕환 목사를 귀찮다는 듯이 오히려 군무집행 방해자, 국가치안 방해자, 좌익 가담 옹호자 운운하며 끄떡도 하지 않고 대통령의 사면조치가 있기 전에는 자기 임의대로 사면조치를 할 수가 없다고 책임을 회피해 버렸다는 것이다.

어쩔 수 없이 돌아설 수밖에 없었던 나덕환 목사와 손양운 목사는 그렇다면 대통령에게 탄원서를 올릴 테니 그 회신이 올 때까지 만이라도 사형을 중지시켜 줄 것을 부탁하고 돌아온 손양운 목사는 대통령에게 아들 죽인 원수를 이번 기회에 살려내어 그리스도 사랑의 말씀을 복음화하려 한다는 진정서를 올렸던 것이라고 했다.

그때 이승만 대통령의 그 특별사면 조치가 이북 김일성을 감동케 했던 것으로, 그래서 당시 미국에 거주해 살고 있던 신부를 통해 남한 정부와 우호적인 평화협상을 열어 보고자 의도했던 자금이라는 것이 그 송길호 친구의 말이었다.

북한 김일성으로부터 그러한 수행 부탁을 받은 신부가 자금을 가지고 내려와서 거주해 있던 집이 바로 명륜동 1가 58번지 3호로 신부가 들어가 살기 전에 남북교통주식회사 사장 집이었다고 했다. 그러다가 신부가 임무를 수행하기 위해 그 집을 인수를 했던 것인데, 그 임무를 그처럼 끝내 수행하지 못한 상태에서 우호적인 소식만을 기다리고 있던 북측 김일성은 실망을 하고 마침내 그 해 6월 25일 무력남침을 결행하게 되었던 것이라고 했다.

그처럼 6 · 25 사변의 동기가 되어 준 대남공작금의 임무를 수행하지 못했던 신부는 당연히 남침을 했던 인민군에게 붙들려 갔고, 거기에 대한 심문 질타를 받으면서 그 십만 달러를 전달하지 못했던 경위를 털어놓게 된 것임을 알려주었다.

그런데 환도가 되고 그 빈 집을 하필이면 미국 특수부대 사령관이 거처하고 있게 된 것으로, 그 사령관의 통역관이 이북 사람으로 송길호였기 때문에 그와 친분이 있는 사람을 찾아 남파시켰고, 그를 회유하여 신부가 말한 것이 어디까지 사실인가를 확인하려 했음을 다음에 알게 된 사실이었다.

그 돈은 신부가 일본을 경유해서 받아가지고 들어온 것으로, 그 당시 이기붕이 국회의장으로 있을 때였다. 신부는 이기붕에게 이승만 대통령과 연결해 줄 것을 부탁했었지만, 정국이 어지럽다는 이유로 계속 기다려 달라는 말뿐이어서 신부는 그로부터 3, 4개월을 초조하게 기다려 오고 있었던 그런 상황에서 호의적인 소식만을 기다리고 있던 북측에서는 실망을 하고 드디어 6 · 25 사변을 일으켰고, 그와 같은 소임을 맡고 서울에 잠입해 들어와 있었던 신부가 남침을 한 인민군에게 붙잡혀 가서 그 경위를 조사받게 된 것이라고 했다. 그러니까 신부는 이북 김일성으로부터 책임 이행을 하지 않았다는 추궁을 받게 되면서 그 책임완수를 하지 못했던 경위를 말했던 것으로, 첩자 송길호의 친구는 신부가 털어놓은 그 사실 여부를 확인하라는 임무 수행을 맡고 남파된 것임을 고백한 것이다.

하지만 신부가 달러를 숨겨 두었다는 마루 밑에는 아무것도 없었던 것을 확인하고 돌아온 송길호였다. 그 첩자 친구를 향해 실없는 짓이었다는 듯이 말했다.

"신부가 거짓말 하지는 않았을 테고, 집 번지수를 잘못 알고 온 거 아닌가?"

"이보시게나. 그렇게 집 번지수조차 어림짐작으로 찾아온 것이라고 생각하나? 방법은 하나 밖에 없네. 자네라면 어떤 방법으로든지 나를 그 집으로 들여보내 줄 수 있지 않겠나. 잠깐이면 되네. 같이 가서 찾아보도록 해주게."

"글쎄, 신분증 제시를 하지 않고는 쥐새끼 한 마리도 얼씬 할 수 없는 것을 어쩌겠나, 미안허이."

그러자 그 친구는 더는 할 말이 없다는 듯이 일어나 술값을 지불하고 밖으로 나가 버렸다. 송길호가 그 뒤를 따라 나가면서 심드렁하게 말했다.

"너무 서운하게 생각하지 말으시게. 경계가 삼엄하니 낸들 어쩌겠나."

상호가 그들 뒤를 따라 나왔을 때는 밖은 어둠이 짙게 깔려 있었다. 상호가 저만치 사이를 두고 따르고 있을 때였다. 앞서 걷던 두 사람 중에서 한 사람이 어둠 속에서 재빠르게 그 옆 전봇대를 기어오르는 것이 눈에 들어왔다. 상호는 술이 들어가서 객기를 부리는 줄로만 생각했었다.

그런데 순간 그 사내는 전신줄을 끊어 쥐고 내려왔고, 그 친구는 송길호를 와락 끌어다가 전봇대에 붙들어 세웠다. 그리고 두 사람은 사전에 약속이 있었던 듯이 번개처럼 합세하여 송길호를 전신줄로 묶는 것 같았다.

상호가 뛰어가 손을 써 볼 그런 여유조차 없이 순간적으로 일어난 일이었다. 그들이 도망가고 상호가 달려갔을 때는 송길호는 감전으로 죽어 눈을 뒤집고 땅에 늘어져 있었다.

겁이 덜컥 난 상호였다. 그 앞뒤 사정을 너무나 잘 지켜본 증인이었기 때문이다. 그 현장에 있었다는 것을 발설을 했을 때는 무사하지 못할 것이라는 생각에 그대로 입을 다물어 버리기로 했다.

그로부터 부대에서는 송길호 통역관이 술을 먹고 오다가 넘어져서 죽은 것이라고 소문이 돌았다. 하지만 그 사건의 현장에 있었던 상호는 여간 마음이 무겁지가 않았다. 그런데 그 일이 있고, 9월 중순 부대는 효창동 2번지로 옮겼다.

그리고 사령관의 숙소는 원효로에 있는 청기와 집으로 옮기면서 상호의 마음이 조금은 가벼워졌다. 송길호가 죽었던 그 길을 지날 때마다 그 환영이 되살아나곤 했었기 때문이다.

부대가 효창동으로 옮기고 얼마쯤 지났을 때였다. 포로교환으로 문제의 신부가 내려오게 되었다. 그때 이북으로 돌아간 첩보원들이 돈의 출처를 확인하지 못하고 돌아오자 이북에서는 포로교환으로 하여 신부가 직접 확인하도록 조처를 취한 것이었다.

다음에 알게 된 사실이지만 다시 돌아온 신부는 그때 40세였다. 신부가 묻어둔 마루 밑을 파 보았을 때는 가방은 통째로 사라지고 그 자리는 텅 비어 있었고, 그때 이미 관리사는 오리무중으로 행방불명이었다고 했다.

그래서 신부는 할 수 없이 정부에다가 그 사실을 진정서로 써서 올림으로, 그 돈이 반입되어 들어오게 된 경로가 김일성의 지시로 일본 제일교포들이 만들어 신부에게 건네준 사실이 밝혀졌다.

당시로서는 엄청난 금액이었다. 그 돈이 행방불명된 것에 정부에서는 그때 신부가 데리고 있었던 그 관리사를 잡아내기 위해 수사기관을 총동원하여 수사망을 폈지만 겁을 먹고 꼭꼭 숨어버린 관리사를 끝내 찾아내지 못했다. 주민등록이 있던 시절도 아니었고, 더구나 어수선했던 시국이었기 때문이다. 그래서 그 사건은 결국 정부에서도 포기해 버리고 말았던 것인데 참으로 우연하게도 그 딸라 돈을 훔쳐간 범인을 어느 날 상호가 찾아내게 된 것이다.

그때 그 부대에 중국어 통역관이 있었다. 그 역시도 고향이 이북이었다. 그가 외출을 하고 돌아와서 무심코 흘리는 말이었다.

"그참, 알 수 없는 일이란 말야. 지나 내나 이북에서 불알 두 쪽 달랑 달고 넘어온 것뿐인데 그처럼 천석꾼 만석꾼 부럽지 않게 살고 있으니 도대체 이해가 안 간단 말씀이야."

"……?"

상호는 그 통역관이 하는 말에 무슨 일이 있었구나 싶어지면서 쳐다보고만 있었다. 그러자 사이를 두고 다시 입을 열었다.

"피란민들이 환도하기 전에 빈집털이를 한 사람들이 많았다고 하더니 그 친구도 빈집털이를 했나…? 그래도 그렇지 황금 덩어리를 줍지 않구서야 그럴 수가 없거든. 분명히 어떤 횡재를 한 거 같은데…."

그가 흘리는 말에 상호는 퍼뜩 신부가 묻어 두었다는 그 딸라 돈이 뇌리를 스쳤다. 그래서 지나는 말로 한 번 해보았다.

"혹시 그 십만 불하고 연관이 있는 거 아닐까요? 김창룡 대장에게 한 번 이야기해 보시지요. 갑자기 천석꾼으로 살게 된 원인을 한번 알아보라고 말입니다."

그러자 그 통역관은 심드렁하게 말했다.

"목숨만 걸고 넘어온 친군데 이렇든 저렇든 나야 상관할게 없지. 수양산 그늘이 광동 팔십리라는 말도 있는데, 친구 잘 살면 좋은 것 아니겠나. 이렇게 걸판지게 술도 얻어먹을 수 있고 말이야, 흐흐흐…."

그러나 상호는 어쩐지 그쪽으로 자꾸만 심증이 굳혀졌다. 그 사람이 영어 통역관으로 근무했었다는 사실이 더욱 그쪽으로 의심이 가게 한 것이었다. 그때 김창룡이 맡고 있던 506특수부대는 충무로에 있었다. 그 부대와 8240부대는 밀접한 관계에 있었기 때문에 김창룡 대장은 퇴근 시간이면 상호가 근무하고 있는 부대를 어김없이 들려가곤 했었다.

그 이튿날이었다. 퇴근 무렵이 되자 김창룡 대장이 부대 안으로 모습을 나타냈다. 상호는 그 이야기를 해야겠다는 생각에 가까이 다가서면서 말했다.

"대장님, 잠깐 드릴 이야기가 있습니다."

"……?"

김창룡 대장은 뜨막하게 상호를 쳐다보며 다음 말을 기다렸다.

"저…. 지금 중국어 통역을 맡고 있는 분이 그러는데 그 친구가 말입니다. 이북에서 넘어올 때 그야말로 빈손으로 넘어왔다는데 지금 천석꾼 만석꾼 부럽지 않게 살고 있다고 하는데, 뭔가 이상하잖아요. 혹시 그 딸라 돈 십만불 하고 연관이 있는 거 아닐까요? 수사력을 동원해서 자백을 받아보시지요. 아무래도 심증이 그쪽으로 가거든요. 영어 통역관을 했었다니 말입니다."

"그으래…? 알았네."

그렇게 해서 김창룡 대장은 중국어 통역관을 통해 그 친구 집 주소를 확인하고 조사에 들어갔다. 그를 체포하여 물고문, 전기고문까지를 시도했던 그 일주일 만에 드디어 자백을 받아냈다. 김창룡 대장으로서는 상호의 정보 제공으로 엄청난 수확을 올린 셈이었다. 김일성이 이승만에게 갖다가 주라는 미화 10만 달러 사건의 실마리를 찾아냈기 때문이다.

그가 마루 밑에 신부가 묻어둔 10만 달러를 손에 넣을 수 있게 된 동기는 그랬다. 신부가 인민군에게 붙잡혀 가고 집은 관리사가 혼자 지키고 있었을 때였다고 한다. 혼자 적적하게 집을 지키던 관리사는 신부가 떠나면서 당부하고 간 그 문제의 가방이 생각난 것이다.

도대체 그 가방 속에 무엇이 들어 있기에 그 가방만큼은 손대지 말라고 했던 것인지 궁금해지면서 조심스럽게 마루 밑에 감추어둔 그 옷가방을 열어보게 된 것이라고 했다. 그런데 거기에는 황금 보석도 아닌 꼬부랑 글씨로 된 책 묶음 같은 것이 잔뜩 들어 있는 게 관리사가 보기에는 별것도 아닌 것으로 생각된 것이다.

그러나 한편으로 신부가 그처럼 소중하게 간직하고 또 인민군에게 끌려가면서까지도 당부를 했던 것이 아무래도 궁금해지면서 마침 그 옆집에 살고 있던 영어 통역관을 불러다가 그 달러 뭉치를 내보이며 물었던 것이다.

"이게 도대체 뭐요?"

순간 통역관은 눈이 확 뒤집힐 수밖에 없었다. 그 순간 벌써 딴 마음이 들어간 통역관이다. 그거 별거 아니라는 듯이 관리사를 보고 말했다.

"이건 영어를 배울 때 쓰는 영어 콘사이스라는 것인데 이게 어디서 났소?"

그 물음에 무식한 관리사는 아무 생각 없이 신부가 당부하던 이야기와 그 묻힌 장소를 이야기 해버린 것이 화근이었다. 그로부터 통역관은 생각한 것이 있었기 때문에 밤마다 술과 안주를 사들고 들어가 그 관리사를 만취하게 하고 야금야금 그 많은 달러 뭉치를 몰래 훔쳐내고 종적을 감추어 버린 것이다.

그러나 그 사실을 까마득히 모르고 있었던 관리사였다. 그런데 밤마다 찾아오던 통역관이 그 며칠째 보이지를 않자 아무래도 이상한 예감이 들어 그 가방을 꺼내 보았을 때는 이미 손을 탄 뒤여서 한 뭉치도 남아있지 않았던 것으로, 관리사는 그 길로 고향 경상도 영천으로 도망쳐 숨어버렸던 것인데 그 딸라 돈을 훔쳐간 범인을 상호의 신고로 찾아내고 그 모든 진상이 밝혀진 것이다.

그 영어통역관은 가방에서 꺼내간 그 딸라 돈을 깊이 숨겨 두고 야금야금 바꾸어 서대문에다가 거창한 저택도 마련하고, 그야말로 호의호식하면서 그 돈에서 3분의 1 정도를 바꾸어 쓰고 나머지는 항

아리에 담아 묻어 숨겨두고 있었다는 것이다.

그때 10만 불이면 지금 돈 1조가 넘는 엄청난 액수다. 그처럼 큰 액수의 돈을 김일성이 이승만에게 보내어 기독교 선교사업 활동으로 쓰라고 했던 것은, 광물개발 자원이 많은 북측이 당시로서는 남한보다 경제 사정이 나은 편이기도 했지만, 그렇게 평화적인 방법으로 남북대화를 열어 민족 자주독립 국가를 만들어 보자는 우호적인 제안의 통일 공작금인 것이었다.

하지만 오직 일신의 영달만을 위해 치닫고 있던 남측 정부 인사들이다. 그들의 정신 구조는 그러한 남북협상을 기필코 반가워하지 않았음을 6·25사변 직전 이북에서 내려 보냈던 그 통일공작금 사건을 통해서 분명히 입증시켜 주고도 남는다. 그만큼 미군정을 업고 자리를 굳히고 있는 입지에서 남북이 통일됨으로 일시적인 그들의 성공이 무산되어 버릴 것을 염려했기 때문이다.

그러한 그들의 사고는 자신이 남보다 뛰어나며, 그 재기才氣를 만들어 보이려는 착각으로 남북대화를 단절케 하고, 이 땅의 선량한 목숨들을 그처럼 많이 죽어가게 한 비극의 참상을 초래하게 했던 것이다.

그 당시 그처럼 엄청난 사건의 돈, 그 10만 불의 진상은 상호의 정보 제공으로 결국 밝혀졌지만, 그러나 이후 그 되찾은 딸라 돈이 다시 화근이 되어 돌아왔다. 김창룡 대장이 되찾게 된 그 딸라 돈을 이승만 대통령에게 전해 주지 않고 특무대 루트 사령관에게 갖다가 주어 버렸기 때문이다.

그 돈은 엄연히 김일성이가 우호적으로 남북협상을 하자는 뜻에서 이승만에게 전해 주라는 공작금이었다. 그런데 김창룡은 그 돈을 찾아서 루트 사령관에게 갖다 주었고, 그처럼 어마 무시하게 큰돈이 8240부대로 굴러 들어오자 루트 사령관은 이승만 대통령을 만난 자리에서 흘렸다는 말이다.

"대한민국 애국자는 김창룡이 밖에 없습니다. 내가 떠날 때는 내가 살고 있는 청파동 집을 김창룡에게 주고 가겠소."

당시 루트 사령관이 살고 있었던 집은 친일파 거부가 살았던 집으로 용산구 원효로 1가 17번지의 1호였다. 그 일이 있고 난 뒤 4월 어느 날이었다. 상호는 퇴근을 하고 지난날 정부군이 공비토벌 작전을 할 때에 백운산에서 생명을 구해 주었던 그 김종부와 연락이 되어 만났다. 오래간 만에 만난 두 사람은 지난날의 아슬했던 이야기를 주고받으면서 거나하게 술을 마셨다. 그때 상호는 통금시간에 제한을 받지 않았다. 루트 사령관의 경호를 맡고 있는 신분증이 있었기 때문이다.

그래서 술이 얼큰하게 취한 종부를 숙소까지 데려다 주고 루트 사령관이 머무는 숙소로 향했다. 12시가 거의 임박해 오는 시간이었다. 지난날 생명의 은인 김종부와 헤어져 숙소로 돌아오는 상호는 저절로 콧노래가 나오면서 갈지之자 걸음을 걷고 있었다. 그때 백운산에서 붙잡혀 꼼짝 없이 죽어 땅에 묻혔어야 했을 목숨이 살아 있다는 것만으로도 감사하고 또 경이로웠기 때문이다.

그런데 효창동 그 숙소가 저만치 눈에 들어 왔을 때쯤이었다. 갑자기 건장한 두 사람이 나타나 앞을 가로 막았다. 얼핏 보아도 그때 그 송길호를 죽였던 자들이라는 생각이 뇌리에 스칠 때는 이미 늦었다. 두 놈이 상호에게 달라 들어 팔을 뒤로 비틀어대면서 말했다.

"짜식! 여기서 죽지 않으려면 순순히 옷 벗어!"

유도 2단인 상호의 실력으로는 도무지 그들을 당해 낼 수가 없었다. 술기운이 거나하게 올라와 있는 데다가 또 그들은 이북에서 그보다 더한 당수 실력까지도 겸비하고 남파시킨 자들이었기 때문이다.

그야말로 불가항력으로 그들에게 신분증이 들어있는 군복과 군화 등을 몽땅 빼앗기고 속내의 바람으로 밧줄에 묶인 채로 행길 옆 고랑창으로 처박히고 말았다. 하지만 죽기 살기로 몸을 비틀고 겨우 일어나 몸이 묶인 채로 파출소를 찾아가 신고를 했다. 그러나 숙소에서는 이미 엄청난 사건이 일어난 뒤였다. 그들은 상호의 군복과 신분증을 소지하고 사령관 숙소로 잠입해 들어간 것이다.

그 숙소에는 부대원이 총 15명이 있었고, 통역관 와다나베와 그리고 보좌관과 운전수가 함께하고 있었다. 루트 사령관은 당시 혼자였다. 한참 깊은 잠에 빠져 있던 루트 사령관은 느닷없이 잠입해 들어온 괴한에게 협박을 당한 것이다.

루트 사령관은 이불을 뒤집어 쓴 채 총을 겨누고 있는 괴한의 하는 짓을 꼼짝하지 못하고 바라볼 수밖에 없게 되었고, 괴한은 그 문제의 달러를 찾아내기 위해 얼마 동안 온 방을 뒤집었지만 끝내 찾아내지 못하고 달아났다. 그런데 문제는 그 괴한이 달아나면서 벗어던지고 간 상호의 옷과 신분증이 화근이 된 것이었다.

이른 새벽, 청천 날벼락이 상호에게 떨어졌다. 부대 부관인 와다나베 소령의 호출이 날아와 불려갔다. 와다나베 소령은 상호를 보자 눈살을 찌푸렸다. 마주 대하기가 더 없이 민망해진 상호는 어쩔 수 없이 어젯밤 귀가 길에 당했던 일을 일본말로 말했다.

"기노노방 쥬이찌고로 구다이니 가이데 구루도끼 규니 후다리노 교도가 와다구시노 군복구또 피스톨오 못데 늬게데 시마이마시다."

그러자 못마땅하게 흘겨보던 와다나베 소령이 이윽고 입을 열고 힐책하듯이 말했다.

"기마사노 구찌까라 이마모 사께노 니호이까데루, 군복구또 피스톨오 호꾸쑈니 못데 가이떼 이끼나사이."

그의 말은 얼마나 술을 많이 마셨으면 지금까지도 입에서 술 내음이 나느냐는 힐책이었다. 더 이상 그 어떤 변명 같은 것을 해볼 여지가 없었다. 어찌되었거나 첩자가 상호의 군복과 신분증을 가지고 들어와 루트 사령관을 위협했었기 때문이다.

그 일로 더 없이 불쾌해진 루트 사령관은 상호를 바로 쳐다보려고 하지도 않았다. 등을 돌리고 돌아선 채로 수행원을 보고 영어로 씨부렁댄 말은 그랬다.

"저놈이 군복을 뺏겼다는 것이 간첩과 관계가 있다. 끌고나가 조사해!"

꼼짝없이 간첩과 연결된 자로 처벌을 받게 된 상황이었다. 그러나 평소에 상호를 더 없이 아껴주던 와다나베 소령이었다. 일주일을 가두고 조사를 하는 척 그 시늉을 하다가 혐의 없음으로 보고가 되었다, 하지만 그 일로 상호는 군복을 벗을 수밖에 없게 되었다.

상호가 군복을 벗고 며칠이 지났을 때였다. 루트 사령관은 밤마다 그 괴한의 환영에 시달렸던지 김창룡이 건네 준 달러를 몽땅 소지한 채 본국으로 돌아가지 않고 홍콩 첩보부대로 입지를 바꾸어 떠나면서 그는 약속대로 원효로의 저택을 김창룡 대장에게 넘겨주고 간 것이다. 그야말로 상호의 귀띔 덕분에 어느 날 갑자기 큰 횡재를 하게 된 김창룡이었다. 그러나 그 일로 김창룡과 강문봉 사이에 입씨름이 붙게 된 것이다.

문제는 김창룡이 루트 사령관에게 건네 준 그 달러가 화근이 된 것이었다. 강문봉은 김창룡이 상호의 정보제공으로 되찾게 된 그 돈의 성격은 엄연히 이승만 대통령에게 갖다가 주었어야 할 돈인데도 불구하고 루트 사령관에게 건네주었다는 그 책임 추궁의 힐책 같은 것이었다.

당시에 강문봉 하면 제2군 사령관으로 하늘에 날아가는 새도 떨어뜨린다는 사람이었다. 여수 순천 민중봉기가 일어났을 당시 거기에 합세했던 14연대 내부에서 중책을 맡고 있었던 박정희와 일본 사관학교를 같이 졸업한 동문으로, 그때 체포된 박정희를 그 의 입김으로 사지死地에서 구원해 준 유일한 후원자였다.

그런 강문봉과 김창룡이 입씨름이 있고 난 그 얼마 후였다. 김창룡은 아침 출근을 하기 위해 막 대문을 나서려다가 괴한의 총탄을 맞고 쓰러지고 말았다. 붙잡힌 범인은 허대령이었다. 강문봉 사령관과 고향이 같은 이북 사람이었다.

물론 그 사건은 군 내부의 갈등에 의한 것으로 보도되었다. 하지만 상호의 생각은 달랐다. 그 시비의 불씨는 그때 이북에서 김일성으로부터 우호적인 통일협상을 해보자고 넘어왔던 그 10만 달러가 입씨름이 된 비극의 불씨였다는 그 생각을 떨쳐버릴 수가 없었다.

그러니까 북측이 1950년 6월 25일, 남조선 인민해방을 시켜야 한다는 명분하에 남침을 강행하기 이전, 그처럼 평화적인 통일방책 모색안으로 신부를 통해 내려보냈던 그 10만 달러는 결국 그렇게 많은 진통을 안겨주고 무색하게 사라져 버렸던 것이다.

그러한 시대 탁류에 부초처럼 휩쓸렸던 상호는 그후 가끔씩 남과 북으로 사상대결을 보이고 있는 지도자들의 그 정신사상 문제를 놓고 곰곰이 생각해 보게 되었다. 한 나라의 운명은 그 나라를 움직이는 지도자의 정신에 따라 성장되기도 하고, 또 그와는 반대로 패망으로 몰아가기도 하기 때문이다.

그래서 먼저 북측의 김일성의 정신구조를 이루게 된 그 성장과정을 살펴보기 시작했다. 북측의 지도자 김일성金日成은 아버지 김형직金亨稷과 어머니 강반석姜盤石 사이에서 1912년 4월 15일 평안남도 대동군 고평면 남리에서 태어났다. 평양에서 40리 떨어진 지금의 만경대가 위치해 있는 곳이었다.

김일성의 본관은 전주김씨全州金氏로 시조는 고려 문장공文狀公 김태서金台瑞로 그의 묘는 전라북도 완주군 구이면 모악산에 있으며, 신라 경순왕의 넷째 아들로 대안군大安君의 7대 손이었다.

그 김태서의 아들 김계양金繼佯이 김일성의 직계 조상이며, 임진왜란 때 전주에서 평안남도 대동군으로 이주를 하였다. 고조부 김응우金應禹, 증조부 김보현金輔鉉으로 이어지고 거기에서 장남으로 태어난 아들이 김일성의 아버지 김형직으로, 형권, 형록으로 삼형제였다. 김형직의 장남으로 태어난 김일성을 집안에서는 장손長孫, 종손宗孫, 성주成柱 등으로 불리웠다.

김일성의 아버지 김형직은 기독교계 숭실崇實중학을 졸업하고 순화巡和학교에서 교편을 잡았다. 그리고 김일성의 장인 강돈욱 역시도 숭실학교를 졸업하고 당시 창덕彰德학교에서 한문과 성경을 가르친 독실한 기독교 신자로 장로였다. 그래서 딸의 이름을 반석盤石이라고 했다. 말하자면 반석 같은 굳센 믿음의 딸이 되라는 뜻으로 붙여준 이름이었다. 그러니까 김일성의 양가 부모 집안은 조선조 말엽 개화기에 들어오기 시작한 서양의 기독교를 일찍 받아들였던 기독교 집안이었다. 이러한 가계 혈통의 아버지 김형직과 어머니 강반석 사이에서 1912년에 태어난 김일성이었다.

그의 부친 김형직은 아들 김일성이 10세 되던 1921년 단신으로 만주로 떠났다. 당시 일제는 대륙 진출로 만주 도처에 뻗어가고 있었고, 그 침략적 횡포에 특히 3 · 1독립운동 이래 만주에서도 우리 민족의 독립군이 활약하면서 만주로 떠난 김형직은 독립군에서 군의관 일을 맡아보게 되었던 것이며, 김일성은 부친이 떠난 1923년 2월 12세로 기독교계 형덕학교에 입학했다. 그리고 14세가 되던 해에 독립군 아버지를 따라 만주로 건너갔다. 그러나 독립군을 돕고 있던 아버지가 병사하게 되자 중국인 대장 '무'씨가 그를 양자로 삼아 만주 무송 제일소학교에 전학을 시켜 주었다.

그리고 15세가 되던 1926년 화순현의 화성의숙華成義孰으로 전입해 들어갔다. 독립단체 학교로 초대 교장이 최동시崔東時였다. 그가 바로 천도교 교령天道敎敎領을 지냈고, 훗날 서독대사, 외무장관을 역임한 최덕신 씨의 부친이었다.

화성의숙을 거친 김일성은 16세가 되던 1927년 중국 길림성에 있는 위문중학교에 입학했으나, 1929년 18세로 3학년을 중퇴하고 독립군을 따라다니기 시작했다. 나라 잃은 한限을 안고 독립운동에 몸을 받쳐왔던 김일성의 아버지가 아들에게 보여주고 간 모습이 그것이었고, 또 그 부친의 영향을 받은 김일성이었다.

어린 나이에 독립군에 뛰어든 김일성은 이때부터 벌써 남다른 통솔력을 보여왔었던 것으로, '육군판사' 혹은 '어린 장군님'이라는 별명이 따라붙었을 정도로 탁월한 지도력을 내보였다는 이야기다.

한편 김일성의 어머니 강반석은 남편이 병사하자 만주 독립군부대의 차천리대장車千里隊長이 이끄는 부대에서 봉사활동을 하기 시작했다. 그리고 여기에서 얻어온 음식으로 일가는 생활을 했는데, 이때 영양실조로 김일성의 동생 철주哲株가 사망하는 슬픔을 당하기도 했었다. 그것이 김일성의 성장 과정의 배경으로 가진 자와 갖지 못한 자의 비극적 불균형을 깊이 생각하게 되었던 것인지도 모른다. 그것은 시대적으로도 그랬다. 1917년 마르크스 공산당 선언 등에서 영향을 받은 볼셰비키당에 의한 러시아 혁명은 소위 '피압박 민족' '노동자 계급' 등을 선동하기 시작했다.

그로부터 중국 공산당이 조직되었고, 이때 일제에 대한 저항운동에 나섰던 우리 독립운동가들 일각에서도 그러한 공산주의 사상을 제창하는 운동이 일어났던 시기였다. 그래서 당시 만주에는 1920년 이래 공산주의 사상이 전파되어 혁명이란 구실 아래 마적단들이 부락을 털고 다녔다. 분위기가 그렇게 되면서 독립군도 더러는 마적단들과 같이 그렇게 매도를 당하기도 했다. 당시 만주는 무법천지나 마찬가지였기 때문이다.

1931년, 김일성이 몸을 담고 있던 독립단체가 모택동의 산하인 동북항일직군東北抗日職群에 흡수되었다. 이때 2장군을 맡았던 중국인 주보중周保中은 남다르게 통솔력을 보이는 김일성을 몹시 아꼈다고 한다. 여기에서 김일성은 주보중으로부터 게릴라 전법과 전술, 전략 등을 배웠고, 1939년 9월 항일무장전투의 게릴라 부대를 조직하게 되었다.

김일성이 소련으로 들어가게 된 것은 1941년이었다. 일본군의 토벌작전에 밀리게 된 김일성의 게릴라 부대는 우수리강을 건너 소련 땅 하바로프스크로 피신을 하기에 이르렀다. 여기에서 김일성과 그의 일행은 일제의 스파이로 오인을 받게 되면서 제일감옥에 투옥되고 말았다.

이때 그를 구해 준 사람이 동북항일직군의 부사령 군장이던 중국인 주보중이었다. 그의 보증으로 풀려나게 된 김일성은 소련 극동군 치해사령부(極東軍 治海州司令部, NKVD)에서 첩보훈련을 받게 되었다. 여기에서 김일성은 정치 정보책임자인 로마넹코 소장의 눈에 들게 되었고, 이것이 그가 이북의 정치 지도자로써 운명을 바꾸어 놓게 된 계기가 되었던 것이다.

로마넹코는 소련 스탈린의 직계로 비밀경찰 두목인 베리야와 같은 동향으로 친척 관계였다. 1945년 8월 8일, 일본의 패망이 결정적으로 되자 소련군이 급격히 만주 땅으로 남하해 올 때였다. 그는 모스크바에 있는 베리야에게 '앞으로 조선 땅은 김일성에게 맡기는 것이 좋을 것 같다'라는 전문을 보낸 것이다.

그 전문을 받은 베리야는 스탈린을 설득해서 김일성을 북한 통치의 지도자로 지목을 받게 했던 것으로, 해방이 되고 입북을 할 당시 김일성은 소련군 소좌 계급장을 달고 있었다. 이러한 성장 배경과 활동으로 북한 지도자의 위치에 오른 김일성의 공산주의 사상은 여타 공산국가 체제와는 또 다른 특이한 공산국가 체제로 '돌연변이' 공산국가라는 빈축을 받기도 했었다.

그것은 적어도 그의 성장 과정에서 독특하게 형성하게 되었던 기독교적인 사상과 또한 민족해방 의식이 잠재적으로 강하게 작용하고 있었기 때문이라고 할 수 있다. 그래서 이북 공산주의 체제를 연구한 미국의 석학 스칼라피노 교수는 북한의 김일성은 '민족 공산주의'라고 말한바 있고, 또 일부 외국인 학자나 저널리스트(일본 AA파 의원 宇都宮이나 미국의 코헨 등 諸氏) 또는 제3세계의 정치가들 중에서는 김일성을 평화를 추구하는 인물로 평가를 하는 사람도 있었다.

그처럼 북측의 김일성은 세계적으로 불가사의 속에 싸여 있는 정치 지도자로 그래서 이해하기 어려운 '돌연변이'라는 평가를 받아온 것도 사실이었다. 그것이 민족해방을 부르짖어 왔던 김일성이의 정신구조로, 그 속에는 공간적 사고로 물질적 현상에만 집착하는 남쪽의 서방 민주주의 체제를 구축하고 있는 정치 지도자들과는 또 다른 정신사고로 그 돌연변이의 체제를 구축해 나왔기 때문이다.

그처럼 사회정의와 민족적 당위성만을 내세우고 추구해 온 김일성의 정신구조는 강대국 중심의 서양의 민주주의와 소련의 공산주의라는 양대 사상이 안고 있는 문제점을 그때 벌써 읽어냈기 때문에 '돌연변이'라는 평가를 받게 되었던 것인지도 모른다.

강대국들이 세계에서 일어나고 있는 일을 해결함에 있어서 정의의 입장에서보다는 자국의 이익을 먼저 생각하고 펼치는 외교라는 사실을 완전히 읽어냈기 때문에 그처럼 배제하고 그만의 독특한 정책을 펴나왔던 것이다. 그러한 김일성이의 정신사상 구조는 조상 대대로부터 내려온 전통적인 민족 주체의식과 그 속에 혼합된 유교주의, 불교주의, 그리고 인간은 누구나 평등하다는 기독교주의가 그의 성장 과정 속에서 무의식적으로 혼합되어 있었기 때문에 오늘 그처럼 독특한 돌연변이 체제를 만들어 나온 것이라고 말하는 학자들도 있다.

특히 1960년 이르러서는 중국, 소련간의 이데올로기 논쟁이 심화되고 있을 때였다. 이때 김일성은 '주체사상'이라는 말로 중, 소 분쟁의 압력에서부터 과감하게 벗어나는 모습을 보여주었던 것으로, 그것은 김일성의 정신구조 속에 내재되어 있던 민족 주체의식의 자아를 그대로 드러내 보인 것이라고 할 수 있다.

그처럼 민족 주체의식이 강한 김일성은 마침내 1962년 북한 노동당 조직을 구성하면서 '김일성주의'를 확고하게 세워보였던 것으로, 소련 공산당 마르크스 레닌주의를 북한 실정에 맞게 창조적으로 재확립하고 나선 김일성은 세계를 향해 그의 정신사상을 다음과 같이 선전하고 나선 것이다.

〈우리는 무조건 남의 나라만 따를 필요가 없다. 소련의 푸라우다지에 기사가 나면 우리 신문에도 그대로 쓰는 일이 있는데, 그래서는 발전을 가져올 수가 없다.〉

그처럼 우리 민족의 주체사상을 세계에 나가 선포하고 나선 김일성의 의도는 사실상 강대국의 간섭을 받지 않겠다는 일종의 혁명 같은 것이기도 했다. 이때부터 이북은 '김일성주의'가 만들어지면서 '김일성 원수金日成元帥님은 조선민족의 태양일 뿐 아니라 혁명을 하는 전 세계 인민의 태양이시다' 하며 마르크스 레닌보다도 더 훌륭하고 위대한 사상가로 선전이 되면서 우상화가 되기도 했다.

그러한 김일성의 주체사상은 미국의 뉴욕타임지, 영국의 런던의 타임스지, 불란서의 르몽드지 등을 위시해서 서방 및 중립국의 각 신문에 대대적으로 김일성 주의가 반복하여 실리기도 했다. 그와 동시에 세계 각국에서는 이른바 '김일성사상연구소'란 것이 만들어질 정도였다. 물론 그것은 북한 인민들의 피나는 노력의 산물임에는 틀림이 없다.

북측에서는 그 같은 김일성의 민족 주체사상을 확립해 놓고 '민족해방' 그리고 '인민민주주의 혁명과업 수행'이라는 목표달성을 구호로 내걸었다. 그리고 열성당원이나 고위 간부가 아니더라도 당에 충성할 수 있도록 교육을 체계화시켜 나갔다. 그것이 '당 학습' '일일사업총화' '당 생활 총화회의' 등을 반복시켰고, 직장마다 역사연구실을 두어 김일성의 항일투쟁 역사를 공부하게 하는 한편, 인민학교 교과서 내용에도 우리 민족 항일운동의 역사를 실어 민족 주체의식을 고조시키는 작업을 전개했다.

그리고 〈청소년들을 혁명적으로 기르는데 대하여〉라는 제목으로 남조선 인민들을 미군정으로부터 해방시켜야 한다는 사명감을 고취시키는 사상교육을 시켜나온 것이다. 그것이 김일성이 이루어 나온 특징적인 통일정책의 주체사상으로 북측의 인민들은 그 정신이 그로부터 무장되어지면서 '우리는 김일성 수령께서 생각하시는 대로 생각하며, 행동하는 대로 행동하고, 수령님과 함께 숨을 쉬어야 한다. 그와 함께 하지 않는 어떤 일도 용납할 수 없다.'고 제창하기에 이르렀던 것이다.

하지만 이승만 정부의 남측에서는 김일성이의 복제인간이 만들어졌다는 비난을 하기도 했다. 그러나 이북을 방문한 외국인들은 그처럼 탁월한 김일성이의 남다른 지도력에 그야말로 감탄을 하고 있다는 이야기다.

이처럼 북측의 김일성은 그가 제창한 독특한 주체사상으로 강대국의 간섭으로부터 과감하게 벗어나는 한편, 남북통일을 위해서라면 그처럼 우호적으로 물리적 수단을 동원하여 오직 자주 통일국가를 이루어 보려고 부단히 노력해 오고 있었음을 6 · 25 사변이 일어나기 직전, 그 신부를 통해 내려보냈던 그 10만 불 사건을 통해 더욱 확증을 시켜 주고 있다는 사실이다.

그래서 상호는 가끔씩 그때 직접 보고 느꼈던 사건을 떠올려 보곤 하면서 그 이야기를 들려주곤 했다. 하지만 그러한 진실이 안타깝게도 남쪽 국민들에게는 은폐되어 온 것으로, 특히 반공법 위반이라는 굴레로 그러한 세계적인 정보가 실린 서적을 보거나, 또 전해 주기만 해도 불온사상의 적색분자로 신고가 되면서 처벌을 받아야 했기 때문이다.

그래서 우리 남측 국민들은 해방공간에서 권력투쟁으로 비롯된 철저한 반공정책에 의해 지금까지도 그야말로 우물 안에서 개굴거리는 개구리처럼 세계가 돌아가는 정세에 어두울 수밖에 없는 처지에 놓여 있는 것이 사실이다.

곰의 자손, 아담의 후예

인간의 정신구조를 형성해 주는 것이 바로 그 사상이라는 문제다. 해방이 되고 그 사상 대립적인 갈등으로 분단된 우리 남측에서는 개화라는 명분으로 들어온 서양 선진문명을 그대로 선호하여 받아들였다. 그 영향으로 세상을 살아나가는데 편리한 물질문명을 발전시켜 나온 것은 사실이다.

하지만 그렇게 얻은 것이 있는 반면에 또 다른 한편으로 내가 나의 주인공이라는 정신세계가 혼미해져 버렸다. 그것이 삶의 방향 제시를 해준다는 사상 문제로, 해방정국에서 민족 뿌리역사를 의도적으로 왜곡시키는 서구신학의 종교 논리를 그대로 여과 없이 찬양하며 받아들였기 때문에 더 한층 혼란을 가져왔다.

그 논리는 유대 이스라엘 민족의 뿌리 조상 아담과 이브가 인류의 조상이며, 그 흙으로 물질 인간을 창조했다는 여호와가 고등종교의 스승 성자예수께서 지칭하신 태초의 빛으로 만물을 지으셨다는 유일하신 하나님이기 때문에 의심 없이 믿어야 한다는 것이었다. 그렇게 믿었을 때 하나님이 기뻐하시고 물질문명을 발전시켜 나온 서양처럼 풍요롭게 들어가고 나가도 복을 받게 해준다는 설교였다.

하지만 그러한 서구신학 논리는 고등종교 스승 성자예수께서 제자들에게 '하나님의 사랑'을 나라와 족속을 초월해서 전파하라고 하신 기독교 정신이 아님을 '신약복음서'에서 분명히 밝혀주고 있다. 그런데도 그처럼 기독교를 상징하는 십자가를 앞세우고 들어와 민족 뿌리역사를 왜곡시키고 있는 서구신학 논리에 의해서 일제의 식민사관 정책에 의해 꾸며진 '곰의 자손'이 해방 이후 '아담과 이브'의 자손으로 둔갑을 해버린 격이었다.

과거 조선을 침략 정복했던 일본이 약소국가 식민정책의 일환으로 조선총독부 국사편찬위원회에서 그것도 조선의 지식인들을 동원해서 한민족 뿌리역사 자르기를 시도한 것이 바로 그 '곰의 자손'이라는 토테미즘 삽입이었다. 그게 바로 저질의 문화민족임을 공술供述하는 것이나 마찬가지다. 그렇게 꾸며진 계략이 우리 국민 전체의 생활을 그들에게 맡기고 굽실거리게 하려는 노예정책의 일환으로, 개국조開國祖이신 단군왕검檀君王儉을 허구의 단군신화檀君神話로 실재성이 없다는 이야기로 꾸며서 우리 고조선의 역사를 잘라 버리게 했었던 것이 일제가 시도했던 우리 한민족 주체성 말살정책이었다.

주체성이란, 나와 더불어 있는 국가와 민족은 어디까지나 나와 동떨어진 개체가 될 수 없다는 것이기 때문에 내가 나의 주인공이라는 국민정신을 그처럼 말살하려고 했었던 것이다.

그런데 해방이 되고 지금까지도 일제가 그처럼 허구의 단군신화로 잘라 표류시켰던 우리 민족의 뿌리역사관을 제대로 정립하지 못하고 있는 정부와 국민이다. 그 이유가 바로 오늘 국교 이상의 자리를 차지하고 있는 서구신학 논리로 기독교를 상징하는 십자가에 불을 켜고 아담과 이브가 인류의 뿌리 조상이라는 그 믿음을 심어주고 있기 때문이다.

그처럼 비논리적인 서양 기독신학을 그대로 여과 없이 받아드려 그 뿌리를 내리게 한데 크게 공헌을 한 사람이 바로 대한민국 초대 대통령 이승만이었다. 그는 1899년 기독교에 귀의한 이래 미국과 한국에서 꾸준히 기독교 선교 활동에 종사해 오면서 출세의 디딤돌로 삼아왔던 것이다.

그렇기 때문에 대한민국 건국 대통령으로 그의 정치이념은 한민족 조상의 '얼'을 배제한 서양사상으로 아담과 이브가 인류의 조상이며,

우리가 믿어야 할 하나님이 '여호와'라는 외래 종교사상에 그 바탕을 둔 것이었다.

초대 대통령 이승만은 그처럼 한민족 전통사상을 배타하고 자신의 기독교 개혁론을 펴는 글에서 다음과 같이 기고하고 있다.

〈이 세대에 처하여 풍속과 인정이 일제히 변하여 새것을 숭상하여야 할 터인데, 새것을 숭상하는 법은 교화로써 근본을 삼지 않고서는 그 실상 대익을 얻기 어려운데, 예수는 본래 교회 속에 경장更張하는 주의를 포함한 고로 예수교는 가는 곳마다 변혁하는 힘이 생기지 않은데 없고, 한번 된 후에는 장진이 무궁하여 상등문명上等文明에 나아가느니, 이는 사람마다 마음으로 화하여 실상에서 나오는 까닭이라. 우리나라 사람들이 마땅히 이 관계를 깨달아 '예수교'를 서로 가르치며 권하여 실상 마음으로 새것을 행하는 힘이 생겨야 영원한 기초가 잡혀 오늘은 비록 구원하지 못하는 경우를 당할지라도 장래에 소생하여 다시 일어서 볼 여망이 있을 것이오.〉

그로부터 한민족의 뿌리역사 족보는 일제시대보다도 더욱 멀리 표류할 수밖에 없었다. 아담과 이브가 우리 조상이라는 기독교인들이 늘어나면서 이후 그 표밭을 무시할 수 없는 정치권에서는 사실 한민족 뿌리역사관을 바로 찾아 세울 계획조차도 갖지를 못했다. 그렇게 우리 뿌리역사를 잃어버리고 혼미해져 버린 국민정신은 어쩌다가 국조 단군 동상을 세우기 위한 일부 뜻있는 사람들의 운동에 곰의 탈까지 쓰고 나와 '곰의 자손은 물러가라!'는 구호를 외치며 맞서는 기독교인들이다. 그러나 정부측에서는 아무런 대책도 없이 바라보고만 있는 실태였다.

그러한 서양 종교논리에 의해 광화문 거리에 그처럼 유관순 동상은 세워져 있지만, 조선을 건국한 개국조開國祖 단군왕검의 동상 하나가 세워질 수 없는 나라다. 그러면서도 국가 경축일인 10월 3일

개천절 행사에서는 그 뜻도 모르는 학생과 국민들이 으레적으로 부르는 노래가 있다.

"우리가 나무라면 뿌리가 있고, 우리가 물이라면 새암이 있다. 이 나라 할아버지는 단군이시니…."

참으로 무엇을 알고 부르는 노래던가. 우리의 뿌리가 단군이라니, 그야말로 우리 한민족의 전통문화는 구시대의 낡은 유물쯤으로 박물관에서나 만나볼 수 있는 실정에서 젊은 세대는 건국 대통령 이승만이 선호하여 주창했던 서양문명으로 이미 체질화되어 있는지가 오래다. 국적 없는 패션에 조상을 알 수 없는 노랑머리에 또 빨간 머리에다가 다 찢어진 청바지를 걸쳐 입은 청소년들이 히쭉거리며 거리를 누비는 것이 오늘 우리 사회의 풍경이다.

그들의 조상이 과연 그처럼 고조선 시대 이웃 민족으로부터 동방예의지국이라고 칭송을 받아왔던 한민족 후예들의 모습인가, 다시 돌아보게 하면서 많은 생각을 하게 해준다.

그와 같은 오늘 우리 사회 풍경은 서양 자유주의 물결을 선호했던 이승만 대통령이 조상의 옛 풍습을 버리고 새것을 받아드려야 한다는 그 사상에서 비롯된 것으로, 그 모델적인 생활 모습을 보여준 것은 종교뿐만이 아니다. 조강지처는 하늘이 맺어준 인연으로, 첩을 거느려도 버리지 못한다는 우리의 옛 전통 관습을 용감하게 벗어던지고 그것도 노랑머리에 파란 눈을 한 외국인 여자를 새롭게 맞아드려 보여준 것이 그 모델 케이스로 국가 대표로서의 모습이었다.

그것이 대한민국 건국 대통령 이승만이 우리 국민들에게 보여주고 심어준 풍속도였으며, 또한 노랑머리에 파란 눈의 이스라엘 조상 아담과 이브를 우리 한민족 뿌리역사로 도입하여 변혁시키는데 크게 공헌을 했던 개혁파의 선구자라고 할 수 있다. 그러므로 서양의 이분법적인 흑백논리를 기초 바탕으로 남북 분단의 결과를 초래했던 것이며, 거기에다가 미국식 개인주의를 심어준 것이 대한민국 초대 대통령 이승만으로서 이루어 놓은 뚜렷한 업적이라고 할 수 있다.

그처럼 대통령 이승만은 이 땅에 새롭게 서양 종교논리의 사상을 심고 그 싹을 우람하게 일구어 놓은 공로자임에는 틀림이 없다. 하지만 그러한 서구신학 논리는 올바른 기독교 정신에는 위배된 것으로, 고등종교 스승 예수께서는 분명히 구약시대 여호와의 이분법적인 가르침은 초급한 초등학문이라고 지적하시었고, 너희에게 '새 계명'을 주러왔노라고 하시었다.

성자예수께서 말씀하신 그 새 계명이 바로 만민을 평등하게 사랑하신다는 조화주 하나님 대도大道의 천법天法으로, 인류를 구원하러 왔다는 진정한 그리스도 기독교 정신이다. 그 가르치심이 그처럼 너와 나를 이분법으로 가르치고 맞수 대결로 전쟁의 전략 술수까지도 가르쳐 왔던 여호와 초등학문 시대를 마감한다는 뜻으로, 이제는 그 율법을 폐하라고 하시고 나는 율법의 완성이라고 하신 것이었다.

그것이 하나님 섭리에 의한 새로운 시대 역사 변화로 그 '새 계명'의 선포가 '네 이웃을 내 몸처럼 사랑하라'는 것이었으며, '원수까지도 사랑하라' 그것이 '내 아버지의 뜻이니라'고 하신 그 말씀으로, 성자예수 십자가 피 흘림의 공로에 의해 세워진 기독교 세계관이다. 그 섭리역사의 변화가 예수께서 너희가 시대 구별을 하라고 말씀하신 뜻으로, '창세기 1장'에서 무형체로 등장하시는 빛의 하나님, 그 종복從僕들이 지구에 내려와 그들의 호흡을 불어넣고 인간 '종자 씨'를 뿌리고 가꾸어 나왔음이다. 그 시대 기록물이 여호와가 이방민족과의 경계의 선을 분명히 긋고 유대민족 종자 씨 밭만을 열심히 가꾸고 수호하던 구약의 내용이다.

그렇기 때문에 성자예수가 유대 땅에 출현하신 이후 구약시대 유대민족의 수호신 여호와가 율법으로 그 백성만을 가르치던 초등학문 시대가 마감된 것이며, 성자예수 출현으로 신약의 천국복음화 시대로 그 문이 열리게 된 기독교를 고등종교라고 하는 것이다.

그런데도 그 섭리의 뜻을 바로 이해하지 못하고 그처럼 유대민족의 주신主神 여호와의 행사行事로 일관된 구약시대의 논리와 혼합시킨 서구신학을 우리나라에 그대로를 받아들였고, 그들이 주입시키는 여호와를 천주天主 하나님으로 믿고 찬양해야 만이 서양처럼 상등 문명국으로 발전하게 된다는 이승만 대통령의 지론이었다.

그렇게 구약시대 여호와 율법律法의 가르침과 신약시대 고등종교 스승 성자예수 천법天法의 가르침을 하나의 세계관으로 묶어 아담과 이브가 인류의 조상이라고 혼합시키고 있는 서구신학 논리다. 그처럼 서양 선진문명의 종교논리라고 하여 여과 없이 그대로 받아드린 남측 국민생활은 외형상으로는 그럴듯하게 북한보다 평화스러워 보인 것만은 사실이다. 구호물자를 나누어 주면서 여호와를 천주天主 하나님으로 믿고 숭배하면 그처럼 물질적으로 풍요로운 나라로 복을 받게 해준다는 것이 십자가를 앞세우고 들어와서 전파하는 그들의 설교였기 때문이다.

그와 같은 서구식 종교논리를 대통령에서부터 받아드린 남측 국민생활은 북한처럼 민족적 자치능력을 키우기 위해서 그 지도자들이나 국민이 조직적으로 허리끈을 동여매고 오직 거기에만 집중적으로 매달려 긴장된 그런 분위기와는 다를 수밖에 없었다. 믿고 의지하라는 그 기도가 어지러운 혼란 속에서도 '여호와 하나님께서 모든 것을 아름답게 이루어 주실 것을 믿습니다, 아멘 할렐루야!' 그것이었기 때문에 외형적으로는 자유스럽고 어느 정도 평안해 보일 수가 있었다.

그러나 남한의 내부적인 정세는 민족 주체의식을 상실한 지도자들의 출세 지향적인 사고의 작태에 국내적으로 혼란의 연속이었다. 그처럼 오직 자신만을 위해 미군정 세력을 업고 출세하려는 정치인들의 민족철학의 부재不在는 나와 더불어 존재한다는 국가관이 이미 실종된 상태였기 때문에 오직 자신의 성공과 출세를 위한 자기주장이 되풀이되면서 국가와 민족이야 어떻게 되든 내 알바가 아니라는 그런 개인주의 모습들이었다.

하지만 나라와 국민은 분리가 아닌 공동체라는 북한의 정책은 남한 정부의 그런 분위기와는 전혀 다른 면모였다. 김일성이 만들어낸 새로운 정치철학으로 전 인민이 허리춤을 졸라매고 오직 남반부 통일을 꿈꾸면서 또 한편으로는 강대국의 물리적 침략을 막아내기 위해서는 소련이나 미국처럼 핵무기 개발을 해야 된다는 것이었고, 거기에 심혈을 기울였던 노력이 마침내 그 계획 목표를 달성하게 된 것이었다.

그러한 북측의 면모는 오늘 그처럼 당당한 자주국가의 모습으로 세계의 주목을 받기에 이르렀다. 하지만 그러한 북측의 모습과는 달리 우리 남한은 지금까지도 자치적으로 국력을 키우지 못한 약소국가로 전작권마저도 강대국에 넘겨주고 오직 그들의 발목만을 붙들고 거기에 의지하지 않으면 안 되는 그런 상황 실정에 놓여 있다.

그런데도 오늘 우리 국민정신은 남북분단의 원인과 그 사상 대결이 무엇인지조차도 알지 못하고, 다만 북측에서 세계를 향해 흔들어 보이는 핵무기에 대해서 대부분이 부정적인 시각으로 평가를 하고 있다. 그만큼 우리 국민정신은 남한만의 단독정부 수립 이후 계속되는 부정부패 속에서 우물 안에 갇혀 있는 형국이었기 때문에 돌아가는 세계 정세를 그처럼 바로 직시하지 못하고 있다고 해도 과언은 아니다. 어제에서부터 오늘에 이르기까지 정부나 국민이 오직 자신의 개인적인 생활의 이익만을 추구하면서 살아왔었기 때문이다.

그러한 오늘 우리 현실이 안타깝다며 그 논제를 가지고 장시간 동안 김경 목사님과 서로 이야기를 주고받는 동안 공감대를 같이 형성하면서 지루함을 잊게 해주었다.

그 주제를 놓고 이야기는 다시 계속되었다.

"이 세상 모든 게 하나님의 뜻 가운데 이루어지지 않은 것이 없다고 하더니 그렇지 뭐예요, 어쩌다가 저의 오빠가 초대 루트 사령관 경호원으로 들어가게 돼가지고 우리 국민들이 모르고 있는 그 엄청난 육이오 사변이 일어난 동기 자체를 알게 되었고, 또 그 시대 배경도 알게 되었다는 것이 어디 예사로운 일이겠어요? 그러니 오늘 이렇게 기독신학 혁명을 외치신 목사님과 감히 의사소통을 할 수 있게 해주신 것만으로도 저로서는 감사해야 할 일이지요, 뭐."

"저도 그렇습니다. 오래 간만에 사상적인 종교 논리뿐 아니라, 해방공간에서 우리가 알지 못했던 일을 좀 더 자세하게 알게 됐으니 말입니다. 핫, 하하…."

"지금까지 이야기가 그것이지만 남북통일의 문제는 먼저 우리 뿌리역사를 정통으로 바로 찾아 세우는 일이고, 그랬을 때 우리 민족 정체성을 찾아 남북이 대동단결할 수 있다는 거 아니겠어요? 우리 민족 사상은 서양의 대립적인 유물론 사관하고는 달리 만물이 한 틀 속에서 운행되어지고 있다는 평화로운 조화주 하나님 사상이니까요. 그래서 고조선 시대 그처럼 이웃 민족을 먼저 침략해 본 일이 없었던 평화로운 동방의 등불로 동방예의지국이라는 칭송을 받아왔다는 거 아니겠어요?"

"맞습니다. 그런데 어쩌다가 우리나라가 이 모양으로 이 지경이 됐는지 모르겠지만…. 아무튼 그 또한 하나님의 예정된 그 어떤 뜻이 분명히 있으리라고 봅니다. 하나님의 아들 성자예수를 십자가에 매달았던 유대민족이 자칭 선택 받은 민족이라고 자랑하면서 그들의 이분법적인 종교논리를 기독교 십자가 위에 얹고 우리나라에 들어온 것 역시도 뭔가 다 뜻이 있잖겠어요? 공산국가 소련의 마르크스 유물론적 변증법이나 별반 다를 게 없는 그 양대 사상 모두가 우리 민족 정체성을 바로 되찾았을 때 한 틀 속에 조화를 이루고 비로소 용해될 수 있게 될 테니까요."

생각하는 방향이 같아 웃으면서 거기에 응수를 했다.

"저도 목사님 그 생각과 같아요. 성경 요한계시록 예언이 그거 아니겠어요? 거기에 성자예수를 십자가에 못 박아 세계에 드러나게 한 이스라엘 민족을 그때가 되면 다시 회복을 시켜준다고 했고, 또 성경이 다시 쓰여지게 되리라고 한 그 예언에서 동방의 해 뜨는 곳에서 흰옷을 입은 무리가 하나님의 인을 가지고 세계로 나가게 된다는 것이 바로 우리 한민족 상징성 아니겠어요…? 우리 한민족은 조상 뿌리 시원에서부터 서양처럼 개체적인 이분법이 아니라 하늘과 땅과 사람이 한 틀 속에서 운행되어지고 있다는 그 만물조화의 사상을 배워왔다는 게 왠지 그 예언적인 성구를 다시 생각해 보게 하더라구요."

"그러고 보면 오늘 세계 속에 유일한 분단국가라는 것도 그렇고, 아무튼 어찌되었거나 선택 받은 민족임에는 틀림없는 거 같습니다, 핫하하…. 그러니까 동서로 대립적인 그 사상논리가 우리나라에 들어와 정리되어져야 하는 것이 그 섭리이기 때문에 지금 우리나라가 세계에 없는 유일한 종교 백화점 풍경이니까요."

"그 말씀을 하시니까 생각나네요. 공자님께서 때가 이르면 만법이 동토로 귀일하게 된다고 하신 말씀 그대로가 이루어진 거잖겠어요? 그러니까 유불선 기독교로 분파된 종교논리나 또 동서로 나누어진 그 대립적인 양대 사상 모두가 우리 조상들이 배워왔던 홍익인간 그 조화의 협동정신 사상 속에 하나로 모아져서 세계에 광명한 빛을 발하게 된다는 것이 타골이 말한 동방의 등불 아니겠어요?"

"핫, 하하… 그러자니 우리나라가 종교 백화점이 될 수밖에 없네요, 그죠…? 하긴 죄 많은 유대 땅에 출현하신 예수님이 그들의 속죄물로 어린양이 되셨다는 그 실증으로 십자가 위에서 피를 흘리셨기 때문에 세계 속에 기독교 만민사랑의 정신이 전파될 수 있었던 것처럼, 지금까지 우리 민족이 외세의 침략으로 얼마나 많은 피를 흘려왔습니까. 그렇듯이 역사적으로 그처럼 연속적인 고난으로 피를 흘려왔던 이 강토가 때가 되면 세계 속에 드러나게 하기 위해서 그런 것이라고 생각해 볼만도 하군요. 광명한 진리의 등불로 말입니다."

"공자님께서도 그러셨잖아요. 하나님이 큰 사람을 만들기 위해서는 뼈를 깎는 고통을 준다구요. 그러니까 하나님의 섭리역사가 우리 한민족 조화주 하나님 만물사랑의 정신을 때가 되면 세계에 나타내 보이게 하기 위한 선택된 민족으로 그 예정 가운데 있기 때문에 그 많은 고통을 받고 이 강토에 피를 흘리게 했다는 거 아니겠어요…? 아무튼 그런 맥락으로 보면 선택받은 민족임에는 틀림없는 거죠 뭐, 안 그래요?"

"제발 그런 날을 내 살아생전에 이루어져서 보게만 된다면 원도 한도 없겠네요, 저는…."

그 말을 하시는 목사님의 표정과 목소리가 어쩐지 쓸쓸해 보였다. 시대적으로 온갖 수난을 겪어 오신 분이기 때문에 그 마음이 알아지면서 조금이라도 위로가 되어 주고 싶었다.

"그야 모를 일이지요, 만사는 다 때가 있다고 했으니까요. 하지만 지금 국제정세 돌아가는 것을 보면 그때가 가까이 오고 있다는 느낌이 들거든요. 특히나 지금 중국이 급부상을 하면서 흔드는 것이 바로 그 동북공정이잖습니까. 그들이 하고 있는 작태가 민족 얼이 빠진 우리나라 국민정신을 일깨워 주기 위한 그 각성제 역할을 해주고 있다는 것이 제 생각이거든요."

"그것도 말이 되는군요. 나와 민족이 하나라는 국가관의 개념이 전혀 결렬되어 있는 우리 국민정신이니까요. 사실 지금까지 정치 지도자들이 오직 시류에 영합하는 사고로 민족 주체성이 무엇인지도 모르다 보니까 부정부패로 나라가 이 모양이고, 심지어는 사람의 인격마저도 돈 주머니 무게에 달아서 평가를 하는 세태인데 말하면 뭘 합니까, 흐흥…!"

"그러니 우리 조상님들께서 이 불쌍한 자손들아, 제발 정신 좀 차리라는 경보 울림을 그 동북공정을 통해서 하는 것 아니겠냐구요. 생각해 보세요. 이스라엘 백성들이 어느 한때 그들의 수호신 여호와를 외면하고 이방민족 수호신의 능력을 더 크게 보고 섬겼을 때 그 진노의 벌이 애굽의 노예로 사백년 간을 종살이를 시켜 온갖 고통을 다 받게 했다는 것처럼 지금 우리나라 형세가 그와 다를 게 없지요. 하지만 이제 우리가 그 경보 울림을 통해서 자각하고 우리 민족 뿌리역사의 정체성을 되찾게 되는 날이 가까운 시간에 오리라고 봅니다. 그러니 기다려 볼 수밖에요."

"제발 그런 날이 속히 와야 할 텐데…. 그래야 고향이 그리워도 못 가는 신세라고 한탄만 하고 앉아 있는 이 신세를 면하게 될 테니까요, 핫하하…."

"만사는 다 때가 있고, 또 그 수순이 있게 마련이라고 했지요. 생각해 보세요. 우리 민족 정체성을 찾으려면 먼저는 우리 민족 뿌리역사를 왜곡시키고 있는 오늘 그 혼합된 서구신학 논리부터 우리가 정리해야 하는 거 아니겠냐구요. 그게 바로 예수님 출현으로 마감된 유대교 여호와 유일신 숭배사상과 혼합된 쑥물이니까요. 생각해 보세요. 그게 바로 동방의 등불로 깨어나는 정신개벽으로 우리 민족 조화의 정신이 지구촌 평화의 북소리를 울리면서 세계로 나가게 되지 않겠어요?"

"그러니까 중국 동북공정이 우리 민족정신을 일깨워 주기 위한 각성제라는 말씀인데…."

"저는 분명히 그렇게 믿어지거든요. 사실 우리나라도 외세의 내정간섭을 받지 않으려면 자주적인 능력을 키워야 한다고 계획하고 그처럼 경제부흥을 일으켰던 박정희 대통령이 또 한편으로 시도했던 그 계획이 우리 민족 정체성을 찾기 위한 단군성전 건립 계획안이었다는 거예요. 그런데 그때 그 기독교 세를 몰고 나온 얼빠진 사람들에 의해서 그처럼 무산되고 말았다는 거 아닙니까. 안타까운 일이지요. 하지만 그 정신이 민족 주체성 확립을 하기 위한 계획이란 것을 알게 된 북측에서 이제야 남북이 대동단결을 하겠구나, 싶어가지고 다시 또 군사정부 시절에 호의적인 거액의 공작금을 내려보냈는데 그것을 우리 국민들이 모르고 있을 뿐이라고 하더라구요, 저의 오빠가…."

그 공작금 얘기가 나오자 목사님 역시도 전혀 몰랐다는 듯이 눈이 크게 떠지면서 정색을 하며 물어왔다.

"그럼 그런 일이 사변 후에 또 있었다는 겁니까? 그건 저도 전혀 모르고 있는 일인데…."

"저도 그 얘기를 오빠를 통해서 듣고 놀랬지 뭐예요. 그게 그러니까 해방공간에서 남한만의 단독정부를 반대했었던 박대통령의 형 박상희 씨와 함께 그 대구폭동에 앞장섰던 황태성 씨가 월북을 했다가 군사정권이 들어서고 그 박상희 씨의 동생이 대통령의 자리에 올랐고, 그 사상 또한 형님의 주체사상과 다를 것이 없었기 때문에 북측에서는 남북통일에 대한 기대를 어느 정도 희망적으로 갖게 되었던 거 아니겠어요? 그래서 우호적인 통일 공작금을 황태성 씨에게 들려 보냈던 모양인데 박대통령하고 연결되기도 전에 간첩신고가 들어와 버렸으니 미국 눈치를 봐야 하는 청와대 입장에서는 더 없이 난처하게 된 거 아니겠냐구요."

"아, 그게 바로 황태성이 그 간첩사건이었던 거군요. 하지만 그 공작금 얘기는 구체적으로 논의되지 않았던 것으로 저는 알고 있는데요."

"우리 정부 입장에서는 그럴 수밖에 없지 않았겠어요? 미국 눈치를 봐야 하는 입장이니까 그야말로 난처했던 거죠 뭐. 하지만 그때 황태성 씨가 가지고 내려왔던 공작금이 거액으로 자그만치 이십만불이었다고 하더라구요."

"그 돈의 행방이 어디로 갔는데 국민들이 모르고 있다는 겁니까…?"

"그 당시로서는 청와대에서 그 남파 공작금의 의도를 밝힐 수 없는 시대 분위기였으니까 당연히 그럴 수밖에 없었겠죠 뭐. 북측에서 내려 보낸 공작금의 성격이 무엇이란 것을 누구보다도 잘 아는 박대통령이었을 테니까요."

사실 그랬다. 공화당 부정선거 이후 국민들은 '못 살겠다, 갈아보자!'는 슬로건을 내걸고 여기저기에서 반정부 데모가 일어나는 사태에 1960년 4월 27일 마침내 이승만은 대통령직을 하야를 하고 물러섰다. 그리고 들어선 허정 내각수반은 '비혁명적 방법에 의한 혁명을'을 수행하겠다고 천명을 했었다. 그리고 4월 28일 과도정부의 입각자 명단을 발표하고, 5월 2일 첫 국무회의를 열어 혼란 상태에 있는 정국을 수습하고 결의문을 발표했다. 그 첫 번째가 부정선거 관련자 엄중처벌이었다.

이승만의 후계자는 바로 자신이라고 생각했던 이기붕이었다. 그렇기 때문에 6 · 25사변 이전에 이승만에게 호의적으로 남북협상을 이루어보자고 북측에서 신부를 통해 내려 보냈던 공작금을 몇 달 동안이나 청와대에 전달하지 않고 가로막고 있었던 이기붕이었다.

그렇기 때문에 이승만의 후계자로 3 · 15 부정선거 추진계획에 따라 온갖 수단과 방법을 동원하고 그처럼 국민의 주권을 짓밟았던 이기붕은 4월 25일 교수단 데모를 계기로 데모대가 서대문 자택을 포위하자 6군단 영내로 피신했었다. 하지만 끝내는 자결했고, 그 가족 모두 마찬가지로 자결하고 말았다는 것은 그 행업行業에 따라 거둔다는 인과응보 법칙因果應報法則에 의한 것이라고 할 수 있을 것이다.

해방정국에서부터 그처럼 오직 일신의 출세만을 위해 국가와 민족은 내 알바 아니란 듯이 온갖 수단방법과 위선으로 뒤덮인 그의 종말은 그렇게 비참하게 막이 내려지고 말았던 것이며, 이승만 역시도 민주화 혁명으로 쫓겨나 하와이 호놀룰루에 망명 도착하고 난 이후, 그 길로 다시는 한국 땅에 돌아오지 못했다.

그로부터 허정 과도정부가 들어섰다. 하지만 그때까지도 혁명적 분위기에 뭉쳐서 들떠 있던 시민들이었기 때문에 관심은 자연히 3 · 15 부정선거의 원흉과 발포 책임자 색출작업에 들어가면서 정부의 방침에 따라 맨 먼저 당시 내무장관이었던 최인규가 구속되었다. 그리고 자유당 시절 고위간부들이 차례로 수감되면서, 자유당 시절 활개를 쳤던 정치깡패들 역시도 구속되었다.

그로부터 신, 구파의 대립이 노골화되면서 1960년 8월, 제2공화국의 제1차 내각을 구성했다. 이때 장면 측의 신파에서는 단독의 노장 위주의 각료 명단을 발표했다. 신파 일색의 민주당 정부가 그 첫 선을 보인 것이다. 하지만 장면 내각은 처음 시작부터 원내의 안정 세력을 갖지 못하고 약체성을 면키 어려웠다.

갈라선 구파 측에서는 강령 이외에도 창당대회에서 채택한 선언문을 통해 '4 · 19의 감격은 실로 순간이었을 뿐, 장면 정권은 본연의 임무를 자각하지 못하고 부패독소를 과감히 제거하지 못한 채 탁수에 휩쓸려 정권 유지에만 급급하고 있으니 민족 역사의 내일을 위하여 이에 더한 통탄스러운 일이 어디 있겠는가.'라고 전제하고, '정부 또는 정당과 국민 대중과의 사이가 이렇듯 불신이란 장벽이 가로 막고 있는 한, 국가민족의 운명은 암담하기 실로 저 국토 양단의 비극으로도 견줄 바 못 된다'고 천명했다. 민주당과 신민당이 처음으로 그렇게 맞대결을 한 것이다.

분위기가 그렇게 조성되면서 난국 수습과 혁명과업 수행에 전념할 것을 다짐하고 출범했던 장면 새 내각은 신, 구파의 분열로 4월 혁명과 더불어 새롭게 나타나는 혁신세력에 대응할 힘이 자연히 미약할 수밖에 없었다.

4 · 19 직후 혁신 정당은 우후죽순처럼 정당 간판을 내걸고 나타나기 시작했다. 혁신정당 중에서 7 · 29 총선에 입후보자를 낸 것은 한국사회당, 사회대중당, 혁신연맹 등이었다. 이때 사회대중당은 재건을 목표로 구진보당 간부와 민주혁신당 간부가 결성하여 창당 준비위원회를 조직하고, 11월 24일에 출범했다.

그리고 1961년 1월 21일 통일사회당이 결성되었으며, 민족자주통일중앙협의회는 1960년 9월 한국사회당, 사회대중당, 혁신동지총연맹유교회, 천도교, 민주민족청년동맹, 4월혁명학생연합회 등 혁신계 정당 및 사회단체가 연합하여 결성되었고, 1961년 2월 21일, 중립화 조국통일운동총연맹이 조직되었던 것이다.

이 단체는 혁신계의 원로급들이 중심이 되었던 것으로 통일사회당, 사회혁신당, 삼민회, 광복동지회 등 민자통을 이탈한 정당 사회단체가 결성한 통일단체로 대부분의 혁신정당들은 1월 29일 총선에 입후보자를 내세웠다. 그처럼 활발한 움직임을 보인 혁신정당은 통일론을 들고 나왔다. 그러나 사회대중당이 민의원 4명, 참의원 1명을 당선시켰고, 한국사회당은 민, 참의원 각각 1명씩을 당선시킴으로 사실상 혁신 세력은 지지멸렬로 참패를 당하고 말았던 것이다.

하지만 통일사회당은 창당 선언문에서 '패쇄적인 할거성을 지향하고 이념적 산화酸化를 시도할 겨를도 없이 산만하고 무력한 태세로 7·29 총선에 임한 것' 철저히 자아비판하고, '조국통일, 자주독립의 훌륭한 민주적 복지국가로 발전시키는 역사적 대과업을 능히 담당 완수할 수 있는 민주적 사회주의 노선을 지향하는 대동적이고 단일화한 혁신정당을 창건하려 한다'고 신념을 밝혔다.

그런 한편 민족자주통일중앙협의회는 '자주, 평화, 민주'의 3대 원칙 아래 남북통일을 실현하기 위한 국민운동을 전개할 것을 결의하고 나섰던 구체적 방안은 다음과 같았다.

1. 즉각적인 남북 정치협상
2. 남북 민족대표들에 의한 민족통일건국최고위원회 구성
3. 외세 배격
4. 통일협의를 오스트리아식 중립 또는 영세중립이나 다른 형태의 선택 여부 결정

그와 같은 중립화 통일방안을 주장했다. 이와 함께 민족자주통일연맹은 학생들의 남북학생회담 제의를 적극 지지하면서 1961년 5월 13일 '남북학생회담 환영 및 통일촉진 궐기대회'를 개최했다.

이날 1만여 명의 시민, 학생들이 참석한 가운데 치루어진 대회는 '남북학생회담의 전폭 지지' '남북정치협상 준비' 등 6개 항의 결의문을 채택하고 "가자 북으로! 오라, 남으로!"라는 구호를 외침으로 우리 국민의 오랜 염원인 통일의 열기를 드높여 온통 식장을 메웠다.

그러나 이때 중립화 조국통일연맹은 거기에 고개를 돌렸다. 그 이유는 민족자주통일연맹의 '자주, 평화, 민주'라는 원칙이 지나치게 여러 가지로 해석될 우려가 있고, 또한 통일의 기본방향이 될 수 없다는 두 가지 점을 들어 탈퇴 이유를 밝혔다.

그리고 '국제회의를 통한 국제적 보장하에 영세중립통일을 기해야 하며, 또 영세중립화를 성취하기 위해 국민운동을 전개해야 한다'는 그러한 영세중립화 안을 제시했던 것으로, 그들 제안은 그만큼 내정간섭을 하고 있는 미국을 내심 의식하고 있었던 것이다.

그러나 이때 혁신정당은 통일문제가 특히 젊은 층에 호소력이 있음을 간파하고 통일과 관련한 조직을 서둘렀다. 그래서 사회대중당은 민족자주통일연맹을 조직했고, 통일사회당은 중립통일연맹을 지원했다. 이 조직들은 혁신정당을 대신하여 적극적인 시위운동으로 장면 정부가 통일에 보다 적극적인 태도를 보일 것을 요구하고 나섰다. 선거를 통해 중요한 정치세력으로 등장하는데 실패한 혁신세력들은 시위와 행동으로 국민의 지지를 얻고자 한 것이다.

민주당 정권에 의해 추진된 '반공법'과 '집회와 시위에 관한 법률안'을 2대 악법으로 규정했다. 그리고 대대적인 반대투쟁에 나섰다. 정부에서 얻는 절호의 기회를 발견했던 것으로, 혁신계의 급진파와 중도파는 공동으로 협동할 수 있다는 대의명분이 만들어진 것이다.

1961년 3월 22일 오후 2시, 서울시청 앞 광장에서는 대대적인 '2대 악법 반대 성토대회'가 열렸다. 혁신정당과 노조 세력, 그리고 일부 학생들의 합세로 1만여 명이 넘는 군중은 성토대회에서 "법 달라고 우는 백성, 악법으로 살릴소냐" 그리고 "데모가 이적이냐, 악법이 이적이냐"라는 플래카드를 앞세우고 2대 악법을 철폐하라고 시위 데모를 벌렸다.

여기에 맞서 반공법을 지지하는 4개의 반공단체가 동원되었고, 반공법의 성토대회에 참석했던 학생들이 거리로 쏟아져나와 서울 거리는 데모의 물결로 뒤덮이면서 밤 8시경부터는 혁신계 인사들이 합류하여 시청 앞에서 시작된 횃불데모는 시가행진을 나섰고, 일부는 주미駐美대사관 앞에서 연좌데모를 벌렸다.

하지만 미대사관 측에서 그 어떤 반응을 보이지 않자 혁신세력의 횃불데모는 그날 밤 더욱 과격해진 행동으로 파출소를 파괴하는 난동을 벌려 그동안 혼미한 상태를 유지해 온 정계에 긴장감을 고조시켰다. 그러니까 자유당 정권이 붕괴되고 4월 민주화 덕택으로 굴러들어오게 된 정권을 둘러싸고 민주당원들은 극심한 대립과 파쟁으로 그렇게 혼란에 휩싸였다. 그로부터 장면 정부는 공공연히 위기설이 나돌면서 장면 과도정부에서 마침내 군사 쿠데타 정권으로 넘어가게 하는 계기를 만들어 주었던 것이다.

1960년 9월 10일, 김종필을 비롯한 영관급 장교 9명이 서울 충무동에서 군의 정풍운동을 벌이는 한편 혁명거사를 결의하였다. 그처럼 민족 주체성을 잃고 혼란스러웠던 이승만 정권이 붕괴되고 새로운 혁명적 정치체제를 국민들은 기대했었다. 하지만 그 또한 정권을 둘러싸고 일으키는 내분을 그대로 앉아 보고 있을 수만은 없다는 군부대 내에서는 마침내 군사혁명 쿠데타를 모의하게 된 것이었다.

그 쿠데타 거사를 재확인하게 된 것은 같은 해 11월 9일, 박정희 소장 자택에서였다. 그 모임에서 1961년 4월까지 혁명조직 및 거사 계획을 완성하고 4월 19일 행동에 들어가려고 했었다가 여러 가지 여건으로 다시 5월 12일로 예정했다가 그 또한 여의치를 않아서 16일로 거사 일을 정한 것이라고 했다.

그 거사 명분으로 혁명공약 6개항이 작성되었다. 그 가운데서 6항은 '이와 같이 우리의 과업이 성취되면 참신하고도 양심적인 정치인들에게 언제든지 정권을 이양하고 우리들은 본연의 임무에 복귀할 준비를 갖춘다'는 내용이었다.

군사 쿠데타를 일으킨 5월 16일, 박정희 소장과 그의 조카사위인 김종필 중령을 중심으로 하는 장교 25명과 사병 3,500여 명이 새벽 3시경 한강 어귀에 진입했다. 4월 민주혁명으로 민주당 정권이 들어

선지 8개월 만이었다. 약간의 총격전으로 예정보다 약 1시간 늦게 서울 입성에 성공한 혁명 군부대는 먼저 중앙청과 서울중앙방송국 등 목표지점을 일제히 장악했다. 새벽 5시였다. 그들은 첫 방송을 통해 거사의 명분을 분명하게 밝히고 6개 항의 혁명공약을 국내외에 선포하면서 9시에는 군사혁명위원회의 포고령으로 전국에 비상계엄령을 선포했다. 그리고 오후 7시를 기해 장면 정권을 인수한다고 밝힘으로써 마침내 쿠데타에 성공한 것이다.

당시만 해도 유엔군사령관이 한국군 작전지휘권을 장악하고 있었다. 사령관 매그루더 장군은 쿠데타 반대성명을 발표하고 강제진압의 의사를 밝혔다. 그러나 이때 윤보선 대통령은 '올 것이 왔다'라고 묵비권을 행사해 버림으로써 사실상 군사 쿠데타를 인정해 버린 것이나 마찬가지였다.

윤보선 대통령이 군사 쿠데타에 승복하는 처사에 매그루더 장군은 쿠데타 저지를 포기했다. 그로부터 쿠데타는 기정 사실화되면서 피신해 있었던 장면 총리는 은신처에서 18일 밖으로 모습을 나타냈다. 그리고 국무회의를 열고 내각 총사퇴와 군사혁명위원회에 정권 이양을 결의했으며, 그에 따라 윤보선 대통령은 국무회의 결정을 그대로 재가했다.

사태가 그렇게 흘러가자 미 국무성도 이날 한국 군사혁명위원회의 지도자가 반공 친미적임을 지적하면서 쿠데타를 혁명으로 승인하여 인정해 주겠다고 하기에 이르렀다. 쿠데타의 성공이 최종적으로 확정된 것이다.

윤보선 대통령은 5 · 16 쿠데타가 일어난 3일 후인 5월 19일, 쿠데타에 대한 책임을 느끼고 하야를 천명했다. 그러나 국가의 법통을 수호해야 한다는 여론에 따라 하야결의를 철회했다가 국가재건최고회의가 정치정화법을 제정하여 구정치인의 공민권을 제한하게 되자 전격적으로 사임을 표명한 것이다.

이렇게 쿠데타에 성공한 혁명군 부대는 그때쯤 혁명전사가 되어 있었고, 최고의 권력기관으로 등장했다. 처음 군사혁명위원회를 조직하였을 때 의장에는 당시 육군 참모총장이었던 장도영을 세웠다. 그리고 부의장에는 쿠데타의 실질적인 박정희가 선임되었던 것이다.

그로부터 군사혁명위원회에서는 남한 전역에 비상계엄령을 선포했고, 동시에 포고령 제1호를 발표한 내용은 다음과 같았다.

〈옥내외 집회금지, 국외여행 불허, 언론사전 검열, 야간 통행금지 연장〉

등이었다.

그로부터 5월 18일, 군사혁명위원회를 국가재건최고회의로 개칭했으며, 5월 20일 장도영을 수반으로 하는 혁명내각을 구성하고, 이주일 소장을 위원장으로 하는 부정축재자처리위원회를 구성했다. 그리고 6월 5일 국가재건비상조치법을 공포함으로써 국가 최고 권력기구로 법적 확증을 얻어내게 된 것이다.

그로부터 본격적인 군정을 실시하게 된 국가재건최고회의는 입법권, 행정권의 일부와 사법의 통행권 모두를 장악하고 직속 기관으로 중앙정보부, 재건국민운동본부, 수도방위사령부, 감사원을 두었고, 그 한편으로 산하기구인 혁명재판소와 혁명검찰부를 두는 것도 잊지 않았다.

이때 군부 직속 기관으로 만들어진 중앙정보부는 1961년 6월 10일 법률 제619호로 '중앙정보부법'이 국가재건최고회의에서 제정 공포됨으로써 군사정권 시절에 정보정치의 대명사처럼 불려왔었다. 그 실세에 있던 김종필이 정보부장이었다. 하지만 당시 군사정부는 미국의 원조가 대폭 삭감된 상황에서 공약으로 내놓은 '5개년 경제개발'에 따른 대규모 투자재원의 확보가 필요했던 것이다.

그런데 군사정부가 들어서고 미국의 원조가 삭감되었던 관계로 정부로서는 어쩔 수 없이 미국의 지역통합 전략과 함께 일본의 자본 해외진출 욕구 등을 미루어 왔던 한일회담을 추진할 수밖에 없었다. 그것이 또 문제의 요인으로 군사정부가 국민들로부터 그처럼 지탄을 받기도 했었던 동기 유발이었다.

하지만 두 나라 간의 국교 정상화를 위한 한일회담은 1951년부터 시작되었던 것으로, 이승만 정권 이래의 현안이기도 했다. 그 자유당 정부에 이어 민주당 정부로 이어졌던 한일회담 추진은 1960년 10월 25일 제5차 한일회담이 열렸으나 5 · 16 쿠데타로 일시 중단되어 있었던 것이다.

그런데 그즈음 미국은 60년대에 들어와 새로운 동아시아 전략의 일환으로 한일 간의 국교정상화 문제를 강력히 제기하고 나섰다. 군사 쿠데타를 승인해 주는 대가로 그 문제를 풀어보려는 미국이었다. 한일 간의 국교를 정상화시켜서 동아시아에서 남하정책을 저지하고 중공을 견제한다는 것이 미국의 전략이었기 때문이다. 그로 하여 미루어 왔던 한일회담이 1961년 10월 20일 재개되었다. 이때 특사로 파견된 사람이 이케다와 비밀회담을 가졌던 김종필 정보부장이었다.

그러나 우리나라 돌아가는 경제사정을 이미 알고 있는 일본 측은 한국의 거듭된 양보에도 불구하고 고자세로 버티기 작전으로 나왔다. 그러면서도 추진되고 있었던 한일회담은 합의사항을 놓고 한일 양국 간의 의견 차이로 늦춰지고 있었다.

물론 정부적인 차원에서는 그 의견 차이도 문제였지만, 그러나 그보다는 국내의 격렬한 반대투쟁으로 늦어지고 있었던 것도 사실이다. 그래서 그처럼 질질 끌어오던 한일회담은 화폐개혁 실시로 국내 경제상황이 더욱 불안정한 상태에서 박정희 정권이 경제개발 5개년 계획의 첫해로 자금 도입이 시급해짐에 따라 어쩔 수 없이 그처럼 비밀리에 추진되고 있었던 것이다.

그래서 1962년 한일회담 조기 타결을 서둘렀다. 김종필이 다시 일본으로 건너가 오히라와 회담을 가졌던 비밀 메모를 통해 대일청구권 문제 등에 대한 한국측이 불리한 그야말로 굴욕적인 합의를 해주게 되었던 것으로, 독도 문제를 국제사법소에 이관하자는 데 합의를 해준 것이다.

그러나 이 같은 협상 내용은 즉각 밝혀지지 않은 채 2년 후인 1964년에 이르러 비로소 공포되었다. 그때 일본 측은 청구권 협상 타결로 한국에 무상 3억 달러를 10년간 지불하고, 경제협력의 명목으로 정부 간의 차관 2억 달러를 35%로 제공하며, 상업 베이스에 의한 무역차관 1억 달러를 제공하기로 협상이 이루어졌던 것이다.

이와 같은 한일회담의 진행 과정을 그동안 비밀리에 부쳐오다가 정부가 그 결과를 밝힌 것은 1964년이었다. 여기에 야당은 즉각 '대일 굴욕외교 반대 범국민투쟁위원회'를 결성하고 전국을 순회하는 유세에 돌입했다. 하지만 그것은 기차가 이미 멀리 떠나버린 뒷자리에서 손을 흔드는 격이나 마찬가지였다.

그처럼 군사정부가 들어서고 초기에 국내경제 사정이 어렵게 되면서 굴욕적인 그 한일협상을 비밀리에 가졌던 보다 큰 이유는 미국의 내정간섭에 무조건 굽실거렸던 이승만 자유당 정권과는 전혀 다른 체제였었기 때문이다.

당시 군사정부는 민족자주통일 협상을 이루어 보려는 은밀한 분위기였다. 그러한 정부 분위기에 미국은 그동안 그처럼 지원해 주고 있었던 원조를 대폭 삭감해 버렸던 것이다.

그렇기 때문에 정부로서는 그처럼 굴욕적인 한일회담의 협상을 어쩔 수 없이 체결하게 되었던 것인지도 모른다. 그러나 그처럼 궁핍한 남측 분위기와는 달리 그즈음 북측의 전략은 재일 조총련에 대한 물량적 공세를 했고, 동백림 사건과 같은 경제적으로 어려운 상태에 있는 해외교포나 유학생들에게 조직적으로 접근하여 경제적인 후원으로 회유공작을 펴오고 있었던 것이다.

1960년 후반기 이래 김일성은 일본의 좌파학자, 정치인 등을 불러 들여서 대미 교섭의 중개인이 되어줄 것을 간청했고, 때로는 뉴욕타임즈의 레스틴 기자, 손즈베리, 코헨 교수 등을 평양에 초대하여 융숭한 대접을 하면서 정치적 외교를 펴는 한편으로 영향력이 있어 보이는 재미교포들을 초대하여 그들을 설득시키는 외교정책을 펴오고 있었다.

그리고 그 토대를 딛고 대유엔, 대미, 대자유세계, 대제3세계 등 세계 도처에 대담한 도전 전략을 시도하고 있었던 것으로, 그것이 김일성의 주체사상을 바탕으로 하는 대남공작의 일환으로 조국해방과 민족통일을 위한 새로운 모색의 방책이었다.

그런데 당시 군사정부가 미국으로부터 독재정부로 인식되면서 그 동안 우리나라 정부에 보내주고 있었던 지원원조를 갑자기 삭감해 버렸기 때문에 '5개년 경제개발' 공약을 내세웠던 군사정부는 어쩔 수가 없이 그처럼 굴욕적인 한일협상을 할 수밖에 없었던 분위기로 그 동기가 되어 주었던 것이다. 하지만 그처럼 국내외적으로 돌아가고 있는 국가 분위기를 알지 못한 국민들은 당연히 그 한일회담에 불만을 토하고 반기를 들고 일어나 시위 데모를 했고, 거기에 더욱 곤혹스러울 수밖에 없었던 군사정부였던 것이다.

그때 북측에서는 조국해방과 민족통일을 위한 새로운 시도로 박대통령의 형 박상희 씨와 함께 남한만의 단독선거를 반대하고 대구폭동을 주도했었던 황태성을 밀사로 20만 불을 정부지원 공작금으로 다시 내려보냈던 것이다.

그런데 그 또한 운명이었던지 연이의 오빠인 한상호가 우연하게도 그 간첩신고를 하게 되었다. 그러니까 미군 특수 8240부대에서 루트사령관 경호를 맡고 있을 당시 북측에서 신부를 통해 내려보냈었던 그 대남공작금의 행방을 찾아줌과 동시에 불미한 사건으로 군복을 벗고 나왔던 상호는 그로부터 아버지가 벌려 놓은 전남 연도어장에서 잠시 관리 일을 돕다가 다시 서울로 상경했다. 아버지는 그런 아들을 당신의 사업 후계자로 키워보려고 했었지만 체질부터가 거기에 맞지 않는 상호였다.

어쩔 수 없이 아버지가 다시 주위 인맥을 동원해서 들여보낸 직장이 국회의사당이었다. 무술경위로 경찰 자격이었다. 그렇게 입사를 하게 되었던 데에는 아버지의 고향 친구 인맥이 그 줄이 되어 주었던 것이다. 그러나 상호가 국회의사당 무술경호원 직을 그만 두고 나온 것은 이승만 대통령이 하야를 하고 난 그 후였다.

자유당 시절 이승만이 국회의 견제 세력을 억압하기 위해서 국회의사당에 채용했던 무술경찰들 50명을 2개월 분의 월급을 주어 모두 해산시켜 버렸다. 또 다시 직장을 잃어버린 상호는 일거리를 찾아 두리번거렸다. 그러는 동안 외가로 친척 아저씨가 되는 집에서 잠시 식객 노릇을 하기도 했다. 그런데 그 아저씨 친구되는 고향 분이 김종필 씨 동생 김종환 씨와 군대생활을 함께해 온 막역한 친구 사이로 가깝게 지내고 있었다. 그래서 상호 역시도 그 아저씨 친구 분들과 자연스럽게 어우러졌다.

그렇게 얼마 동안을 지내다가 효창공원 근처에 하숙을 정했다. 그 집 주인은 상호가 미군 특수부대에 근무할 당시 그 주인을 부대의 경비원으로 취직을 시켜 준 일이 있었기 때문에 상호를 극진하게 대우해 주었다. 그럴 즈음 5 · 16 쿠데타가 일어났었던 것이다.

그때 김종필 씨가 쿠데타 2인자로 쿠데타가 성공한다는 보장이 없었을 때였다. 실패했을 경우 가족들에게 돌아올 후유증을 염려하여 동생 김종관 씨가 효창공원 상호의 하숙집에서 그 얼마 동안을 함께 숙식하며 지냈다.

그런데 5 · 16 쿠데타가 군사혁명으로 확고한 입지를 굳히고 나서 김종필 씨가 방송을 통해 동생 김종관 씨를 찾고 있었다. 그것이 상호와의 인연으로 김종관 씨와는 막역하게 지내면서 김종필 씨의 형님 운전을 2개월 동안 맡아 해주기도 했다. 그러다가 시청 5급 공무원 시험에 응시하여 합격했다. 물론 합격을 쉽게 할 수 있었던 데에는 실력 이외에 김종필 씨의 동생 김종관 씨의 배경도 어느 정도 작용했었다. 그와 함께 공무원 시험에 응시했었기 때문이다.

그는 합격하여 병무계장으로 들어갔고, 상호는 총무과 내 서무계에서 근무하게 되었다. 당시 고향이 구례인 박창권 씨가 총무과 서무계장으로 있었고, 시장은 별 두 개인 소장 윤태일이었다.

상호가 서무과에서 하는 일은 시장 결재로 나가는 모든 서류를 맡아 취급하는 일이었다. 시청 근무 생활은 더 없이 즐거웠다. 그 옆에 든든한 김종관 씨가 백그라운드가 되어주고 있었기 때문이다.

그렇게 편안한 직장 근무를 해오다가 동대문구청 호적등기과로 옮겨 근무하게 되었다. 그런 어느 날 직원들이 모두 퇴근하고 혼자 숙직실에 남아 있었다. 식구 모두가 당시 국내적으로 떠들썩했었던 그 광신도 집단으로 싸들고 들어가 버렸었기 때문이다.

그때는 비상계엄령이 내려져 있을 때여서 10시가 통행금지였다. 그런데 그때 구청 바로 옆에서 살고 있던 주민 한 사람이 찾아와서 이상한 소리를 늘어놓았다.

"그 참 이상하게 꼭 그 통금시간만 넘으면 옆집에서 곡괭이 소리가 나고 삽질 소리가 난다니까요."

"주인이 뭘하는 사람인데요?"

"모르죠. 전에 살던 사람은 이사를 가고 얼마 안 됐으니까요. 식구가 없는지 조용한데 밤이면 꼭 그 소리를 낸다니까요."

그 말을 듣는 순간 상호는 얼핏 그 옛날 신부가 마루 밑에 묻어 두었던 20만 달러가 뇌리를 스쳤다. 혹시 그럴지도 모른다는 이상한 예감이 들었다. 그래서 종로경찰서 형사특수계로 신고를 했다. 그래서 신고를 받은 종로경찰서에서 형사들을 내보내 출입하는 사람들을 살피도록 했던 것이다.

그런 며칠 후 종로경찰서 형사들은 뜻밖에 큰 수확을 올렸다. 통금시간이 이르렀을 때에 한 사내가 리크샤크에 무엇인가를 잔뜩 무겁게 짊어지고 들어간 것을 목격하고 붙들어 조사를 해본 결과 놀랍게도 그 속에 미화 20만 달러가 들어 있었던 것이다.

당시 중앙정보부장이 김종필이었을 때였다. 당연히 중앙정보부로 넘겨졌다. 조사 결과 그 달러는 김일성의 지시로 일본 조총련계가 마련해 들려보낸 정치공작금으로, 붙잡힌 간첩 황태성의 말에 의하면 남한의 경제가 어려운 상황에 처해 있음을 알고 김일성이가 우호적으로 남북통일 협상을 하자는 뜻으로 거기에 목적을 두고 보내진 공작금이라고 자백을 한 것이다.

그것이 간첩 황태성의 사건으로 그때 김일성이 내려보낸 20만 불이라는 공작금은 우호적으로 남북협상을 이루어 보자는 통일협상 자금의 명분으로 내려보내진 것이라고 했다. 그러한 북측의 전략으로 느닷없이 굴러 들어온 횡재 돈에 5 · 16군사혁명 주체 세력들이 그 정보를 입수하고 공짜 돈인데 조금씩 나누어 쓰자고 조선호텔에서 탄두대회를 열었을 때였다고 한다. 그때 곤혹스러웠던 김종필은 화장실을 다녀오겠다며 그 장소를 떠나 '그 돈은 개인적으로 함부로 써서는 안 된다'는 말만 그 뒤에다가 전하게 했다는 것이다.

그래서 그 남파공작금은 그후 국가적인 차원에서 유용하게 써진 것만은 사실이었다. 그로 하여 남산에 세워진 것이 KBS 방송국이었고, 또 삽교촌 다리였으며, 그 외에도 농촌 살리기 운동과 5개년 경제개발 계획에도 기초 자금으로 도움이 될 수 있었기 때문이다.

하지만 미국의 입장에서는 그처럼 군사정부가 민족 주체성 확립을 위해 자국의 힘을 길러 나가겠다는 경제 성장과정을 결코 곱게 봐줄 수만은 없었던 그 실증이 김재규가 저지른 박대통령 시해사건이라고 할 수 있다.

당시 미국은 한반도 정책 문제안을 놓고 미국 내에는 국제주의와 민족주의라는 두 가지 입장이 대립되면서 미국의 대외정책 결정에 커다란 영향을 미치고 있었다. 국제주의자들은 자유무역, 개방체제, 세계시장의 원활한 운영 및 대의민주주의, 전쟁 피해국에 대한 원조로 미국이 누리고 있는 혜택을 타국과 공유한다는 통합적 입장을 내세워 강조해 왔다. 그러나 민족주의자들은 4대 강국 중에 특히 미국을 경계하는 강력한 대처가 국가이익, 보호무역, 지역적인 성향을 특징으로 하고 있다.

특히 민족주의를 주창하는 북한은 무정형적인 민족 감정을 기반으로 하여 대외적 자주성, 경제적 자립, 대내적 민족주의를 시대 상황에 부합하는 정치 이데올로기로 내세워 시대적 요구를 수행해 오고 있었다.

그러한 맥락에서 볼 때 우리 한반도는 서구의 세계주의와 민족주의가 대립 교차하는 정점이다. 이러한 대외정책의 이중성 속에서 당시 박대통령은 청화대 내에서 은밀하게 추진한 계획이 민족주의적인 북한이나 마찬가지로 우리 국민 모두에게 민족 정체성을 일깨우려는 '환프로젝트'였으며, 또한 타국의 내정간섭을 받지 않기 위해서는 우리 남한도 북한처럼 핵무기 개발을 해야 한다는 은밀한 계획을 세우고 그 물밑작업을 하고 있었던 것이 그 문제의 불씨였다.

군사정부의 핵무기 개발계획을 정보 감시망을 통해서 충분히 감지하고도 남은 미국이다. 사실 군사정부는 대내외적인 정책도 그랬지만 작게는 우리 국민생활에서 서양 패션을 그대로 흉내를 내고 다니는 노랑머리에 미니스커트 단속과 함께 장발족 단속을 철저하게 했었던 것이다.

그와 동시에 새마을운동을 일으켜 농촌 살림이 자리를 잡게 했고, 고속도로를 뚫어서 전국 1일 생활권을 만들고, 통리 도계 철로 개설을 하여 일제 36년 동안 손도 쓰지 못한 천지개벽 같은 역사를 당당하게 이루어 놓았었다.

그런데 그 핵무기 개발계획이 문제를 일으킨 불씨로, 먼저는 1974년 8월 15일 광복절 기념 행사장(장충공원)에서 있었던 그 비극의 참상이었다. 박대통령을 저격하기 위해 일본서 온 문세광文世光이가 쏘아올린 총알이 빗나가 사랑하는 아내 육영수陸英修 여사가 맞고 비명횡사를 당하고 말았었던 것이다.

하지만 국민들은 그 진의를 제대로 밝혀 알 수가 없었기 때문에 단지 지령을 받고 넘어온 첩자의 소행이라고만 알고 있는 것이 전부다. 그처럼 군사정부 체제는 오직 '중단 없는 조국 근대화'라는 구호를 내걸고 외래사상에 깊이 물들어 있는 기존의 정치꾼들은 그 누구도 믿을 수 없다는 민족통일의 염원으로 '구정치인 퇴각의 정정법' 만들고, 윤보선을 찾아가서 결재를 받아내고 그토록 '독재자'라는 꼬리표가 붙여진 채 오직 그 한 길로만 치달리고 있었던 것이다.

물론 그러한 내면의 깊이 속에 민족통합의 자주통일 국가를 이루어 보려는 군사정부 체제를 이해할 수 없었던 학생들이다. 마침내 '유신 독재정권'이라는 구호를 외치며 대규모의 시위 데모를 벌리기 시작했던 것으로, 유신체제 이후 가장 강렬하게 맞선 시위 데모가 그처럼 걷잡을 수 없이 말썽을 일으켰었던 부마사건이었다.

당시 박정희 대통령이 가장 믿고 친근하게 지내오던 호위병이 정보부장 김재규였다. 대통령 테러 사건은 궁정동 별관에서 일어났다. 저녁 6시경 만찬이 시작되면서 식사 도중 박정희 대통령이 그 부마사태를 두고 김재규를 향해 정보업무 수행과정에서 무능한 탓이라고 힐책했었고, 그로 인해서 일어났던 김재규의 감정 돌발사건처럼 알려져 있다.

하지만 그건 정보부장 김재규가 무능해서도 아니며, 또 그 힐책 때문에 순간적 감정폭발로 일어났었던 대통령 시해사건이 아니었음을 그 이후 김재규가 그처럼 당당하게 '내 뒤에는 미국이 있다!'라고 했었던 것을 보더라도 그 배경을 충분히 읽어볼 수 있게 해주고 있다.

그리고 또 거기에 더욱 심증을 굳혀주는 것은 그 사건이 일어났었던 그때쯤 궁정동 별관 근처에 미8군 엠블런스가 미리부터 와서 대기하고 있었다는 사실이다. 그러한 상황은 그동안 우리나라가 자주독립국가로서의 입지를 확고하게 굳히지 못하고 있었음을 보여준 실태라고 할 수 있다.

뿌리 잘린 무궁화꽃

오늘 우리 한반도는 서양의 세계주의와 동양의 민족주의가 서로를 적대시하며 대립을 하고 있는 현상이다.

이러한 상황은 전 지구적으로 유일하게 우리 한반도일 뿐이다. 북측의 민족주의는 서구에서 근대국가를 형성하고 자본주의적 경제체제가 대외적으로 팽창되면서 제국주의적 침략을 막기 위해 본격적으로 등장한 저항적 의미로서의 이데올로기다.

1세기 전부터 그처럼 물질문명을 앞세운 서구의 강대국 중심의 국제정치가 이루어지면서 한반도의 분단은 그들의 자의적 판단과 이익에 의해 이루어졌었다고 해도 과언은 아니다. 그렇기 때문에 오늘 우리 앞에 놓인 숙제의 남북통일 문제 역시도 그들 잣대의 기준으로 좌우되고 있는 것이 오늘 우리의 현실이다.

그러한 상황 분위기 속에서 우리의 주변 환경이 남북통일을 이루는데 제 아무리 불리하다 하더라도 조상 뿌리를 같이하고 있는 민족이 동질성을 같이 하고 하나로 뭉쳐야만이 서구의 제국주의적 간섭과 침략을 막을 수 있다는 것을 바탕으로 한 것이 민족주의자들의 주체사상이다.

하지만 그러한 북한체제와는 달리 서구의 자본주의적 민주주의 체제하에 있는 남한에서 민족주의를 지향하고 통일운동을 한다는 것은 그만큼 정당성을 인정받지 못할 뿐만이 아니라 그 실현이 불가능했었음을 현실로 입증시켜 준 것이 박정희 대통령 시해사건이라고 할 수 있다.

1979년 10월 26일 저녁 7시경, 그처럼 믿고 신임해 오던 정보부장 김재규의 총격으로 테러 암살을 당하고 말았던 박정희 대통령의 참상은 자본주의적인 세계 추세에 결합하지 못한 약소국가의 비극적인 일면을 그대로 보여준 것이다.

그의 생애는 세계 최강의 국가들이 중심축을 이루고 있었던 시대 상황에서 국권을 잃어버린 약소국가의 힘없는 백성으로 이리저리 휩쓸리며 오만 풍상을 다 겪어 나왔던 전력을 가지고 있다. 그러나 그처럼 불운한 시대 상황 속에서 기적처럼 겨우 목숨만을 지탱하고 1961년 5 · 16 쿠데타를 일으켜 겨우 성공했던 박정희 대통령이었다. 하지만 이후 청와대에 입성하여 만 18년 5개월 8일 만에 그처럼 비통하게 생을 마감하고 말았던 것이다.

국가의 지도자로서 초국가적 통합을 이루어 보려고 그처럼 노력했었던 박정희 대통령의 삶은 오직 민족 자주통일만을 염원하며 치달렸던 고통스러운 삶의 연속이었다.

시대적으로 이미 외래사상에 깊이 물들어 민족정신이 무엇이란 것도 모르고 자신의 이익만을 추구하는 정치꾼들에게 정치권을 넘겨줄 수 없다는 강력한 그 소신所信이 그처럼 '독재자'라는 비난의 화살을 받아왔었고, 또 그렇게 비극으로 남겨주고 간 사건의 뒷모습이 '독재자'의 종말이라고 말하는 사람도 있다.

하지만 그의 생애는 오직 조국통일만을 한 가닥 희망의 불빛으로 삼았었고, 또 그 설계의 꿈 역시도 참으로 위험을 무릅쓰고 '나는 괜찮아' 하고 5 · 16 군사혁명 선봉장에 나섰던 그의 용기처럼 삼천리 금수강산에 무궁화꽃을 피워 보려고 노력했었던 박정희朴正熙라는 이름은 조국 근대화의 '깃발'로 먼 훗날까지 분단된 조국 통한의 역사 기록으로 남아 회자되어질 것이 틀림없다.

연이가 뒤늦게 그렇게 평가할 수 있었던 것은 참으로 우연한 기회에 만나게 된 그 어떤 인연 때문이기도 했다. 그 박사님은 당시 박대통령이 은밀하게 추진 계획했던 핵무기에 대한 정보 자료를 가지고 청와대로부터 초빙되었던 실무 관계자 중의 한 사람이었다. 그러나 김재규에 의해 박대통령이 시해 암살당한 이후 그 박사님뿐만이 아니라, 그 계획에 초빙되었던 세계적인 물리학 박사들 모두가 불 꺼진 청와대 앞에서 어찌할 바를 모르고 망연자실하고 돌아설 수밖에 없었다고 했다.

사실 그때 박정희 대통령이 은밀하게 추진했었던 그 계획이 「무궁화꽃이 피었습니다」라는 책자로 출간되어 나오기도 했었다. 하지만 그처럼 이 강토에 무궁화꽃을 피우기 위한 고통의 숨결은 그 뿌리를 심어 세우지 못한 채 허망하게 떠나고, 그 설계에 초빙되어 합세했었던 박사님들은 어디에도 하소연할 수 없는 막막한 신세가 되고 말았었다고 했다. 거기에 관련된 통합설계 정보자료는 이미 미국이 넘겨받아가지고 갔기 때문이다.

그때 그처럼 망막한 처지에 놓여 있던 김상봉 박사님에게 구원의 빛으로 다가온 손짓이 그 당시 「잃어버린 너」 그리고 「마루타」를 출간해서 시중에 그 이름이 널리 알려져 있었던 〈다나출판사〉 사장님으로부터 출판사 건물 2층에 〈다나학술연구소〉를 내주겠다는 제안이 반갑게 들어왔었다는 것이다.

그런데 그 또한 묘한 인연이 아닐 수 없었다. 당시 그 출판사 사장님으로부터 차력 기공술법으로 병을 치료한다는 어떤 기인의 삶을 조명해 달라는 청탁을 받고 녹음기를 들고 그 출판사를 출입하고 있을 때였다. 그래서 그 박사님과 자연스럽게 인사를 나누게 되면서, 그 소재의 주인공 도사 기인님과 함께 자주 어울리기 시작했었던 것이다.

그렇게 박사님과 함께 어울려 지내는 시간을 자주 갖게 되면서 연이는 그동안 우리 국민들이 도무지 상상도 할 수 없었던 일을 박정희 대통령이 구상하고 있었다는 사실에 놀라움을 금할 수가 없었다. 우선 그 박사님이 우리나라에 초빙된 그 사유부터도 그랬다. 그분의 출생은 이북 평안도 분이였다. 그런데 어려서부터 남다르게 그쪽 계통의 에너지를 타고난 천재성이 주위에 드러나게 되면서 마침내 김일성 수령으로부터 인정을 받고 독일 유학을 가게 됐고, 그곳 드레스텐 및 뮌헨공대에서 정밀기계 전공을 20년 간 열심히 체득하게 되었다고 했다.

그 얘기로 미루어 볼 때 북측의 정부적인 차원에서 그 핵개발을 하기 위해 그만큼 인재개발에도 심혈을 기울여 왔었음을 새삼 확인하게 해주면서 근대사를 다시 공부하게 해준 계기가 되었다. 그처럼 북측에서 많은 투자를 하고 길러낸 인재를 남한정부 초빙에 시끄러움 없이 보내졌다는 그 사실 하나만 가지고도 박대통령 당시 남북관계의 분위기를 대충 짐작해 볼 수 있게 해주었다.

그런데 더욱 놀라운 것은 그 박사님과의 대화에서 북한의 지도자 김일성의 주체사상이 우리 민족 전통문화 유산의 정신사상을 바탕으로 하고 있고, 거기에 또 어린 시절에 기독교인이었던 부모 밑에서 자랐기 때문에 기독교 세계관을 누구보다도 잘 알고 이해하고 있다는 박사님의 말씀이 처음 얼마 동안은 얼른 믿어지질 않았다. 북한은 신은 없다고 주장하는 소련의 공산주의 사상으로, 종교적인 철학이 전혀 없는 집단이라고 생각해 왔었기 때문이다.

출판사를 들렀다가 자리를 함께하게 된 박사님의 연구실에서 새로운 사실에 눈이 떠지기 시작한 연이었다. 거기에 대해 설명을 해주시는 박사님의 말씀을 처음에는 가만하게 듣고만 있었다.

"오늘 현대 인류문명을 주도한다는 서양문화권 속에서 일어나는 반가운 소식이 진화현상이지요. 하지만 전통적인 우리의 동양문화권에서는 전혀 새로운 것이 아니거든요. 동양의 과학은 해체나 분석 및 합성을 위주로 하는 무기적 서양과학에 비해 총섭과 균형 및 조화를 위주로 하는 유기적인 학문이니까요."

역시 학자다우신 설명의 말씀이었다. 잠시 사이를 두고 박사님은 그 주제를 가지고 다시 이야기를 계속했다.

"지구촌 물질문명을 발전시켜 나온 서양과학 그 자체는 동서고금을 막론하고 언제나 수단으로서의 학문이었을 뿐 철학이나 종교에 대칭되는 동위 동격의 목적 학문이 될 수 없다는 겁니다. 그러나 이제 동서양의 문화는 하나의 공통된 목표를 향해서 상호 보완적으로 그 수단과 방법을 서로 교환 활용할 수 있는 단계에 도달해 가고 있는 그 시점에 와 있다는 겁니다. 특히 부분과 전체의 관계에 있어서는 데카르트와 베이컨에 의해 거의 완벽하게 무장되었던 소위 기계론적 실증주의와 부분에 의해 전체가 규정되는 환원주의적 체계는 이제 전체의 필요에 따라 부분이 결정되는 신과학적 인식체계로 전화되어 가고 있으니까요. 그러니까 절대적이던 시간과 공간의 개념이 광속 차원에서는 하나의 상대적 개념으로 변모된 지가 이미 오래지요. 지금까지 결과란 반드시 원인에서 비롯되는 것이라고 설명하던 인과율의 법칙도 이제 원인에 앞서 결과가 먼저 존재하는 양자역학적 현상을 설명할 수 없을 뿐 아니라, 주관이 객관으로부터 결코 분리될 수 없음도 분명해졌으니까요."

듣고 있는 머릿속이 다 멍멍해졌다. 생소한 분야의 이야기였기 때문이다. 그래서 웃으면서 농담조로 한마디 했다.

"넝마주이가 쓰레기 폐품이나 주워 모아 팔아먹듯이 생활하고 있는 저로서는 너무나 격조 높은 말씀에 귀가 다 멍멍해지는데요. 훗, 후후…."

"무슨 겸손의 말씀을 그렇게 하십니까. 차력 기공술법을 소재로 다뤄야 하는 작가분이… 그 원리가 물질이라는 인간육체 속에 내재된 특이한 정신기운을 모아서 활용하는 그게 염력으로 우주과학이라는 거지요, 핫, 하하하…."

"그러니까 서구의 물질문명 시대가 이제 동양의 정신문명 시대로 돌입해 들어와서 우주과학 시대를 열어간다는 말씀이네요, 그죠?"

"그렇지요. 돌이켜 보면 독보적 권위를 앞세우던 서구식 과학문명이 이제 서서히 그 한계를 드러내고, 동서문화의 상보적 융합이 시작되는 이 역사적 전환기에 즈음해서 북한은 민족의 시조와 민족공동체의 개국에 대한 신화와 고기들이 새롭게 재조명되고 있음을 저는 매우 뜻 깊은 일이라고 생각한답니다. 우리 동방의 정신문화가 바로 동서합일로 우주문명 시대를 열어가게 되어 있으니까요. 그런데 안타깝게도 박대통령이 계획했던 그 일과 함께 우리 민족사상 그 뿌리역사 찾기를 시도하려고 했던 것인데 그만…."

그 부분에 대해서 더는 생각하고 싶지 않다는 박사님의 표정이 어두워지면서 말끝을 흐려버렸다. 그 마음이 전이되어 오면서 조심스럽게 입을 열었다.

"오늘 우리 민족 뿌리역사를 찾는데 있어서 가장 걸림돌이 되고 있는 것이 그처럼 특징적인 이분법만 배워온 유대민족 뿌리역사가 전체 인류의 뿌리역사라고 왜곡시키고 있는 그 서구신학 논리가 문제라는 것이 제 생각이거든요."

"허허허… 참으로 옳게 잘 보셨습니다. 바로 그겁니다, 오늘 그 서구신학 논리는 타민족을 지배하기 위한 패권주의적 정당성 확보를 하기 위한 논리로, 그게 바로 그들 민족주의적 우월성 추구를 위해 의도적으로 꾸며진 논리라고 저는 봅니다. 그건 진정한 기독교적인 논리가 아니지요. 사실 그동안 이 나라는 유구한 조상의 전통문화 유산을 현재적으로 재조명하기보다는 서양학문에 기초하여 소위 선진화 또는 국제화란 명분으로 동양의 서양화에 몰입해 온 것이 사실이지요. 그러나 서양은 이제 동양문화의 진가와 총섭적 보편성을 새롭게 인식하면서 서양의 동양화를 서두르고 있답니다. 현재 서구에서 급격히 대두되고 있는 신과학 운동이 바로 그런 예이지요."

"어머, 그렇군요. 그런데 오늘 우리나라 풍경이 보시다시피 너무나 민망스럽고 한심스럽지 않습니까. 소위 정부 지도자 위치에서도 펴놓고 우리의 뿌리 찾기나 제 모습 되찾기를 하지 못하고 그것도 가장 믿었던 호위병 김재규 총에 맞아 쓰러진다는 생각을 누가 해봤겠느냐구요. 그러니 이 세상 누굴 믿고 살겠어요. 가장 믿었던 사람으로부터 그처럼 배신을 당하고 허망하게 세상을 떠나는 난장판국인데… 그러니까 우리 민족 자주적인 주체성을 복원하려면 그처럼 조상 뿌리를 왜곡시키고 있는 그 서구신학 논리가 새롭게 정리되는 정신개벽이 오기 전에는 어렵지 않겠어요? 그 시해사건을 보더라도 남북이 공동체적인 목표를 가지고 지향하기에는 아직 그 준비가 되지 않았다는 얘기 아니겠어요? 박대통령이 그처럼 시해당한 것을 보면…."

"그렇게 보는 게 정석일 것 같습니다. 그러니까 우리 조상 뿌리 찾기나 우리 민족 정신사상 되찾기는 오늘 우리의 현생문제와는 본질적으로 성격을 달리하는 것이라고 생각하는 것이 문제지요. 하지만 그 문제는 오늘이라는 현실의 존재 그 자체의 존재 경위에 대한 생태학적 문제임과 동시에 사람이 가장 사람다워지려는 지극히 자연스러운 인간 본능의 문제이기 때문에 우리 모두의 문제라고 저는 봅니다. 오늘 서양이 지구촌에 물질문명을 발전시켜 나올 수 있었던 기초적인 정보는 유대민족 조상신 여호와의 가르침이 있었기 때문이라고 생각합니다. 구약의 전체적인 내용이 그거니까요. 하지만 이제 그 자체 속에 내재하고 있는 모순 때문에 재고하지 않을 수 없게 되었다고 봅니다. 그 유효성의 한계가 뚜렸해졌다고 보는 것은 그 가르침으로 인해서 물질문명을 진일보 발전시켜 나온 것은 사실이지만, 그러나 이웃과의 대립적인 이분법으로 인간의 가치 기준을 크게 흔들어 놓고 있으니까요. 돌이켜 보면 코페르니쿠스 이래 지난 오백년 동안 과학은 걷잡을 수 없이 가속적으로 전지전능하여진 반면에 진보적 인간이라고 자처하는 사람들은 균형과 조화라는 단어를 비웃으면서 개체 또는 집단적 이기주의에 사로잡혀 있는 것이 서양문화를 선호하는 오늘 이 사회풍토 아니겠습니까."

"어머, 박사님께서는 언제 그렇게 동서양의 종교에 대해서 깊이 연구하셨어요?"

"상대를 알려면 먼저 그 정신사상이 어디에 토대를 두고 있는가 하는 그 문제부터 연구해야 되는 거 아니겠습니까. 알지도 못하고 무조건 상대를 배타를 한다는 건 이치적으로나 논리적으로 대응할 수가 없는 바보들이나 하는 짓이지요. 그래도 어찌됐거나 단군릉을 복원시킨 북한에서는 우리 뿌리 조상님들의 정신사상이 만민평등의 박애사상이라고 해서 좀 웃기는 이야기 같지만 지위 고하를 막론하고 동무라는 표현을 쓰고 있다는 거 아닙니까. 하지만 선진문화라는 서양사상은 이분법으로 너와 나를 그처럼 개체로 갈라서 대립적이지요. 그건 어디까지나 유대민족이 천주님으로 믿고 숭배해온 그 민족 뿌리 조상신 여호와의 가르침에서부터 비롯된 것인데…. 생각해 보십시오. 기독교 세계관은 너와 내가 한 가족으로 형제라고 부르기를 부끄러워하지를 않겠다는 것이 기독교 스승의 가르침인데 오늘 서구신학 논리는 그 정신개념의 사고가 분명히 아니라고 봅니다."

성경을 이해하고 있는 박사님의 말씀이 너무나 뜻밖이어서 어느새 자신도 모르게 감탄의 비명이 새어나갔다.

"세상에나… 언제 그렇게 기독교 성경 공부까지를 많이 하셨어요? 오늘 보니까 지구촌 뿌리역사를 왜곡시키고 있는 그 서구신학 논리를 박사님께서 정리하셔야 되겠네요, 뭐."

"그건 제게 과분한 말씀이고… 오늘 지구촌에 물질문명을 발전시켜 나온 서양식 방법에 의해 극도로 전문화된 종적 부분성 지식들은 이제 균형과 조화를 전제로 하는 우리 동양의 횡적 보편성 지식 없이는 그들 첨단지식만으로는 인류문화의 진흥과 현대문명의 인간화에 기여할 수 없음을 스스로 인식하게 되었답니다. 그들은 심지어 인접학문 간에도 연관 없이 독존과 독주를 계속해 오고 있는 그 실례가 바로 서구신학 논리니까요."

"어머, 이제 알만 합니다. 그래서 서양이 낳은 철인 토인비가 죽어 다시 태어난다면 동양철학에 심취해 보겠다고 말한 뜻이 거기에 있고, 또 오늘 의식이 깨인 서양인들이 그러한 독존적 기독 논리에 고개를 돌리기 때문에 서양에서는 성전들이 텅텅 비어서 팔려나간다고 하드군요."

"동서양의 사상 비교를 해볼 때 지금까지는 양자택일 식으로 양극적인 대립관계로 인식되었지요. 그러나 이제 춘하추동이나 동서남북과 같은 사상적 자연운동의 차원에서 동서양이 서로가 서로를 돕고 도는 원회전의 운동으로, 양을 서양이라고 하고, 음을 동양이라고 했을 때 가장 서양적인 사상과 가장 동양적인 사상이 각각 주체가 되면서 상대방의 문화유산을 흡수해서 고도화되고 인간화가 되었을 때 앞으로 오는 우주문명 시대를 열어가게 된다는 것이지요. 그러니 오늘 우리에게 시급한 문제는 종교적인 그 정신개벽 아니겠습니까, 핫, 하하…."

박사님의 입에서 정신개벽이라는 단어가 튀어나온다는 것이 너무나 신기했다. 거기에 응수를 했다.

"저도 지금 박사님 생각과 같거든요. 그러자면 지금까지 남북이 대립적 관계에 놓여 있는 그 사상 문제부터 먼저 이해하고 정리되어져야 하는 거 아니겠어요? 한 집안 같은 혈손끼리 그 사상 대립으로 서로의 가슴에 총부리를 겨누고 있는 형국이니까 말입니다."

"그 원인이 어디에 있다고 보십니까?"

"그게 바로 아담과 이브가 우리 인류의 조상 뿌리라고 설파하는 서구신학 논리 때문이라고 저는 생각하거든요."

연이의 대답에 박사님의 표정이 밝아지면서 다시 그 주제를 들고 논하시었다.

"정확하게 잘 보셨습니다. 그래도 이북은 일제가 단군을 곰의 자손으로 허구의 신화로 잘라 놓은 뿌리역사를 회복하기 위해 부단한 노력을 해왔지요. 그것이 이북에서 단군릉을 복원하고 우리 민족정신을 되찾자는 주체사상 회복이라는 것이니까요. 이해를 해주시니까 말이지만, 오늘 서구신학이 진실한 인류의 뿌리역사라고 설파하는 구약의 전체적인 내용을 현대인의 지적 수준으로 볼 때 신화 같은 느낌이 드는 건 사실이지요. 그 당시 유대 백성들이 보았다는 목격담이나 체험담의 내용이 초현실적인 사건이나 사실을 전제로 하고 있으니까요."

“그 내용을 현대인의 의식 수준으로 본다면 오늘 우리가 그리스, 로마신화라고 하는 내용이나 별로 다를 게 없지 않겠어요?”

“맞습니다. 그와 같은 맥락으로 본다면 우리 민족 뿌리역사도 하늘의 천신들이 지구 동방에 내려와 배달 한민족 뿌리를 세우고 하늘의 이치를 가르쳐 주면서 진화 성숙시켰다는 기록이 그 모양새와 크게 다를 것이 없지요. 그래서 우리 한민족 조상들이 국가 경축일로 정해서 하늘에 제를 올렸다는 그 의식이 개천행사였다는 것이니까요. 그건 구약에 기록된 유대민족의 뿌리역사나 그 전개 상황 모습은 크게 별다를 것이 없지요. 만군을 거느렸다는 유대민족의 뿌리 조상신 여호와가 실제적인 사람의 모습을 하고 하늘에서 내려와서 물질인간 아담과 이브를 설계 창조하고 그로부터 번성되어지는 그 자손들을 지켜보면서 세상 살아가는 여러 가지의 방법을 가르쳐 주고 했던 것처럼 우리 한민족 뿌리역사도 내용상으로 보면 그와 크게 다를 것이 없지요.”

박사님이 그렇게 성경을 소상하게 이해하고 있다는 사실이 너무나 놀라웠다. 그런데 오히려 박사님이 되물어 왔다.

“소설을 쓰는 작가 분으로 알고 있었는데 말씀하신 것으로 보아 우리 민족 뿌리역사를 나름대로 공부해 오신 것 같은데… 그렇지요?”

“제가 어떻게 박사님 앞에서 감히 우리 뿌리역사를 공부했다고 할 수 있겠어요…? 성경적인 의문 때문에 조금 관심을 가졌던 것뿐인데요, 뭘….”

어쩌면 성경적인 그 의문이 우리 민족 뿌리역사를 나름대로 공부하고 이해하는데 조금은 도움이 되어 주었다고도 할 수 있었다.

연이의 대답에 박사님은 그 주제를 들고 다시 말씀을 계속했다.

“그러니까 우리 한민족 조상신 환웅천제님께서 하늘 삼천의 무 리 신장선관들을 거느리고 지구에 내려와서 물질인간 아반과 아만을 창조 설계하고 그로부터 번성하는 백성들을 지켜보면서 여러 가지 세상 살아나가는 방법을 거느리고 온 신장선관들로 해서 가르쳐 주게 했다는 기록이 그들 뿌리역사 구약의 내용과 크게 다를 것이 없지요. 그런데 자기네들 뿌리역사는 실제적인 역사고 다른 이방민족 뿌리역사는 허구의 신화라는 게 말이나 되는 소립니까? 제가 볼 때는 동서양의 조상 뿌리역사는 엄연히 다르다는 것을 그처럼 구약의 내용 속에 분명히 기록해 두고 있는데도 말입니다. 구약은 이방민족과의 능력 대결을 보인 지구촌 최초의 전쟁사 기록이지요."

그리고 잠시 사이를 두고 다시 그 주제의 성구를 들고 본론적으로 펼쳐 들어갔다.

"구약성서 중에 출애굽기는 성직자나 신도가 아니더라도 모든 사람에게 이스라엘 역사라는 것을 확인시켜 주는 내용이지요. 그러니까 야곱 이래 이집트에 정착해서 고센 땅을 가득 메울 만큼 막강하게 번성했던 이스라엘 자손들은 요셉이 죽은 후에 이집트 노예로 전락해서 그들로부터 사백년 간을 극에 달하는 혹사를 당했다는 내용인데 이때에 그들의 주신 여호와의 명령을 받은 모세가 그 백성들을 이집트에서 해방시켜서 젖과 꿀이 흐르는 약속의 땅으로 인도를 받았다는 그 역사적인 기록을 보더라도 지구촌 전체 인류가 그들의 조상 아담과 이브 혈통 자손이 아니라는 분명한 증거자료가 아니겠습니까. 그러니까 구약성서가 지닌 특징은 신약성서처럼 개인적인 체험에 대한 기록이 아니고 유대민족 집단으로 겪은 체험과 고락을 기록하고 있다는 점이지요. 오늘 서구신학자들이 설파하는 전능하신 하나님이 여호와라고 설파하지만 구약의 기록상으로 볼 때는 합리성이 전혀 없는 논리라고 봅니다. 특히 그 여호와 하나님이 시내산에 강림 했다는 장면에서 불과 연기를 동반했다는 것은 정체 미상의 하강용 비행물체를 이용했음을 나타내 주고 있는 것이지요. 그러니까 이때의 하나님은 우리가 흔히 상상하는 영적이고 비실체적 형상으로서가 아니라 사람이 그 친구와 이야기함 같이, 또는 우리처럼 사시는 실제적 존재로서 나타나 거기에서 모든 사람들이 들을 수 있게 모세와 대화를 했다는 내용이 출애굽기 기록이니까요. 그렇다면 이때 그 여호와가 지상 강림할 때 이용한 그 정체 미상의 물체가 무엇이었느냐 하는 의문이 남지요."

고개가 저절로 끄덕여졌다. 그러면서 순간 구약성서 '열왕기하 2장 11절'에 선지자 엘리야가 제자 엘리사를 남겨 놓고 혼자 승천하는 장면을 생각해 보게 했다.

〈…두 사람(엘리야와 엘리사)이 행하며 말하더니 홀연히 불수레와 불말들이 두 사람을 격하고 엘리야가 회오리바람을 타고 승천하더라.〉

그 기록에서 묘사되는 것이 불수레와 불말들이다. 그 물체는 우주공간으로 날아간 비행물체였음이 분명해진다. 하늘을 나는 말과 마차에 불(火)이란 표현이 첨가되어 있기 때문이다.

그 내용의 기록을 보더라도 그 물체는 피상적인 것이 아니며, 그때 그 백성들 앞에 모습을 나타낸 여호와 역시도 우리가 생각하는 피상적인 영적 존재의 하나님이 아님을(출애굽기 25장 16절) 더욱 분명히 해주고 있다.

〈여호와께서 모세에게 일러 가라사대 이스라엘 자손에게 명하여 내게 예물을 가져오게 하고 무릇 즐거운 마음으로 내는 자에게서 내는 것을 내게 드리는 것을 너희는 받을지니라. 너희가 그들에게서 받을 예물은 이러하니 금과 은과 놋과 청색 자색 홍색과 가는 베실과 염소 털과 붉은 물들인 수양의 가죽과 해달의 가죽과 조각목과 등유와 관유에 드는 향품과 홍마노며 예봇과 흉패에 물릴 보석이니라. 내가 그들 중에 거할 성소를 그들을 시켜 나를 위하여 짓되 무릇 내가 네게 보이는 대로 장막의 식양과 그 기구의 식양을 따라 지을지니라.〉

그 기록에서 모세와 대면하고 이스라엘 백성이 여호와에게 올려야 할 제물의 모양까지를 낱낱이 열거하고 있으며, 여호와가 그 제물을 받기 위해 그를 위해 지을 장막, 그 성전의 식양의 치수까지도 낱낱이 열거하고 있는 그 행사 모습은 기독교 스승 예수께서 지칭하신 전지전능하시고 무소부재하시다는 하나님의 위상과는 전혀 일치될 수가 없다.

그 성구를 떠올리면서 가만하게 말했다.

"예수님께서는 분명히 하나님은 무엇이 부족한 것처럼 물질적인 예물을 원치 않는다고 하시고, 또 사람의 손으로 지은 전에 계시지 아니한다고 하시면서 너희 마음을 성전 삼고 늘 깨어서 기도하는 것이 영적인 하나님에게 드리는 진정한 산제사라고 하셨는데 여전히 구약시대 제사의식으로 여호와는 나의 목자시니, 하고 가르치고 있는 서구신학자들이잖습니까. 그게 오늘 기독교 목회자들이 펼치고 있는 모습이구요."

"성경을 제대로 읽고 잘 보셨습니다. 구약시대는 그 백성들이 비행기를 구경한 일도 없었던 시대였기 때문에 그 물체를 불수레 또는 불말이라고 표현하고 있고, 더러는 독수리 큰 까마귀로도 묘사되고 또 그 물체에서 불이 번쩍번쩍 하는 것을 보고 여호와 하나님의 영광이라고 묘사하고 있지요. 어디 그뿐입니까. 여호와가 시내산에 강림할 때에 모세에게 이른 지시사항과 예방조치는 분명하고 간결한 것들인데 첫째가 청결 완료하고 대기할 것과, 두 번째가 통제구역 설정 및 침범자 피살 경고조치고, 세 번째가 나팔을 불면 그것을 신호로 거기에 따른 행동으로 질서유지를 하라는 것이었지요. 그리고 그 직후 두 번에 걸쳐 통제구역 안으로 절대 들어오지 말도록 하라고 간곡히 당부하는 지시사항으로 볼 때, 여기에서 우리가 상상해 볼 수 있는 것은 여호와는 분명히 비행물체를 운송수단으로 하고 있었기 때문에 접근방지를 위한 자동격퇴장치 또는 수동으로 조작할 수 없는 반격무기가 설치되었을 수 있다는 것이지요.

이런 경우 여호와가 그들에게 손댐 없이 돌과 화살에 의해 죽게 된다고 경고했는데, 그렇다면 오늘 우리는 여기서 헬리콥터가 이착륙할 때를 생각해 봐야겠지요. 헬리콥터가 착륙할 때에 승객들은 프로펠러에서 땅 쪽으로 내려치는 바람 때문에 모자를 누르거나 옷자락을 붙들지요. 경우에 따라서는 먼지가 일고, 풀들이 옆으로 눕거나 또는 작은 모래알들이 사방으로 날리는데, 만약 그것이 프로펠러에서 생기는 바람이 아니고 강력한 로켓 분사구에서 내뿜는 불기둥이라면 땅에 흩어져 있는 자갈이나 돌덩어리들 뿐만 아니라, 그 주변에 있는 나뭇가지들을 화살처럼 사방으로 무섭게 날려 보낼 수 있기 때문에 여호와가 모세에게 제한 구역을 엄히 신칙하라고 하지 않았겠습니까? 핫, 하 하…. 그러니까 여호와가 시내산에 이착륙을 할 때 분명히 그 운송수단은 로켓 비행물체기 때문에 불, 연기, 진동, 우레, 그리고 빽빽한 구름이 그곳에 꽉 차 있는 가운데 여호와가 강림하셨다는 것도 그렇지만 그 부근에 접근하지 못하도록 신칙했다는 것은 미국이 우주선을 발사할 때는 수키로 미터 바깥까지 통제구역을 설정하는 것과 그 상황이 다를 것이 없다는 것이지요.

그와 마찬가지로 지금으로부터 약 오십년 전 제이차 세계대전의 군수물자를 수송하던 영국 공군 수송단 카르고 비행기가 서태평양 멜라네시아의 어떤 섬에 불시착한 일이 있었는데, 그 섬 원주민들은 갑자기 하늘에서 요란한 소리를 내면서 지상으로 내려오는 비행기를 이상하게 큰 새라고 생각했고, 그 속에서 이상한 복장을 하고 나오는 조종사를 보고 하늘에서 내려온 신이라고 생각했던 것이나 구약의 내용이 조금도 다를 것이 없지요. 그 시대 사람들의 인식으로서는 전혀 납득할 수 없는 초현실적인 사건이었을 테니까요."

"어머, 역시 박사님의 합리적인 이해는 지금까지 그 누구도 그러한 이치로 상상할 수 없을 만큼 우주의식으로 열려 있어서 확실히 다르시군요. 이제야 저도 그 성구 내용의 상황이 실제적인 운송수단이었다는 확신이 이해가 되지 뭡니까."

"그렇게 이해가 되신다니 정말 다행입니다. 그런데 여기서 오늘 우리가 생각해 볼 문제가 그래도 과학적으로 지구촌 물질과학 문명을 발전시켜 나왔다는 서양 종교 논리가 인류 시조에 관한 문제를 그렇게 혼합시켜 해석한다는 것 자체가 저는 다분히 의도적이라는 생각이 들지 뭡니까, 핫,하하."

그리고 사이를 두고 그 부분에 대해서 다시 강조했다.

"그래서 오늘 우리가 조상 뿌리를 확실하게 알고 찾았을 때 우리의 역사가 살고, 그랬을 때 전 인류가 우리 조상들의 정신문화 유산인 조화의 협동정신으로 전쟁이 없는 평화로운 지상천국을 이룰 수 있다는 겁니다. 이 얼마나 통쾌한 일입니까. 그러니까 세계는 과거 우리 고조선 시대나 마찬가지로 우리 한민족의 지배를 받지 않으면 안 되게끔 되어 있지요. 다시 동방의 정신문명 시대가 열리게 되어 있으니까요. 일본의 미래학자 사세휘 박사는 내일의 세계와 한국이라는 특별기고에서 한국 발전은 제삼 세계의 모델이다, 라고 했지요. 그리고 한국은 최악의 조건 속에서도 짧은 시간 안에 서양을 따라 잡을 수 있다는 것을 보여주고 있다면서 한국의 특징 중에 하나는 한 번도 외국을 침략해 본 일이 없기 때문에 이 두 가지의 특징이 바로 세계사 속의 한국의 커다란 의의로 생각된다면서 금후의 세계 정세를 생각하면 세계 경제의 위기와 지구환경의 위기가 있다고 설명했다는 거 아닙니까.

그 사세휘 박사 지론의 설명에서 앞으로 세계를 주도해 나갈 한국의 부강은 지금까지의 세계 중심이었던 미, 소, 일본의 틀린 방향을 바꾸게 할 수 있고, 세계를 구제하는 리더가 될 것이라고 했는데, 그것은 왜냐하면 세계의 아픔을 모르고 강대국이 된 그들과는 달리 한국민은 아픔을 아는 민족이기 때문이라고 말했지요. 그러니까 사세휘 미래학자는 대한민국이 앞으로 세계 속에 어떻게 달라질 것인가를 미리 내다본 예언자라고도 할 수 있지요."

"어머, 그 설명은 성서 요한계시록 예언이나, 또 동서로 오고간 현자들의 미래적인 예언의 이치나 결국 같은 결론이네요. 그러니까 과거에 그 성서적인 예언자들이나 또 지구촌에 어떤 분야에서든지 두각을 나타낸 천재들 모두가 보통 평범한 사람들은 아니지요. 구약성경을 보면 그들이 분명히 신과에서 각자 그 소명을 가지고 그 정보를 제공해 주러왔다 간 선지자들이었다고 했으니까요."

"제가 구약성경을 분석해 보니까 이름을 붙이고 지구에 오르내린 천사나 여호와나 모두 하늘나라에서 각자 그 소명을 맡고 온 사명자들로 그들의 역할이 크고 작은 차이일 뿐으로 여호와는 그 한 구역을 맡은 유대민족 창조신일 뿐인데 서구신학자들이 너무 격상을 시켜서 추켜올려 세워놓고 있다는 것이 제 생각입니다. 그 확증을 갖게 하는 내용이 구약시대 그 하늘사람 신들에 의해서 들어올림을 받고 하늘나라 천상세계를 사십 주야를 여행하고 돌아왔다는 에녹이 기록한 것을 보더라도 더욱 분명해지는 것이지요.

에녹의 묘사에서 영원한 주님이 보낸 사자들이 그를 안고 하늘 속으로 들어갔다고 했는데 거기서 수정으로 만들어진 돌을 쌓은 성벽이 있는 곳까지 갔다고 했지요. 그런데 그 성벽은 불타는 혀 같은 것으로 둘러싸여 있었고, 또 그 속을 지났을 때 역시 수정석으로 지어진 큰 집을 보았는데 그곳에는 그 집보다 더 큰 집이 또 하나 있었다는 것이 우주 정거장이었다는 것이 제 생각입니다. 그러니까 하늘에서 내려온 사자가 에녹을 안고 들어간 곳은 그 어떤 운반수단 물체가 분명하고, 그리고 다음으로 보았다는 수정석으로 지어진 큰 집의 마룻바닥 역시 수정석을 깔아 놓은 것 같았다는 것도 그렇치만 그곳에는 그 집보다 더 큰 집이 또 하나 있었는데, 그 집은 화려한 장식으로 되어 있었고, 문들이 모두 열려 있었는데, 그 집 바닥은 불로 되어 있었고, 번개와 움직이는 별들이 그 윗부분을 이루고 있었다는 것하며, 또 천장 역시도 활활 타는 불로 되어 있었다는 것이 우주 정거장이었을 것이라는 생각입니다.

다시 말하면 에녹이 방문한 하늘은 우주의 진공 같은 비실체적 하늘이 아니라 그가 방문한 종착지점은 인공 전체 또는 인공적인 공간 같은 곳이라는 것을 나타내 주고 있는 것이지요."

"그러니까 하늘나라는 우리가 막연하게 생각하는 그런 허공이 아니라 실제적인 공간세계이기 때문에 우리 조상들이 세상은 하늘나라 그림자 형상이라고 했던 것이고 보면 우리 조상들은 그런 면에서는 서양보다 앞서 우주의식으로 열렸다는 거네요, 그죠?"

"그게 바로 동양철학이라는 거지요. 그러니 앞으로 열리는 제삼세계는 동양이 서양을 주도하게 된다는 것이 틀린 말이 아니지요. 그러니까 에녹이 하늘나라를 여행하고 와서 기록한 내용에서 흥미를 주는 것은 성벽이 불타는 혀 같은 것으로 둘러싸여 있었고, 그 집 벽이 불바다처럼 보였다는 것인데, 여기서 에녹이 사용한 불이란 표현이 과연 활활 타는 진짜 불을 말한 것일까요? 여기서 우리가 한번 생각해 보십시다. 이십세기 후반에 사는 우리도 전기조명을 전깃불이라고 부르면서 그 유사성 때문에 등과 불을 엄격히 구별하지 않고 있잖습니까. 다시 말하면 에녹이 표현한 불타는 혀나 불바다 등은 모두 붉은 색의 각종 조명등 또는 조명시설의 반사 현상이었던 것이라고 봅니다.

그와 유사한 경우가 소위 백차라고 하는 경찰차 지붕에 설치되어 있는 공무집행을 알리는 적색 회전등이 켜졌다 꺼졌다 하는 것처럼 반짝거리면서 대단히 밝은 토막 빛을 사방에 비추지 않습니까. 그 붉은 토막 빛이 만약에 경복궁 높은 흰 담벽 밑에서부터 경사진 각도로 비치게 되면 극히 순간적이긴 하지만 마치 영화 화면에서 나타나는 뱀의 긴 혀처럼 기다란 붉은 줄무늬로 보일 것을 가정하면 에녹이 표현하고 있는 성벽을 둘러싼 혀 같은 것으로 보일 것은 너무나 당연한 것이지요. 그러니까 에녹이 보았다는 그 첫 번째 집의 벽이 불바다처럼 보였다고 하는 표현이 인공조명 효과에 의한 것으로 실내외에 설치된 각종 형태의 조명시설은 크리스털 벽면에 비쳐 반사되고 또 다시 비치면서 눈에 보이는 모든 벽면들을 온통 불빛 바다로 보여지기에 충분한 것이지요.

물론 그 시대 하늘나라를 여행하고 돌라온 에녹은 오늘 우리가 알고 있는 현대적 과학지식과 그 개념 등을 모를 수밖에 없었지만 그럼에도 불구하고 자기가 보고 온 것을 그처럼 표현한다는 것은 대단한 일이지요. 그후 수십 세기가 지난 현재의 우리로 그 내용을 유추해 볼 수 있게 해주고 있으니까요. 그러한 구약의 내용을 놓고 오늘 우리가 또 참고해 볼 것이 그 시대 제사장이나 현자들이 여호와 신과 대화하는 장면이 많이 나오는데 이때 그들은 하나님의 말씀을 들었다고 표현하기보다 그 말씀이 자기들에게 임했다고 표현하고 있는데 그건 그들의 수호신 여호와하고 사이에 교신할 수 있는 기종 미상의 송수신 장비를 휴대하고 다녔을 것으로 저는 봅니다. 구약의 내용에서 보여주는 여호와의 행사 모습은 분명히 신령하신 영적 존재의 하나님 모습이 분명히 아니라는 사실이지요.

생각해 보십시오. 제사장 모세가 여호와의 부름을 받고 시내산에 올라가 그 십계명 돌판을 받아가지고 내려왔을 때 그 백성들이 금송아지를 우상으로 만들어 놓고 노래하고 춤을 추고 있는 것을 본 모세가 손에 들고 있던 돌판을 산 아래로 던져 깨뜨려 버렸고, 이때 진노한 여호와는 그 백성이 한 짓을 부패와 배신으로 단정하고 그 보복을 결심하는데 모세의 간청으로 그 뜻을 돌이켰다는 기록의 장면 역시도 참되고 진실하시며 사랑이 많으시다는 그런 하나님 모습일 수가 없지요."

"그런 여러 가지 모양의 장면을 놓고 생각해 보면 그때 하늘나라는 우주의식으로 열린 천상의 사람들이 최첨단 과학문명으로 지구를 오르내리면서 물질인간을 설계 창조했었음을 여호와의 아담과 이브 창조에서 보여주고 있는 거 아니겠냐구요. 오늘 우주의식으로 지구촌 열린 생물학자들이 시험관 아이를 만들어 놓고 그 의식을 계속 시험해 보고 있는 장면이나 다를 게 없으니까요."

"그렇습니다. 구약의 내용을 오늘 문명된 현대인 의식으로 살펴보면 그 당시에 이스라엘 민족과 이웃하고 있었던 이방민족의 신들이나 마찬가지로 각자 그 이름표를 붙이고 있는 여호와 모두가 문명된 하늘나라 우주인으로, 서로 간에 그 능력 대결을 보여주고 있는 장면이 많이 등장하는 걸 봐도 그렇지요."

사실 그러한 내용으로 점철되어 있는 것이 구약이다. 그 기록에서 도무지 이해할 수 없었던 내용을 다시 떠 올려 보게 했다(열왕기하 제1장 1~4).

"…이스라엘에 하나님이 없어서 너희가 에그론의 신에게 물으러 가느냐, 그러므로 여호와의 말씀이 네(아하시야)가 올라간 침상에서 결코 내려오지 못할지라. 네가 반드시 죽으리라 하셨다 하라."

엘리야는 아하시야가 죽을 것임을 그의 사자使者에게 예고했고, 이 말을 들은 사자가 그것을 왕에게 고했을 때 왕이 묻는다.

"…왕이 저희(바알세불에게 보냈던 사자)에게 이르되… 너희를 만나 이 말을 너희에게 고한 그 사람의 모양이 어떠하더냐(1~7). 저희가 대답하되, 그는 털이 많은 사람인데 허리에 가죽 띠를 띠었더이다. 왕이 가로되, 그는 디셉 사람 엘리야로다."

그 의문으로 남아 있던 성구 내용이 박사님의 설명을 듣고 어느 정도 이해가 될 것 같았다. 가만하게 웃으면서 말했다.

"그러고 보면 오늘 서구신학자들 의식이 의심스럽지 뭐예요. 과거 천지 분간을 못했다는 원시시대 그 의식으로 성경을 해석하고 있으니까요. 그러니까 이스라엘 선지자 엘리야를 태우고 하늘로 올라갔다는 병거가 운송수단의 비행물체였다는 것이 맞는 이야기죠. 그러고 보면 그가 허리에 두르고 있었다는 가죽 띠는 축지법 같은 초능력을 발휘했던 하늘나라 과학문명의 이기였음을 짐작해 보게 해주네요, 그죠?"

엘리야는 50명의 생도가 지켜보고 있는 앞에서 자기 겉옷을 말아 물을 침으로써 요단을 이리저리 가른 바 있다. 그러한 겉옷을 가진 그가 고속 질주를 가능케 하는 성능의 가죽 띠를 가졌다는 것은 이상할 것이 전혀 없다는 생각이 들었다.

박사님은 연이가 떠올리며 말하는 그 엘리야의 가죽벨트에 대해서 이해를 다시 도와주셨다.

"비록 가죽 벨트는 아니지만 우리는 미국 사람들이 사람을 날게 하는 띠를 가지고 있음을 보았지요. 일명 로켓 벨트라는 것인데 미국 엘에이 올림픽 때에 이것을 등에 매고 주경기장 안으로 날아 들어오는 사람을 우리는 화면을 통해서 보았지요. 그런데 미국 사람들이 그 장비에 띠라는 이름을 붙인 것이 신기하지 뭡니까. 엘리야가 허리에 두르고 있었다는 그 띠가 생각나서 말입니다. 그 띠는 본래 우주비행사들이 외계탐사를 할 때에 쓰려고 개발된 것인데, 그후 미국과 소련은 지상의 강이나 언덕 같은 장애물을 넘는데 사용할 수 있게 일인용으로 개조했다는 겁니다.

그 예를 들어본다면 이스라엘 선지자 엘리야는 그 시대에 분명히 하늘나라 문명의 이기들을 만끽했었던 것이지요. 비록 에스겔처럼 그 비행물체의 구조에 대해서는 직접적인 설명을 하고 있지는 않지만 그가 목격하고 체험한 사실 기록들에서 그것이 로켓 비행물체였음을 충분히 유추해 볼 수 있게 해주고 있으니까요. 엘리야가 그 비행물체를 본 것은 갈멜산에서 한 판 승부를 치른 바로 직후였지요. 여호와가 지정해준 산에 있을 그때에도 여호와는 로켓 추진 비행물체를 이용했던 것으로 네 가지의 단서가 포함되어 있지요. 첫째는 크고 강한 바람이 산을 가르고 바위를 부쉈고, 바람 후에 지진이 있었으며, 지진 후에 불이, 그리고 불 이후에 미세한 소리가 있었다는 그 겁니다.

우리는 아직도 아폴로 우주선들의 발사 장면을 생생하게 기억하지요. 그 로켓 추진형 비행물체들이 발사대에서 웅장한 몸체를 서서히 들어올릴 때, 우리는 마치 대포의 포신에서 내쏘듯 그 후미의 연료분사구에서 내뿜는 불기둥과 연기와 바람 등을 똑똑히 볼 수 있었지요. 그런데 만약 그 우주선이 임무를 마치고 지구에 귀환하여 지상에 착륙해야 할 경우 우주비행사는 발사시의 과정을 정확히 반대 순서로 역진행시키면 되는 것이지요. 물론 아폴로 우주선들이 모두 우주공간에 버리도록 설계되어 있었기 때문에 우리는 우주선의 역추진식 착륙장면을 아직까지 볼 기회가 없었지만, 그러나 달 착륙선 또는 행성 탐험선들은 거의가 역추진식 착륙 방법을 사용하는데 이때에 로켓 엔진은 마치 자동차의 브레이크처럼 우주선의 속도를 서서히 줄이면서 지면에 내려앉을 때까지 작동한다는 겁니다.

그러한 현상을 염두에 두고 엘리야가 표현한 설명을 자세히 읽어보면 우선 크고 강한 바람이 산을 가르고 바위를 부수었다고 말한 이것은 역추진 로켓이 점화되는 첫 단계에서 비행물체가 정지과정에 돌입하는 것을 설명한 것이고, 그 비행물체가 엘리야가 서 있는 위치에서 아직은 잘 보이지 않았기 때문에 지진이나 불보다 바람이 먼저 밀려왔던 것이지요. 이때에 로켓 엔진은 점차 최대의 역추진을 해야 함으로 분사구에서는 초강압의 불기둥이 쏟아져 나오게 된다는 겁니다. 선진국 탄광에서는 고압의 물줄기로 석탄을 채탄하는 공법이 널리 사용되고 있는데 로켓 분사구에 의해서 발생되는 초고압풍이 바위 정도를 부수는 것은 전혀 어렵지 않지요.

그리고 다음 단계에서 계속 감속되는 비행물체가 목표 지점에 좀 더 가까워지므로 고압풍과 엔진의 요란한 폭음이 산골짜기에 꽉 차서 산 전체를 지진 때처럼 진동시킬 것은 당연하지요. 그리고 다음 단계는 이제 비행물체가 목표 지점에 거의 접근한 때이므로 분사구의 불기둥은 육안으로 볼 수 있고, 끝으로 그 다음 단계는 비행물체가 공중에 정지한 상태로 떠 있기 때문에 균형 유지에 필요한 최소한의 분사만을 필요로 함으로 그 소리가 앞에서 듣던 폭음에 비하면 미세하게 들릴 수밖에 없지요. 만약 그 비행물체가 공중에서 정지하지 않고 지상에 착륙했다면 엘리야는 분명히 미세한 소리 대신 엔진 소리가 꺼졌다고 표현했을 겁니다. 이러한 엘리야의 관찰과 표현에서 볼 수 있듯이 그 순서까지 정확히 기록된 성경의 문장들은 사실 기록 문헌으로서의 신빙성을 재삼 입증시켜 주고 있다는 것이 실로 놀랍지 뭡니까. 그러니까 어떤 목적을 두고 인위적이거나 의도적인 해석이 필요 없이 적혀진 그대로 현대인의 의식으로 이해가 될 수만 있다면 그 내용 속에서 우리는 더욱더 많은 진실을 찾아볼 수 있다고 봅니다."

성구를 놓고 그 표현의 본질을 이해시켜 주고 있는 박사님의 설명을 들으면서 과연 독일 드레스텐 및 뮌헨 공대에서 정밀기계 전공을 20년 동안이나 연구해 오신 박사님의 성경 이해는 보통 평범한 현대인과는 그 생각하는 개념의 차원이 엄청나게 다름을 새삼 느끼게 해주었다.

그와 동시에 박정희 대통령이 핵개발 계획안을 세우고 김 박사님을 우리나라에 초빙하게 되었던 이유가 어디에 있었던가를 충분히 짐작해 볼 수 있게 해주면서 그 앞에 저절로 고개가 숙여졌다.

그처럼 성구를 놓고 이해를 시켜주는 박사님의 설명은 참으로 많은 감동을 안겨 주면서 이제까지 초급하게 가지고 있던 기존의 종교적인 개념의 사고思考와 동서 민족으로 분리된 사상까지도 다시 검토해보게 해주었다.

개천開天 그리고 배달겨레

새 시대를 열어가야 할 역사의 갈림길에서 쾅쾅! 돌풍을 맞고 이승과 저승으로 갈라진 역사의 뒤안길에서 씁쓸한 공허가 잔뜩 깃들어 있는 김 박사님의 표정이었다.

박사님의 연구실에서 참으로 새롭게 공부가 되는 많은 이야기를 듣고 그날은 거기서 헤어졌다.

그 며칠 후였다. 앞전에 시 한 편을 부탁하셨던 김경 목사님께서 「세계인의 교향시집」 제2호가 출판되어 나왔다면서 만나자는 반가운 소식의 전화가 걸려왔다. 만나기로 약속한 다방으로 들어갔을 때였다. 목사님은 이제 막 출간되어 나왔다는 계관시집 책자를 건네주시면서 거기에 대해 한 말씀을 하시었다.

"우리 시대의 과제는 우리나라를 세계 속에 돋보이게 하는 일인데, 이 일은 정부만이 아니고 우리 국민 모두의 시대적 사명이라고 생각합니다. 적게라도 우리 힘을 모읍시다."

"정말 대단하세요. 쉽지 않은 이런 일을 누가 뒤에서 후원해 주는 사람도 없이…."

"그게 내 인생 팔십 고개를 바라보는 제 보람 아니겠습니까, 핫, 하하…."

"참, 목사님께 소개할 분이 한 분 계시는데 같이 가보실래요? 그 분도 고향이 이북이신데 가보시면 아시겠지만 아무튼 대단하신 분이세요. 어쩌면 목사님 하시는 일과 코드가 잘 맞으실 거 같거든요."

"……? 그렇다면 어디 한번 만나봅시다."

이야기가 그렇게 되면서 김경 목사님을 김 박사님 연구실로 모시고 들어가 인사소개를 시켰다.

"이 어른이 조금 전에 전화로 말씀드렸던 제가 존경하는 그 목사님이세요. 현재 세계 계관시인, 세계목사 박사 펜클럽 회장직을 맡고 얼마 전에 뉴욕 독립유가족협회 초청을 받고 가셨다가 귀국하셨답니다. 인사들 나누시죠."

그러자 김 박사님께서 먼저 손을 내밀면서 말했다.

"반갑습니다. 장로교를 은퇴하신 원로 목사님이시라구요? 세계평화를 위한 문학운동을 펼치고 계신다고 들었는데, 아무튼 대단하십니다, 앉으시죠."

자리에 잡고 마주 앉았을 때였다. 분위기를 자연스럽게 만들기 위해 김 박사님을 정식으로 목사님에게 소개했다.

"제가 오면서 잠깐 말씀드렸던 그 카이스트 김 박사님이세요. 박대통령께서 삼천리 금수강산에 무궁화꽃을 함께 심어 보자고 초빙하셨던 분이시랍니다."

"핫, 하하… 무궁화꽃을 함께 심어 보자던 꿈이 미친 돌개바람에 날아가 버리고 그만 이렇게 낙동강 오리알 신세가 됐지 뭡니까."

박사님의 그 말에 목사님이 응수를 했다.

"안타까운 일이지만 그게 아직 때가 되지 않아서 그런 걸 어쩌겠습니까… 그래서 저는 지금 세계적인 인물들의 사상과 이상을 이 시대에 펼쳐서 시공을 뛰어넘는 새로운 정신문화 운동을 통해 세계평화를 이룰 때라고 생각합니다. 이십일 세기를 맞이했지만 세계 도처에서 전쟁이 계속되고 있고, 유엔 등 어떤 기구나 정치력을 통해서도 분쟁이 종식되지 않고 있으니까요. 이제 세계 중심이라는 미국 땅에서도 이 같은 문학운동이 반드시 뿌리를 내려야 한다고 생각하고 누가 시키지도 않은 이런 일에 깃발을 들고 나섰지 뭡니까, 하하하…."

그리고 연이를 돌아보면서 말씀하시었다.

"그 책, 박사님이 읽어보시도록 먼저 드립시다. 참 드리기 전에 거기에 실린 한 시인님 그 시편부터 한 번 읽어드리시지요."

시제는 〈묵시默示〉였다. 조금은 어색했지만 펼쳐들고 가만하게 그 시구를 읽어나가기 시작했다.

묵시

길 잃은 나그네의 이정표가 되는
어두운 밤하늘에 반짝이는 북두칠성
격암유록 사답가에寺畓歌에
'사답칠두천농문무성명寺畓七斗天農文武星名
천상수원영전天上水源靈田'
우주섭리 그 이치를 어떻게 알았을까?
태초의 빛 하나님 창세기의 비밀을…

그 빛 태초에 하나님과 함께 있어
우주만물 창조의 역사에서
'우리가 우리의 형상대로 사람을 만들자'
하늘보좌 말씀 근원 그 일곱 성령님
근원은 같으나 독자 인격신으로
각기 색을 달리한 사명의 표상으로
실존의 그림자 형상 붙박아 놓은 것을,

그 섭리 창세 이후 하나님의 비밀로
'네 본 것은 내 오른 손에
일곱 별의 비밀과 일곱 금촛대라,
일곱 별은 일곱 교회의 사자요
일곱 촛대는 일곱 교회니라.'(계시록 2:20)
하늘이 감춰 놓은 성경 속의 그 비밀이

'일곱 뿔과 일곱 눈이 있으니
이 눈은 온 땅에 보내심을 입은
하나님의 일곱 영이더라.'(계시록 5:7)

그 일곱 칠성님을 세상은 각기 알고
내 스승, 네 스승 편 가르는 종교판
다만 그 이름 성현으로 알았을 뿐,
하늘나라 생명수를 지구라는 밭에 뿌려
하나님 씨알 닮은 인간 농사지으려고
시대 달리, 나라 달리 그 사명 독생자로
인간세상 자연 법계 육신 법을 가르치고
하늘나라 우주법계 천법天法을 가르치신
하나님의 섭리역사 그 이치를 몰랐다니…

그 법계 우주 근본 태초의 빛으로
빨, 주, 노, 초, 파, 남, 보라,
칠색기운 칠성님 각자 신명 도맥으로
활달자재豁達自在 부활하는 영체인간 만들려고
예정된 시기 따라 감로수甘露水, 영생수永生水
그 수기水氣 세상 밭에 뿌려주신 칠성님
영혼성숙 이정표로 '일곱 성령 금촛대'라,

오오라! 가림토에 가린 비밀
사답칠두문무성寺畓七斗文武星!

"으와…! 듣고 보니 정말이지 세계로 나갈 복음이 따로 없네요, 핫, 하하…."

낭송이 끝나자 김 박사님은 민망스럽게도 박수를 크게 치시며 찬사를 보내주셨고, 목사님 역시도 거기에 같이 합세를 했다.

"제 생각도 그래서 세계로 나갈 계관시집에다가 실었던 거죠, 지구촌 사상 갈등의 해소는 먼저 동서의 철학이나 종교가 하나로 통합된 교류가 이루어져야 만이 나아가서 인류 공동체 의식을 고취 하고 세계평화를 기대할 수 있지 않겠습니까.

여기에서 저는 정부나 국회부터 먼저 정신을 차리고 종교철학과 문학 예술적 풍토를 재조성하고 인간성 회복에 앞장서서 먼저 인간이 된 뒤에 권력과 명예와 돈을 추구해야 하고, 또 자기보다 먼저 국민을 생각하라고 권하고 싶습니다. 국회에서 싸우고 체육에서 싸우고 상대를 때려눕히고 짓밟아 버리는 풍토로서는 세계평화는 고사하고 가정평화 또 형제화목도 그렇지만 친구 우애는 더구나 더 기대할 수조차도 없지 않겠습니까. 그래서 저는 교회에서 하늘에는 영광이요, 땅에는 평화로다, 입만 까불지 말고 평화의 성취가 무엇인지 먼저 생각해 봐야 한다는 겁니다. 그러니까 자기의 이익을 위해서 상대를 이기려고 하는 그런 운동이 아니고 서로가 존중하고 섬길 때 하늘의 영광은 땅 위에 평화가 이루어지면서 비로소 영원무궁한 미소가 피어나게 될 테이니까요."

"역시 목사님다우신 철학과 종교사상을 가지셨군요. 기독교적 신념을 바탕으로 사회정화를 하시려고 하는 거 같은데 과연 이 시대 선구자라고 할만도 하겠습니다. 그처럼 목회를 하셨던 분으로 현실을 그렇게 직시하기가 결코 쉽지를 않은데 말입니다. 새삼 존경스럽군요."

"오늘 제 생각은 우리 정부가 세계화운동을 선포하면서 그 범위를 정치 경제 체육에만 한정시키고 그보다 더 원초적인 철학과 종교 영역에 대하여는 전혀 관심을 가지지 않는 게 문제라고 봅니다. 요즘 방송에서 정치적 사회적 온갖 만행의 풍토는 무자비하게 연속되고 있고, 그 판도는 천지를 진동시키고 체육 또한 인류문화의 정상에서 저 혼자만 날뛰는가 하면 종교 또한 치외법권에 방치되고 문학과 예술은 사막에 버려져 헤매도는 목마른 사슴같이 되어 버렸지요. 하지만 저는 여기에 정부가 앞장서야 한다고 생각합니다."

"옳으신 말씀입니다, 일본만 해도 문학창작에 지원을 하고 있으니까요."

"잘 보셨습니다. 정부가 출자를 해야 된다고 생각합니다. 조석 때꺼리가 간데없는 문학예술인들이 손가락을 빨고 앉아서 뭘 하겠습니까. 그런 풍토에서 정신문화 대국을 기대하겠습니까? 오늘 우리나라에 들어온 외래 종교는 돈을 바가지로 퍼들이면서 그 뒷구석에서는 온갖 비리, 부정축재 착취에 급급해도 누구 하나 문제를 제기하지 않고 양심을 가진 종교인 정치인, 심지어는 언론인들조차도 외면하고 있지요. 여기에도 저는 철저한 감시가 집중되어야 한다고 생각합니다. 말이 나왔으니까 얘기지만 정치인 경제인 종교인 법조인들 모든 지도층이 땅에 떨어져 헤매도는 것이 오늘 이 나라의 부끄러운 사회 풍토니까요. 심지어 문화예술계조차도 출세와 상복의 뒷거래와 나누어 먹기라는 소문이 들리는 판국이니 이 모두가 인간성 마비로 제 본정신을 잃어버린 결과라고 봅니다, 저는…."

역시 소개를 잘했다는 생각이 들었다. 두 분이 주고받는 대화는 예상했던 그대로 그 방향을 같이 하면서 오랜 만남처럼 자연스럽게 다시 계속되고 있었다.

"목사님 말씀 중에 정부나 국민이 제 본정신을 잃어버렸기 때문에 이 사회가 혼돈스럽다고 하셨는데, 그건 옳으신 말씀입니다. 시대를 초월해서 분명한 것은 민족이 존재하는한 지도자는 민족 미래의 비전과 방향을 제시할 수 있어야 한다고 생각합니다. 그러니까 민족중건을 하기 위해서는 우리 민족이 지향해야 할 방향을 밝히고 제시해야 되는 거 아니겠습니까."

"그렇지요. 정부가 남의 정신에 놀아날 것이 아니라 나와 조국은 하나라는 개념의 정신부터 국민들에게 심어 주어야 하고, 그러기 위해서는 우리 민족 정통적인 맥을 바로 찾아 세워야 된다는 것이지요. 그랬을 때 내가 나의 주인공이라는 정신으로 민족 자주 자강의 자주 평화통일 국가를 이루고 과거 그처럼 웅대했던 우리 조상들의 고조선 시대처럼 동방의 르네상스를 다시 일으키지 않겠습니까."

"참으로 옳으신 말씀이요. 이십일 세기는 우리 민족이 세계화 시대에 걸맞는 인류 공존공영의 정도를 우리 민족 정신으로 열어나가는 심판자로 지구 나침반의 등대가 되어야 하지 않겠습니까? 그 등대가 바로 타골이 말한 동방의 등불이니까요. 생각해 보십시오. 국혼을 잃어버린 나라는 나라라고 할 수가 없지요. 얼빠진 사람을 올바른 사람이라고 할 수 없듯이 말입니다."

"맞습니다. 지금 우리나라는 아담과 이브가 우리 조상이라고 하는 얼빠진 국민들이 늘어나면서 선악을 구별하지 못했다는 에덴동산 풍경이나 다를 것이 없지요."

"핫, 하하하… 제 정신이 없으면 발가벗고 다녀도 수치를 몰랐다는 원시인간들이나 다를 게 뭐 있겠습니까. 배만 부르게 해주면 그만이라는 사고들이니까 인도의 시성 타골이 내 마음의 조국 코리아여, 깨어나소서! 했을 만도 하지요."

"일본 제국주의가 우리나라 국권을 빼앗고 점령을 했을 때만 해도 이렇게까지 조상의 얼 민족정신을 잃지 않았기 때문에 삼일운동을 일으켰고, 또 독립운동을 전개해서 그들로부터 해방을 맞게 된 건데, 지금 우리 국민들은 조국 혼이 뭔지도 모르고 살아가고 있잖습니까, 흐흥…!"

주고받는 두 분의 이야기를 듣고 있다가 그 사이를 웃으면서 끼어들었다.

"해방이 됐다지만 어쩌다가 국권을 잃어버린 미아가 돼가지고 못난 백성들이 남북분단 이 꼴, 이 지경으로 자치 민권유지조차 하지 못하고 반세기가 넘도록 소죽은 귀신 꼴이니 여기 계신 두 분께서 그 기초 기획안을 한번 세워 보시는 게 어떨까요. 물론 목사님께서 지금 출판하시는 작업 역시도 결코 작은 소명을 맡고 오신 분이라고 할 수 없지만서도 말입니다."

"그래서 제가 지난번에 하나님 질문 있사옵니다, 하고 기독혁명 양심고백을 시집으로 출간했다는 거 아닙니까. 하나님, 하나님 나의 하나님, 큰 실수하셨습니다 하고 말입니다. 핫, 하하하…."

"저도 목사님 그 양심고백 시편을 읽고 너무 놀랬어요. 우리 인간도 천지분간 못하는 어린 자식을 우물가에 세워 놓고 너 여기 들어가지마라. 들어가면 죽는다고 하는 것이나 마찬가지로 선악과는 동산에 왜 만들어 세워놓고 그 과실만은 따서 먹지마라, 먹는 날에는 정녕 죽으리라고 한 것은 하나님께서 만들어 놓은 시나리오로 그 원죄를 만들어준 원인 제공자는 여호와 하나님 아니냐고 하신 그 시편을 읽고 얼마나 웃었던지 배꼽이 달아날 뻔했지 뭐예요."

"소위 신학박사라는 사람이 그런 양심고백을 했으니 돈을 바가지로 퍼 담고 있는 교계에서 가만 있겠습니까. 그래서 그때 성직을 박탈당했다는 거 아닙니까, 흐흥…!"

"그런 일도 있으셨습니까? 참으로 대단하신 용기를 내셨군요. 성직자로서 그러기가 결코 쉽지 않은 일인데…."

김 박사님은 새삼 놀랍다는 듯이 김경 목사님을 쳐다보면서 격찬의 말씀을 하셨다. 그리고 다시 입을 열었다.

"티베트 고문헌에 전해지는 한 전설을 보면, 구약성경 내용과 다를 것이 없지요. 옛날 옛적에 그들이 위대한 선생님이라고 부르는 파드마삼바바라는 하늘에서 온 사람이 있었는데, 그는 미지의 언어로 된 많은 책을 가지고 하늘에서 내려온 후 티베트 사람들에게 하늘과 신들에 대해 가르쳐 주었다는 겁니다. 그 장면이나 여호와가 돌판에 십계명을 새겨서 모세를 통해 이스라엘 백성들에게 전하게 하고 또 그 계율을 엄하게 지키게 하면서 순종과 불순종함에 따라 복과 저주로 다스렸다는 거 아닙니까. 그것뿐 만이 아니죠. 그 백성들에게 문명된 하늘나라 과학지식 정보를 보여주고 전해준 것이 수없이 많지요. 그들이 거주할 집과 성전은 물론이고 살상무기 제작법까지도 가르쳐 주었고, 그가 하늘에서 타고 내려온 운송수단 물체 안으로 제사장들을 초대해서 함께 식사도 나누어 먹었다는 내용인데, 거기서 보여준

게 뭐였겠어요. 문명된 천상세계 그 사차원의 정보 제공으로 서양이 오늘 지구촌에 물질문명을 발전시켜 나올 수 있게 만들어 준 거 아니겠습니까. 그와 마찬가지로 티베트 사람들이 말하는 그 위대한 선생님이 하늘과 신들에 대해 가르쳐 주고 했다는 그 많은 책들을 그것이 이해될 수 있을 때까지 동굴 속에 숨겨 놓고 선택된 수제자 바이르카에게만 그 장소를 가르쳐 주고 하늘로 승천하면서 하는 말이 나를 찾으려고 하지 마라, 끝없이 시간이 걸릴 테니까 했다는 겁니다. 그러한 내용이나 그처럼 이스라엘 백성들과 직접 대면하고 세상을 살아가는 여러 가지 방법을 가르쳐 주고 하던 여호와가 성자예수 출현 이후에 어디에도 그 모습이 나타나지 않은 것이나 뭐가 다르겠습니까.

그런데 여기서 재미있는 것은 파드마삼바바가 승천하는 장면의 표현이 구약의 내용에서 여호와가 하늘을 오르고 내릴 때 운송수단이었던 그 비행물체를 당시의 사람들이 큰 까마귀 독수리 불말 불수레 그렇게 표현하고 있는 그 상황 분위기나 마찬가지로 그들 역시도 그와 다르지 않다는 겁니다. 그때 하늘에 구름과 무지개가 나타나서 아주 가깝게 접근해 왔는데 구름 속에는 금과 은으로 된 말 한 마리가 있었다고 표현하고 있지요.

그때 사람들이 하늘을 쳐다보니 파드마삼바바는 까마귀만한 크기로 보였고, 다시 쳐다보니 그는 지빠귀만하게 보였고, 그리고 다시 또 쳐다봤을 때는 파리처럼 작아 보였다는 그 묘사 표현은 구약에서 보여주는 승천 장면보다 훨씬 구체적이면서 사실적인 현장감마저 느끼게 해주고 있지요."

그 말씀을 하시고 박사님은 찻잔을 들어 목을 축이시고 다시 그 주제를 가지고 계속했다.

"독수리는 고대 신화의 전설에서 중요한 의미를 지니고 있지요. 독수리와 함께 하늘로 날아 올라간 체험담은 바빌론의 고서에도 나오는데 세계에서 가장 오래된 것으로 알려져 있지요. 바빌론의 길가메시 서사시에 영웅 길가메시의 친구 엔키두가 등장하는데, 그 내용을 전술한 아슈르바니팔 왕궁 서고에서 출토된 열두 개의 점토판에는 당대의 영웅 길가메시에 의해 우르크의 성채가 축조되었다는 겁니다. 그리고 그가 신의 후손이란 내용이 똑똑히 적혀 있지요. 그런데 재미있는 것은 폴란드에서 발행된 잡지 기술의 지평선에서 고대인도 신화를 언급한 고문서가 소개된바 있는데, 그 내용에 대해 소련 모스코바 과학아카데미 회원인 선사학자 카산체브는 '우주에서 온 방문객'이란 제목으로 독일어판 '오늘의 소련'에 연재 기사를 썼지요. 그 기사에도 구약의 내용이나 마찬가지로 정체 미상의 비행물체에 대한 고대인도의 신화가 소개되어 있는 것을 보면 여호와나 마찬가지로 당시에 각자 그 성호를 붙이고 하늘을 오르내렸던 그들이 신의 자식들이란 해석이 정답이지 않겠습니까?

그러니까 하늘나라에서 번성된 신의 자식들이 문명된 사차원의 비행물체를 운송수단으로 지구를 내방하면서 그들의 지적 설계로 물질인간을 창조하고 그 번성된 자손들로부터 생명을 주신 하나님으로 섬김을 받아왔던 것이 구약의 내용이나 다를 것이 없다는 겁니다. 동아프리카 호전적 부족인 마사이족은 신이 신인들을 낳아서 지상으로 내려보냈다고 말하고 있답니다. 그들이 오늘 서구신학 논리보다 더 합리적이고 사실적인 것이 그들의 신화에는 하늘에서 내려온 신인들이 각각 적색, 청색, 백색 및 흑색의 피부를 가졌다는 것인데, 거기에 더욱 실재적인 이야기는 그들이 서로 하나가 만들면 다른 하나가 그것을 파괴하는 이상한 짓들을 했다는 것이 바로 구약의 내용에서 보여주고 있는 이방민족과의 사이에 있었던 그 전쟁사 아니겠습니까.

그뿐만이 아니라 그들은 지상의 모든 식물과 동물은 그 신들이 하늘에서 가지고 온 것이라고 말한다는 겁니다. 그게 사실적인 것으로 이스라엘 백성들이 이집트 노예생활에서 풀려나 광야생활을 할 때 물론 거기에 까마귀라고 표현되고 있지만 비행물체였던 것으로 맛나를 실어 날라다 주어서 먹고 살았다는 것을 보더라도 그들 마사이족 이야기가 사실 확인이 된다는 것이지요. 그런 내용을 종합해 보더라도 서구신학이 성자예수 아버지로 격상시키고 있는 여호와는 지엽적인 이스라엘 종족신일 뿐이지 예수님이 지칭하신 태초 우주만물을 창조하셨다는 하나님 위상의 모습일 수가 없지요, 안 그렇습니까?"

김 박사님의 설명을 듣고 있던 목사님께서 갑자기 표정이 밝아지면서 거기에 응수를 했다.

"그런 여호와를 전지전능하신 하나님으로 믿으라니 믿어져야 말이지요. 그러니까 여호와는 문명된 하늘나라 우주인으로 지구에 내려와서 그렇게 천지 분간을 못했다는 아담과 이브를 만들어 놓고 그처럼 시험에 시험을 거듭하는 행사 모습인데…. 그런 여호와를 서구신학자들이 전지전능하신 태초의 하나님으로 믿으라니, 그건 하나님이 큰 실수를 하신 것 아니냐고 제 시집에 그 질문을 던졌던 거죠. 카핫핫핫하…."

"그 용기를 아무나 갖겠습니까? 그런데 오늘 그러한 서구신학 논리가 우리 국민들을 아담과 이브 후예로 바보 멍청이를 만들어서 제멋대로 쥐었다 폈다 가지고 놀고 있는 형국이라 민족 얼이 뭔지 국혼이 뭔지 알 필요조차도 없다는 식으로 배타를 하고 있으니 문제지요."

"이제와 생각하니 그 문제의 걸림돌이 바로 기독교를 포장하고 들어온 유대민족 뿌리역사라고 저는 봅니다. 그러니 그 논리가 다분히 의도적인 거 아니겠습니까. 이방민족과 맞수 대결에서 거짓말 잘하는 신까지 동원해서 상대방을 유인하는 전략전술까지 여호와가 그 백성들에게 가르쳐 주었다는 내용을 보더라도 말입니다. 그러니까 여호와 하나님으로부터 특별하게 선택된 민족이라고 자랑할 만도 하지 뭡니까 훗, 훗 후…."

"그래서 유대 땅에 출현하신 예수님이 그 시대 이스라엘 백성들을 걸어 다니는 송장에다가 비유하셨지 않았겠습니까. 그게 바로 물질인간 육체는 영혼의 도구라는 것인데, 당시 그 백성들은 여호와로부터 세상 살아가는 이치를 배워 물질문명을 앞서 발전시켜 나왔지만, 궁극적인 실재 영혼의 존엄성을 배우지 못했으니까 무용지물이나 마찬가지라는 뜻이지요."

"맞습니다. 그래서 예수께서 하늘을 아는 것이 지식의 근본이라고 하셨으니까요. 그러니 그 무지스러운 서구신학 논리가 하루 속히 정리되어져야 하는 거 아니겠습니까?"

"그렇게 되어져야겠지요. 이제 시절 인연에 따라 하늘의 뜻이 땅에서 이루어진다는 시대로 진입해 들어간다는 증거로 지구 축이 바뀌면서 북극 빙하가 급속도로 녹아내려서 바다가 육지가 되고 육지가 바다가 되는 현상이 과거에도 있어 왔지만, 오늘 지구 도처에서 일어나고 있다는 거 아닙니까. 그러한 현상이 모든 종교에서 말하는 지구 종말론 아니겠습니까? 그러니 지금까지 지구촌에 물질문명을 이루어 세계 중심축이었던 서양이 동양의 정신문명을 받아드려 의식전환을 하지 않으면 하늘의 뜻이 땅에서 이루어진다는 지구개벽이 오는 그 때에 살아남지를 못하게 된다는 것이지요. 그런데 재미있는 것은 우리 민족은 조상 뿌리가 세워지는 그 시작에서부터 우주를 섭리하신 대도의 법계를 배워 정신문화를 꽃 피웠던 민족이라는 거 아닙니까.

그러니 우리 민족이 미래지향적으로 하나님으로부터 선택받은 제사권 민족이라는 사실이 여러 가지로 증명을 해주는데 그게 뭔지 아십니까? 그처럼 조화로운 천상세계 하늘 섭리의 이치를 배워온 민족인데다가 새롭게 열린다는 우주화 시대에 우리 이 한반도가 세계 중심의 요람이 된다는 그 실증이 유일하게도 이북에 묻혀 있는 그 광물질이랍니다. 그게 천지합일 시대에 우주 정거장을 만드는데 유일 무일하게 필요한 보물 자원이라는 거 아닙니까. 그런데 이북이 그나마도 핵무기를 저렇게 개발해서 흔들고 있었으니까 망정이지 그게 아니었더라면 무슨 수로 지금까지 그 황금자원의 땅을 지키고 그처럼 보란 듯이 당당하게 올 테면 와봐라! 하고 큰소리를 치겠습니까."

"아, 그래서 몇 해 전에 미국이 이북에 들어가서 축제 분위기를 만들어 주면서 그 핵무기만 없애버리면 풍족하게 살게끔 경제지원을 해준다고 모개흥정을 했던 거군요, 핫, 하하하…."

목사님은 그 뜻이 이제야 알아질 것 같다는 듯이 크게 웃음을 터뜨리셨다. 그러자 김 박사님은 그 분위기에 맞추어 이야기를 계속했다.

"미국이 한반도 진주 시기에 정책은 두 개의 프로그램을 동시에 포함하고 있었답니다. 하나는 국제주의자 또는 이상주의자들의 프로그램으로 신탁통치 과정을 통해 한국을 미국이 주도하는 자본주의 세계경제 체제에 편입시키는 것이고, 다른 하나는 국가주의자들이나 현실주의자들이 갖는 프로그램으로 확실한 부분이라도 확보한다는 군사전략적 고려에 입각해서 남한만의 단독정부를 수립했다는 거 아닙니까. 그때 남한 국민들이 거기에 대응하는 민중봉기로 얼마나 많은 피를 흘렸습니까. 점령 초기 미군정은 그처럼 한국인의 의지를 전적으로 무시하는 강한 점령자 의식을 갖고 있었지요.

한국인에 의한 모든 정부적 기관을 인정하지 않고 미군 정부를 남한에 유일한 정부로 하고 행정 입법 사법관까지 완전히 장악하고 직접 통치를 시행하면서 점령 목적에 필요한 모든 물적 인적 자원을 독점적으로 활용하면서 그처럼 국민의 혁명적 민족운동을 저지하고 오로지 친미적 정권을 육성하는 것을 기본정책으로 했던 것이지요. 그러한 미군정책의 속셈을 이미 알고 있는 북측에서 경제지원을 해주겠다는 그 말에 속아 넘어가겠습니까? 어림도 없지요."

"박사님께서 제대로 보신 거 같습니다. 남반부 국민들처럼 또 얼빼기 작전으로 민족정신을 말살하려고 할 텐데 호락호락 넘어갈 리가 없지요."

연이가 거기에 응수를 하자 박사님은 그 주제를 놓고 다시 계속했다.

"서구의 이념들은 결국 서구인들의 우월적 생존권을 확보하려는 동기와 목적을 갖고 만들어질 수밖에 없는 태생적 한계를 벗어날 수가 없지요. 그 정신이 그들이 격상시켜서 숭배하는 종족신 여호와로부터 이방민족 정복무기로 전략전술 작전의 가르침을 받고 심어진 것이 그들의 민족문화 정신이니까요."

그러자 목사님 역시도 거기에 생각이 같다는 듯이 응수를 했다.

"근대 이후 유물론사관 대두로부터 비롯된 각종 주의들이 도미노처럼 붕괴되어 버린 지금 각 나라와 민족들은 생존을 위한 새로운 이념을 창출해 내고자 안간힘을 쓰고 있지요. 그러니까 지구의 유일한 분단민족으로 우리 민족 또한 그 어느 때보다도 질서를 위한 새로운 이념을 찾아내야 한다고 생각합니다. 지금까지는 우리 자신에게 적합한 이념이 아니라 주로 서구 쪽의 이념 동향에 편승해 왔고, 또 아직도 그런 경향이 두드러지게 강한편이지요. 그것은 서구인들의 우선적인 이익에 적합한 이익은 될 수 있을지언정 우리 민족을 위한 이념은 결코 될 수가 없는 것이기 때문에 폐기처분되어야 마땅한 이념들인데…. 결국 조상 뿌리를 왜곡시키고 있는 서구신학 논리에 의해서 우리 민족의 발전적 미래를 위한 이념을 창출해 낼 수가 없으니 문제인 것이지요. 결과적으로 서구의 학자들이나 정치가들 입만 쳐다보고 있는 형편이 오늘 우리나라 현실 아닙니까. 서구적 이념의 허구성을 명백히 증명하고 있는데도 말입니다."

"옳으신 말씀입니다. 오늘 우리가 새롭게 추구할 그 이념은 우리의 역사적 경험을 바탕으로 이루어져야 한다고 생각합니다. 사실 군사정부 시절에 그러지 않아도 자주통일 국가 건설을 염두에 두고 여러 가지 이념들이 제기되어 왔지요. 그 대표적인 것이 민족주의, 단군주의, 한사상 이북 김일성이의 주체사상이라고 할 수 있는데, 아무튼 그 이념 통일이 없는 사회운동은 있을 수가 없고, 또 성공할 수도 없는 것이지요. 그러니까 민족분단의 비극까지 겪고 있는 현실에서 앞으로 통일적 이념이 없는 민족통일 운동은 결코 성공할 수도 없을 뿐만 아니라 시간 낭비라고 저는 봅니다.

오늘 우리 민족을 둘러싼 세계정세는 우리가 쓸데없는 시간 죽이기나 하고 앉아 있을 정도로 그렇게 한가롭지를 못하니까요. 목사님께서도 조금 전에 말씀하셨지만 서구의 이념이 민족 우월성을 나타내려는 허구라는 게 점차 드러나고 있는데, 그와는 반대로 중국 인민들이 삼민주의에 의해서 반외세 항쟁에 힘을 모아가지고 성공을 하고 다시 대중화주의가 전세계 중국인들의 단합 구심점이 되면서 강대국으로 급부상을 하고 있으니 미국으로서는 긴장될 수밖에 없지요.

그런데 우리 대한민국은 대일본주의를 내건 일본 제국주의자들에 의해서 병탄당한 후 단 한번도 통일된 이념을 공유하지 못하고, 오히려 이미 서양에서조차 서로 대립하고 있던 허황된 이념들을 여과 없이 받아들여 통일된 행동은커녕 자중지란에 빠진 그 결과가 창피하게도 분단민족이라는 이 모양 이 꼴로 대립적인 모양새를 하고 있다는 거 아닙니까."

"한 민족 자손으로 수치스러운 일이지요. 그러니 박사님 말씀대로 민족통일 운동에 있어서 이념적 통일은 그 성패를 가늠할 수 있는 사활적 중요성을 가지고 있다는 데에는 저도 동감을 합니다. 민족주의라는 명칭은 우리 민족뿐만이 아니라 타민족들 역시도 민족보존 본능에서 서양이 극대화시켜서 내세우고 있는 것처럼 그와 유사한 형태니까요. 거기에 민족의 특수성이나 우월성을 최우선적으로 강조하는 그 대표적인 이념적 논리가 오늘 그처럼 지구촌 오색 인종의 뿌리역사를 왜곡시키고 있는 바로 그 서구신학의 문제점이라고 봅니다. 하지만 근세 서양 민족주의 발흥이 결국 세계대전으로 그 야만적 폭력성이 폭로된 이상 민족주의라는 명칭만으로는 결코 대외적으로 공감대를 형성하기는 이제 어려울 것이라고 저는 봅니다."

"그건 저도 목사님 생각과 같습니다. 민족주의 이념을 은밀하게 추구하다가 날벼락을 맞은 박대통령 시해사건이 그 실례이지만…. 그 이념의 뜻은 우리 민족의 개국조이신 단군왕검의 건국이념인 홍익인간 이화세계를 전 세계에 펼치기 위해서는 먼저 남북이 대동단결하자는 민족주의 사상인데, 그 서구사상에 깊이 물들어 있는 신앙인들로부터 거센 내부적 저항에 부딪쳐서 통일 지향적 운동에 그처럼 지난날 무지스럽게 지장을 받았던 것도 염두에 두어야 한다는 것이지요. 그러니까 민족적인 차원에서는 훌륭하지만 전체적 통일운동에서는 일단 순서상 먼저 우리 민족 뿌리역사를 왜곡시키고 있는 서구의 종교적인 논리부터 재고 정리해야 하는 것이 우리 정부가 해야 할 그 수순이라고 저는 봅니다.

어찌되었던 간에 북한체제의 김일성 주체사상은 자주국가 강성대국을 지향한다는 이념으로 현실적 분단국가에서 대외적으로 구겨져 온 민족적 자존심을 추켜세우는데, 어느 정도 효과를 본 셈이라고 할 수 있지요. 물론 해방공간에서 있었던 대외사정을 제대로 알지 못하고 다만 동족상잔의 쓰라린 역사만을 기억하고 있는 동포들로서는 받아드려지기 어려운 현실적 측면이 있음을 부인할 수는 없지만 분명한 것은 민족 주체사상은 그 누구도 거부할 이유가 없는 민족정신을 확립하자는 그 바탕을 깔고 구상된 것이 사실이니까요."

박사님의 그와 같은 남북관계에 대한 설명의 말씀에 연이도 간단하게 한마디 끼어들었다.

"그러니까 무엇보다도 남북이 같은 이념으로 단합된 민족통일 운동이 일어나야 한다는 박사님 말씀이 오늘 우리 국민들에게 주는 정답일 것 같습니다."

"사실 제가 군사정부 시절 한국에 초빙을 받고 흔쾌히 들어온 것도 그 때문입니다. 민족통일에 이르는 길은 먼저 남북이 대동단결해서 국가연합을 이루었을 때 그동안 남북분단으로 소모적인 남북 군축비가 반 이상으로 절감될 것은 당연한 일 아니겠습니까. 그렇게 절감된 군비용 자금을 민족적 기금으로 활용하여 자주적 경제 기반을 확고하게 다져 증진시키게 되면 민족 공동체적 이익을 도모할 수 있는 일이니까 거기에 그 누구도 거부할 이유가 없는 것이지요."

그토록 민족중흥에 심혈을 기울어 오셨던 박사님의 사상적인 의지가 더욱 존경스러워지면서 그 말씀에 응수를 했다.

"박사님께서 남북이 대동단결해서 민족통일을 이루어야 한다니까 말씀인데 우리 한민족은 조상 뿌리에서부터 하늘의 이치를 배로 통달해서 배워 온 민족이라는 뜻에서 배달 한민족이라고도 했다지 뭐예요. 그러니까 우리 배달 한민족 정신을 바로 찾았을 때 민족을 초월해서 혼돈에 빠져 있는 전 세계 인류를 고조선 시대 우리 민족 홍익인간 조화의 정신사상 속에 참여시켜 구원해야 할 역사적인 소명이 우리 배달민족에게 있다는 거 아니겠냐구요. 민족을 초월해서 서로 조화를 이루고 선량한 마음으로 돕고 살자는데, 어떤 신앙인들로부터도 반발을 살 일도 없을 테니까요.

저도 우리 민족 뿌리역사를 좀 알아야겠다고 생각하고 나름대로 공부를 하다가 놀라운 사실을 발견했지 뭐예요. 서구신학이 극격화시키는 여호와 하나님은 이방민족과 맞수 대결로 전쟁을 주도했던 것을 보면 예수께서 이웃과 서로 화목하고 평화를 이루라는 진정한 참 하나님의 정신이 아니잖아요?

그런데 우리 한민족 뿌리에서부터 배워온 조화의 정신은 기독교 스승 예수께서 말씀하신 만민을 평등하게 사랑하신다는 그 하나님 정신과 조금도 다를 것 없이 일치되는 논리드라구요. 그러니까 문제는 예수님 말씀대로 시대 구별을 해서 여호와가 마치 골목대장 모양으로 그 백성들을 이끌고 행사를 이루던 구약의 세계관과 성자예수께서 설파하신 천국복음 신약의 세계관을 나누어 볼 줄 아는 지혜를 이 시대에 열어 주어야 한다는 것이 먼저 해야 할 수순이 아니겠어요? 그처럼 유대민족 우월성을 나타내려는 코레라 같은 서구신학이 우리 민족 뿌리를 찾는데 철저하게 걸림돌이 되고 있으니까요. 그 문제점을 목사님께서 양심고백으로 들고 일어나신 일은 정말 역사적으로 남을 일이라고 저는 생각한답니다. 그게 기독혁명을 가져와야 한다는 논제가 아니겠어요? 핫, 하하하…."

"맞습니다. 그렇게 혼합된 서구신학이 정리되어져야 지구촌에 사상대립적인 전쟁이 종식되고 예수께서 말씀하신 하늘의 뜻이 땅에서 이루어진다는 평화로운 지상낙원 세계가 펼쳐지지 않겠습니까. 그 일에 목사님께서 선봉장이 되셨다는 게 어디 예사로운 일입니까. 그 사명을 받고 오지 않으셨으면 감히 엄두조차 내지 못할 일이지요."

박사님 그 말씀에 다시 응수를 했다.

"저도 사실은 지난날 그러한 기독신학 논리에 꽁꽁 묶여 있어가지고 우리 뿌리역사는 무조건 허구적인 단군신화라고 읽어볼 생각조차 하지 않고 배타를 했었지요. 그런데 우연하게 박정희 대통령 시절에 청와대를 출입했다는 이대감이라는 분을 잡지사에서 만나게 됐던 것이 인연으로 우리 뿌리역사를 공부하게 됐지 뭐예요."

"그 분 성함이 어떻게 되시죠?"

이름만 대면 알 것 같다는 김 박사님의 표정이었다. 하지만 그 이대감이라는 분은 끝까지 자신의 이름을 밝히지 않았다. 다음에 그 친구 되신다는 분을 통해서 알게 됐지만 그분은 당시 규장각을 관리하셨던 분으로 아무튼 만나보기가 쉽지 않은 분이라고 했었다.

그런데 그분과 만남의 인연이 우리 민족 뿌리역사를 공부하게 해준 계기가 되면서 〈개천 그리고 개국〉이라는 작품을 쓰게 되었고, 또 그 작품이 그분을 통해 초대 문교부 장관이셨던 안호상 박사님의 추천사를 감히 얻게 해준 행운을 가져다 주기도 했었다.

안 박사님께서는 그 추천의 말씀에서 남자도 아닌 여자의 몸으로 우리 민족의 뿌리역사를 공부하고 작품화시켰다는 것만으로도 대단한 일이라고 격찬을 해주셨다.

〈한 나라의 민족혼은 문화와 역사를 바탕으로 한다. 우리는 세계 최고의 문화민족으로서 찬란한 금자탑을 이룩한 배달민족임을 자랑한다. 혼탁한 세기에 세기를 주도해 나갈 민족으로서 우리의 역사를 올바르게 알고 자신의 위치를 찾아야 할 때다. 그래야만 주인정신이 투철하며 주체적인 선구자로서 후손들의 영광된 조국을 물려줄 수 있을 것이다.

과거 몰지각한 해바라기성 몰지각한 인사들의 사리사욕으로 인하여 병들고 파괴된 민족문화의 족보를 바로 찾고 세우는 일에 힘써 온 본인으로서 한승연 작가의 〈개천開天 그리고 개국開國〉이라는 이 작품의 제목만으로도 본인을 감동시켰다. 중국해독中國害毒인 중독과 왜정 해독, 서양 해독인 양독 등 3독에 정복된 자칭 지식이라는 자들의 망국적 사관과는 달리 힘차게 흐르는 한민족의 맥을 한 소설가에 의해 많은 청소년들에게 뿐만 아니라 우리 배달국민에게 조상의 성스러움을 깨우치게 되었음을 참으로 다행스럽게 생각하는 바이다.

한 민족의 뿌리가 굳건하게 섰을 때 그 후손들은 그것을 바탕으로하여 굳건하게 일어선다. 그 뿌리야 말로 그 민족의 힘이며, 지혜이며 이어받은 민족의식의 발로일 것이다.

나는 한승연 작가의 〈개천 그리고 개국〉을 읽으면서 우리의 빼어난 역사의식을 바로 볼 수 있었으며, 이 작품이 개진하고 있는 작가의 의도에 대한 놀라움을 금할 수 없었다. 우리는 모두 한 몸으로서 곧 한 뿌리에서 비롯된 한 몸인 것이다.

그것은 세계의 어느 민족에서도 찾아볼 수 없는 유일한 한얼님의 사상, 그 실체인 것을 우리는 이 작품에서 충분히 밝혀낼 수 있다. 모든 문화와 역사는 궁극적으로 민족주의를 바탕으로 하고 있다. 민족을 떠나서는 그 어떤 문화도 역사도 그 빛을 잃어버리게 마련이다.

나는 이 〈개천 그리고 개국〉을 읽는 이들로 하여금 조국의 진실을 깨닫는 일에 큰 힘이 되어 줄 것을 믿어 의심치 않는다.〉

단기 4321년(1988년) 7월

초대 문교부장관 안호상 씀

그때 그 이대감과의 만남의 끈으로 이어져서 그처럼 초대 문교부장관이셨던 안호상 박사님으로부터 추천의 글을 감히 받을 수 있었다는 것은 결코 우연한 인연이 아니라, 하늘이 깨우침을 주고자 하신 커다란 축복이었음이 분명했다. 그로부터 우리 민족 뿌리역사를 왜곡시키고 있는 서구신학 논리에서 가감하게 벗어날 수 있게끔 정신적인 변화를 가져오게 해주었기 때문이다.

배달한민족의 개천과 개국

불가佛家에서 옷깃만 스쳐도 전생前生에 인연이 있다는 것이 인과응보因果應報에 의한 인연법이라고 했다.

생각해 보면 기독혁명을 외치신 김경 목사님을 만나게 된 것이나, 또 카이스트 김상봉 박사님을 출판사를 통해 만나 뵙게 된 것도 그랬지만, 규장각을 관리하면서 군사정부 시절 청와대를 출입했었다는 그 이대감을 만난 것 역시도 결코 우연한 인연은 아닌 것 같았다.

그 분과의 만남에서 주고받은 주제의 이야기는 참으로 정신개벽 그것이었다. 그분을 잡지사 〈월간 한복〉 발행인실에서 처음 만나 인사 소개를 받고 마주 앉았을 때였다. 발행인은 분명히 그 잡지에 소설을 연재하고 있는 작가라고 소개했었다.

그런데도 그분은 시인이라고 호칭해 부르면서 다소 진지한 표정으로 말을 건네 왔었다.

"시인님께서는 이제 하나님 실상의 본체를 아셔야 할 때입니다. 그래야 내가 누구란 것을 알고 주어진 소명을 다하실 테니까요. 저를 여기서 우연히 만난 것이라고 생각하십니까?"

어리둥절해졌다.

"주어진 소명이라뇨…?"

"그게 각 사람이 운명적으로 이 세상에 받고 태어난 몸 기운 에너지로 그 길을 간다는 팔자 굴레라는 것입니다. 그러니까 매듭을 풀고 가야 할 숙제라는 것이지요."

살포시 웃음이 나왔다. 처음부터 자신이 고달픈 작가의 길을 가고자 스스로 선택한 것은 아니었기 때문이다. 그런데 다음으로 이어지는 그분의 말이 정신을 그쪽으로 집중하게 만들어 주었다.

"참된 우주의 주재자는 계신 모양 같지만 모습을 보기는 어렵지요. 유정하시나 형상이 없으신 영적인 밝은 빛으로 태초의 근원이라고 해서 환인이라고 했다는 겁니다."

"어머, 환인이라뇨…?"

처음에는 무슨 말인지 도무지 이해가 되지 않아 눈만 껌벅거렸다. 그러나 그런 표정쯤은 아랑곳하지 않는다는 듯이 무시한 채 거기에 대해서 설명을 하기 시작했다.

"우리 배달민족 조상들이 배워온 음양 조화주 하나님 천궁은 물질적 천지와 영적인 천지와 자연적 섭리를 총괄하는 지극한 자리이기 때문에 마음을 비워야만 비로소 그 환인 하나님을 볼 수 있다는 것입니다."

태초의 성부 하나님이 환인桓因이라니, 처음 그 이야기를 들었을 때는 여호와를 성부 하나님으로 알고 믿어왔던 기독교적인 사고思考의 틀 속에 갇혀 있었기 때문에 얼른 이해가 되질 않아 머릿속이 멍멍했다. 하지만 그 또한 어찌되었거나 공부라는 생각에서 듣고만 있었다.

다음에 알게 된 일이었지만 잡지사 발행인의 귀띔에 의하면 그분은 군사정부 시절 종교판 암행어사로 이판저판을 돌아다녔을 정도로 예사롭지 않은 지식을 보유하고 있을 뿐만 아니라, 염력의 관심법으로 상대방의 마음까지도 읽어낸다는 분으로 '대감'이라는 칭호가 붙여진 것이라고 했다.

그래서 처음에는 그 어떤 신이 들린 사람이라고 생각하기까지도 했었다. 그만큼 그는 상대방의 종교관이 무엇이란 것까지도 알고 그 주제를 들고 말을 건네오는 데는 여간 놀랍지가 않았다.

"태초에 이 우주는 혼몽한 암흑이었지요. 창세기에 보면 혼몽한 속에서 이름 없는 무형체로 하나님 신이 등장하지 않습디까. 그 존체가 바로 양적으로 밝은 우주 근원의 원인자라고 해서 우리 조상들이 환인이라고 했답니다. 성부 하나님을 나타냄이지요. 그럼 여기서 우리가 우주 근원을 한번 생각해 봅시다. 창세기 첫 장에서 하나님의 신이 수면을 향해 운행하셨다는 행사력을 보이는데 그 수면이라는 뜻이 뭐라고 생각하시오?"

뜻밖의 질문에 머릿속이 어지러웠다. 그 부분에 대해서 전혀 생각해본 일조차 없었기 때문에 멋쩍게 웃고만 있었다. 그러자 이대감은 그럴 줄 알았다는 듯이 웃으면서 말했다.

"그게 오늘 서구신학의 문제점이란 겁니다. 태초의 천지부모 성부 하나님 자리에 유대민족 종족신 여호와를 올려놓고, 성모 하나님 자리에 목수 요셉의 아내 마리아를 앉혀 놓고 태초의 천지부모 성부와 성모라는 그 논리를 펴고 있으니 그게 이치적으로 말이나 되는 소립니까?"

사실 논리적으로나 이치적으로 틀린 말이 아니었다. 하지만 그때까지도 서구신학 논리에 오래도록 묶여 있었던 머릿속이 처음에는 얼른 이해가 되지 않아 바보처럼 웃고만 있다가 불쑥 한마디 했다.

"바보를 만드는 방법도 여러 가지네요, 홋, 홋후…."

"바보가 따로 있답니까? 논리적으로도 맞지 않는 말을 듣고 앉아서 고개 끄덕거리고 앉아 있는 신도들 모두가 똑같은 수준급들이죠. 그럼 여기서 생각해 봅시다. 창세기 첫 장에 하나님의 신과 수면이 묘사되고 난 다음 세 번째로 빛이 등장하는데 그 원리가 뭐라고 생각하시오?"

"글쎄요, 그 부분에 대해서는 이제까지 설교를 들어본 적이 없어서…."

"핫, 하하… 하긴 눈먼 몽학 선생이 눈먼 장님들한테 뭘 가르쳐 주겠소. 그러니 함께 구렁텅이로 빠진다는 거 아닙니까, 요한 계시록에…."

갈수록 태산이라더니 그런 기분이었다. 맹하니 쳐다보고 앉아서 웃고만 있었다. 그러자 그 부분에 대해서 다시 설명을 하기 시작했다.

“수면이라고 표기를 하고 있지만 실상은 물질을 형상화시키는 만물의 모태 자리로 음적 기운이 포만 상태를 이루고 있음을 나타내 주고 있는 거랍니다. 말하자면 수면이란 묘사는 성모 하나님 입지라는 거요. 그러니까 성부 하나님이 성모 하나님을 향해 가는 것을 운행하심이라고 한 것이지요. 그 부분이 태초의 이성 그 천지부모 성부와 성모의 첫 만남으로 우주 영과 혼의 랑데부를 묘사한 거 아니겠소이까. 그 원리가 바로 본 자연하신 음양 천지부모 하나님 자연섭리의 이치라는 거요. 그렇기 때문에 천신과 지신으로 연결 고리를 잇고 있는 자연이라는 인간 역시 마찬가지로 남녀가 성숙하면 누가 시키지 않아도 자연적으로 이성을 그리워하면서 열을 올리고 발광들을 하는 게 바로 그 이치라는 거요. 그러니까 태초 만물의 우주원소 그 음양 천지부모 사랑의 에너지가 서로 끌어당겨 합일체로 마찰을 일으켰을 때 뜨거운 열이 발생했다는 게 뭐겠소?

그 에너지가 우주원소로 보시기에 좋았다는 분자로 생명력을 갖춘 빛의 아들이 탄생했다는 이치 아니겠소이까. 창세기 첫 장에 등장하는 우주근본 원리가 바로 그거요. 태초의 천지부모가 음양 이성으로 양적으로 밝고 뜨거운 것은 성부의 입지로 하나님 신이고, 어둡고 찬 것은 음적인 성모님으로 수면이라고 표기하고 있는 거요. 그 창세기 첫 장이 태초 우주근원 천지부모 자리라고 해서 우리 조상들이 조화주 하나님이라고 한 거요.”

“이치적으로 조화주 하나님이 맞네요, 그죠?”

“그렇지요. 그러니까 거듭 말하지만 성모 하나님 음극과 성부 하나님 양극이 서로 상대성을 나타내는 상징성이 우리 동양철학에서 말하는 그 태극원리라는 겁니다. 그러니까 음양 천지부모 영과 혼이 일심동체를 이루는 마찰에 의해서 튕겨져 나왔다는 게 바로 그 조화주 하나님께서 보시기에 좋았다고 하는 사랑의 분자적 칠색 빛으로 우주만물을 창조하신 조화주 하나님 능력의 생명력이라는 것이지요."

"어머! 지금 말씀하신 설명을 듣고 보니까 이제 좀 이해가 되네요, 그 창세론이…."

순간 예수를 하나님의 아들로 증거하라는 사명을 받고 왔었다는 요한의 증거 성구가 문뜩 떠올랐었다(요한복음 1장 1~5).

〈태초에 말씀이 계시니라. 이 말씀이 하나님과 함께 계셨으니 이 말씀은 곧 하나님이시니라. 그가 태초에 하나님과 함께 계셨고, 만물이 그로 말미암아 지은바 되었으니 지은 것이 하나도 그가 없이는 된 것이 없느니라. 그 안에 생명이 있었으니 이 생명은 사람들의 빛이라. 빛이 어둠에 비취되 어두움이 깨닫지 못하더라.〉

난해하던 그 성구가 새롭게 이해가 되면서 가만하게 말했다.

"그러니까 그 뜻이 태초의 조화주 하나님 사랑의 빛이라는 분자적인 성자들로 만물을 창조하신 하나님 능력을 발휘한 생명력이기 때문에 예수께서 나는 참 빛이라고 하셨고, 내가 아버지 안에 아버지가 내 안에 함께 있어 그 만물을 지으셨다는 말씀이 이제야 이치적으로 이해가 되는군요."

"생각해 보십시오, 오늘 현대인들도 그 창세론 성구를 놓고 이해하기가 결코 쉽지 않은데 하물며 구약시대 이스라엘 백성들이 그 엄청난 말씀을 어떻게 받아들이고 깨달을 수 있었겠습니까."

"하긴 그렇지요. 그러니까 예수님이 그들이 절대자 천주 하나님으로 믿고 있는 여호와를 본질상 하나님이 아니라고 하시면서 너희를 그 굴레에서 벗어나 자유함을 얻게 해주러 왔노라고 하니까 이단의 괴수라고 십자가에 매달아야 한다고 했다는 거 아닙니까."

"그러니 그 시대에 예수님을 하나님 아들로 증거하라는 소명을 받고 왔다는 세례 요한이 빛이 어둠 세상에 비취되 어두움이 도무지 깨닫지 못하더라고 할만도 하지요. 핫, 하하….”

역시 성경을 제대로 읽고 이해하고 있는 분이라는 생각이 들었다. 이야기는 다시 계속되었다.

“그처럼 이치에 어두운 현상은 그때나 지금이나 다를 것이 없지요. 태초의 하나님 그 빛의 아들이라는 성자예수를 이방민족하고 맨날 싸움이나 붙인 여호와 아들 계보에다 묶어서 서양민족 우월성이나 높여보자는 그 논리 그대로를 의심 없이 받아드려 믿고 앉았으니 눈먼 장님이 따로 있는 게 아니지요. 그러니 서양에서는 십자가에 불을 켜고 있던 교회 성전들이 텅텅 비어서 팔려나간다는 겁니다. 그런데 오늘 우리나라는 오히려 반대로 한 집 건너 교회 성전이 세워지고 있다는 거 아닙니까. 성경을 제대로 읽어본 지식인들이라면 그 헛소리를 듣고 앉아 있겠습니까?”

이 대감의 그 말에 웃음부터 터져 나왔다. 그 모습이 지난날 ‘여호와는 나의 목자시니 내게 부족함이 없으리로다, 할렐루야 아멘!’ 하던 자신의 모습이었기 때문이다.

그 지론에 공감대를 같이 형성해 주는 분위기에 이대감은 그 주제를 들고 다시 입을 열었다.

“그러니까 태초의 조화주 하나님 보시기에 좋았다는 그 칠색 빛이 분자적인 칠성님으로 성자의 개념인거죠. 하지만 서구신학에서는 그 진리체 성자 또한 오직 독생자로 예수뿐이라고 하지 않습니까. 성경에 표기된 독생자 개념은 누구에 의해서가 아니라 본자연으로 스스로 존재하신 조화주 하나님 빛의 아들임을 말하는 것인데, 그 빛이 어디 한 색깔뿐이요? 각기 그 기능을 달리한 칠색으로 그 으뜸 도맥이 바로 양적인 성부 불기운으로 성자예수가 내 아버지 하나님은 사랑이라고 한 그 기독교 정신이라는 건데 말입니다….”

“아, 그래서 성서에 예수님을 하나님의 머리라고 한 거군요.”

“그것보세요. 그 성부 하나님 머리 도맥이 기독교 정신으로 만민평등의 사랑이라는 건데 이스라엘 종족신 여호와가 그처럼 이분법으로 상대방과 능력을 겨루어 보이는 그 정신이라면 아들 역시도 맨날 이방민족하고 맞수 대결이나 시켜서 전쟁의 연속일 텐데 그게 이치적으로 어디 말이나 되는 소립니까?"

"듣고 보니까 그렇네요. 예수께서는 평강의 왕으로 나는 아버지 일을 행하러 왔다고 하셨으니까요, 어쩐지…."

"그렇게 신도들에게 혼합된 쑥물을 먹여서 정신을 혼미시키고 있는 게 오늘 그 허구적인 서구신학 논리라는 겁니다. 생각해 보십시오. 그 논리가 기독교 스승 말씀을 듣고 믿는 자는 살아나리라고 한 그 영생수란 말이요?"

사실 논리적으로도 그렇지만 이치적으로도 많은 의문을 던져주고 있는 설교가 그것이었기 때문에 고개가 끄덕여졌다.

"어쩐지…. 그 성서 해석이 맞지를 않았지만 의심은 죄라고 무조건 믿어야 된다고 하니까 어쩌겠어요. 무조건 믿었지요."

"그게 문제라는 겁니다. 지구촌에 물질과학 문명을 발전시켜 나온 서양이 그 창세론을 과연 이해하지 못해서 그렇게 이방민족하고 전쟁이나 붙여온 여호와를 태초에 우주만물을 사랑으로 창조하셨다는 그 성부 하나님으로 격상시켜서 해석한다는 게 말이나 되는 소립니까? 거기엔 다분히 그 어떤 의도적인 목적이 있는 거죠. 하긴 그게 그들 조상신 여호와로부터 심어진 민족정신 표출이니까 어쩔 수 없는 거지만, 킁!"

"역시 종교판 암행어사 노릇을 할만도 하셨네요. 하긴 성서계시록에 천지가 개벽하기 전에 성경이 다시 쓰여지게 될 것을 암시해 주고 있더라구요. 그리고 그때에 예수님을 이단의 괴수로 십자가에 매달았던 이스라엘을 다시 회복시켜 준다는 것이 뭔가 했더니 서구신학 논리가 재정립되면서 정신개벽을 시켜준다는 거 아니겠어요?"

"그게 천기운행이니까 그렇게 될 것으로 믿습니다. 또 그렇게 되어져야 지구촌 전쟁을 종식하고 이 땅에 평화를 가져오는 인류 구원으로 천지부모 하나님이 바라시는 지상낙원 세계가 이 땅에 이루어지질 않겠습니까. 그러자면 먼저 그처럼 무지스럽게 해석하고 있는 그 서구신학의 성삼위론부터 재정립되어져야겠지요. 그래야만이 태초의 빛이라는 칠성님의 존체를 제대로 이해하게 되면서 태초의 하나님 그 우주 섭리역사를 바로 알게 될 테니까요. 하지만 그 원리를 우리 민족 뿌리 조상신 환웅천제님으로부터 배워온 우리 조상들이었기 때문에 세계 속에 유일하게 칠성각을 세워놓고 좋은 자손을 점지해 달라고 칠성님께 빌어왔고, 또 자손이 태어나면 일곱 색 색동저고리를 지어 입혔다는 거 아닙니까. 그 이치가 현대과학과 맞물리는 빅뱅론의 이치로 만물의 생명력이 그 일곱 색 빛이라는 것이지요."

처음 들어보는 생소한 논리의 이야기였지만 그러나 성경적으로나 이치적으로 너무나 합리적이어서 새삼 놀래고 있었다. 이야기는 다시 그 주제를 가지고 이어졌다.

"그러니까 천하 만물이 태초에는 아무것도 없었던 둥근 도로방 모양의 공의 상태였었기 때문에 성경 창세기에서 태초에 하나님이 천지를 창조하실 때에 공허하며 흑암이 깊음 위에 있었다는 묘사가 바로 그 이치 아니겠습니까? 그 다음으로 이름 없는 무형체의 하나님 신이 등장하고 뒤이어서 수면을 향해 운행하심으로 보시기에 좋은 빛이 나왔다는 원리가 바로 우리 조상들이 배워온 천부경 속의 석삼극무진본이라는 뜻이라는 겁니다. 말하자면 성부와 성모, 성자 삼신이 일체가 되어서 여섯 단계 수순으로 해와 달이 음양 상생의 순서에 따라 드러나면서 우주만물이 이루어졌다는 그 이치를 우리 배달민족 단독경전 천부경에 대삼합육이라고 한 것이랍니다."

그 말을 하고 이대감은 앞에 놓인 종이에 삼진일체三眞一體라고 써 보이면서 그 주제를 가지고 설명을 다시 계속했다.

"이 삼진일체라는 뜻이 서구신학에서 아직도 제대로 정립을 하지 못하고 그처럼 당치도 않은 뚱딴지 모양으로 헛소리를 하고 있는 그 성삼위론이지요. 그 논리가 우리 조상들이 말한 삼태극 원리로 그 기운이 살아 움직이는 숨소리가 장엄한 생명력의 진동 소리로 천악성이라고 한 것이고, 태초의 말씀이라는 음양 조화주 하나님 기파 감정을 로고스라고 한 거요."

"아, 그래서 창세기에 태초 하나님의 말씀이 단계적 수순으로 빛이 있으라고 하시었고, 그 빛을 낮과 밤으로 가르고, 또 궁창 아래의 물과 궁창 위의 물로 나눠서 궁창 위의 물을 하늘이라 하시고 궁창 아래 물을 한 곳에 모이게 해서 드러난 땅에 각종 풀과 씨 맺는 채소와 과목을 종류대로 내게 하신 그 다음날 하늘의 궁창에 주야를 나뉘게 하는 해와 달 두 큰 광명을 만들어 주관하게 하시고 또 그 두 광명으로 하여 징조와 사시와 일자와 연한을 이루라고 하셨던 거군요."

우주근본 원리에 대한 이대감의 설명이 성경(창세기 1장)의 논리와 그렇게 새롭게 부합되어지면서 비로소 긍정적으로 말문이 열리기 시작했었다.

이대감은 이제야 이해가 되느냐는 듯이 웃으면서 그 주제를 들고 다시 계속했다.

"그 두 광명으로 징조와 사시와 연한을 이루게 한다는 그 원리가 동양철학의 진수로 그 사람이 태어난 해와 달 그 연한의 일자를 보고 그 사람의 운명이 어떤 에너지 기운을 받고 이 세상에 태어났는지를 짚어보게 한다는 거 아닙니까. 뿐만 아니라 우리 조상들이 말해온 관상학 역시도 그 이치를 나타내 주기 때문에 그 사람 정신 얼이 들어있는 얼굴 상판을 보라고 한 뜻이 바로 그거였던거요. 그 얼굴이란 게 뭐겠소. 그 사람 정신 얼이 담긴 얼굴이란 말인데 그 얼굴을 우리 조상들은 칠성판이라 한 거요. 두 눈에 두 귀, 그리고 두 콧구멍에 입이 하나로 그게 본자연의 이치라고 해서 우리 조상들이 망자 시신을 담은 관을 칠성판이라고 했다는 겁니다. 그게 우주과학 원론인 것을 모르고 미신이라고 배타를 하는 서구신학자들이라는 거 아닙니까, 흥…! 생각해 보십시오. 진리의 실상이 아닌 것을 미신이라고 하는 것인데 진짜 미신은 즈네들이 믿고 앉아있는 여호와 숭배사상이 미신이라는 것도 모르고 공염불하고 앉아 있으면서 말입니다."

순간 퍼뜩 예수께서 그 이스라엘 백성들을 향해 하신 말씀의 성구가 떠올랐다.

"아, 그래서 하나님의 실상을 모르고 본질상 하나님이 아닌 여호와를 천주 하나님으로 믿고 섬기는 얼이 빠진 그 백성들을 예수께서 너희는 회칠한 무덤이라고 하시고, 또 걸어다니는 송장이라고 하셨던 거군요."

"핫하하… 바로 그 이치라는 거요. 그래서 우리 조상들이 사람의 도리를 모르고 질퍽대는 사람을 보고 하는 욕이 얼치기 바보, 얼빠진 년, 얼빠진 놈 했던 거요. 그게 바로 걸어다니는 송장으로 제 정신이 없는 귀신 집이란 거 아니겠소. 그런데 오늘 우리나라 풍경이 어떻소? 제 정신 얼이 빠져 놓으니까 그 노랑머리 서양귀신 집이 되가지고 아담과 이브가 조상이라는 이야기 아니겠소. 그래, 군사정부 시절 이야기지만 우리가 서양귀신한테 놀아나서는 안 되겠구나 하고 먼저 노랑머리 장발족 단속을 엄히 하고 거기에 또 우리 민족정신 얼을 되찾아야겠다고 하다가 서양귀신한테 홀린 놈한테 그만 억울하게 한 방 맞고 가고 말았지만 그 한 맺힌 영혼이 눈을 제대로 감고 가셨겠소? 구천을 떠돌지, 흐흥…!"

그 말을 하는 표정이 무척이나 어두워 보였다. 그 마음이 전이되어 오면서 코끝이 찡해 왔다. 잠시 분위기가 무거워면서 사이를 두고 이대감은 가만하게 다시 입을 열었다.

"그러니 오늘 우리가 해야 할 일이 뭐겠소. 이제 우주화 시대로 돌입해 들어가는 정신문명 시대가 열린다는 겁니다. 그러니 제발 그 헛소리 하고 있는 서양귀신부터 제 정신으로 본집 찾아가게 그 길을 붓대로 가르쳐 주어야 한다는 것이지요. 그래야 그들이 우리 조상신한테 그동안 미안했다고 꾸벅꾸벅 절을 하고 가던지 아니면 우리 민족에게 주어진 하늘 일을 지극 정성으로 돕던지 할 것 아닙니까."

"이제야 서양이 낳은 철인 토인비가 다시 태어난다면 동양철학에 심취해 보고 싶다고 했다는 말이 이해가 될 것 같군요."

"그만큼 동양철학은 차원이 높은 우주과학 원론이라는 겁니다. 그러니까 태초의 물질생명 탄생의 음률이 곧 색과 조화를 이루는 운행의 음파로 음양 이성의 첫 움직임이 파토스라는 율여성으로 이 기파가 어우러져 물질이 생겼으니 비로소 뭇별들과 땅이 생긴 것이지요. 이렇게 하늘과 땅이 한 몸체를 이룬 균형의 조화로 대대불휴하는 우주가 완성되었기 때문에 천지는 우주를 총괄하시는 하나님의 몸체다 그겁니다. 그러니 태초 천지부모 조화주 하나님 영혼의 혼신 아니겠습니까, 흠…."

그리고 찻잔을 들어 목을 축이고 난 다음 다시 그 부분에 대해서 설명을 계속했다.

"이러한 동양철학의 원리가 성모 하나님의 혼은 물질운행의 기로 물체적인 윤회사상이고, 성부 하나님 신은 완성을 목적으로 하는 천도라는 개념이 바로 음양 태극으로 이 음극과 양극은 각각 자존하면서 그 기운을 돌리고 있기 때문에 우주만물이 조화주 하나님의 한울 속에서 미완성에서 완성을 향해가는 생명들의 행진은 정법수행을 해야 하는 구도의 길인 것이지요.

그래서 물질인간뿐만이 아니라 이 거대한 지구 역시도 물체기 때문에 완성을 향해 그동안 몇 차례에 걸쳐 바다가 육지가 되고 육지가 바다가 되는 그런 개벽현상이 과거에 실제로 있어 왔었음을 현재 지구촌 지질학자들이 발견해 내고 그 증거물을 방송 뉴스에서 여러 차례나 보여주고 했었던 거 아닙니까.

그 이치를 일곱 성현들께서 시절에 맞추어 이 땅에 출현하셔서 그 하늘 섭리의 운행이치를 낱낱이 가르쳐 주고 가셨는데도 그 말씀의 뜻이 무엇인지 아직까지도 모르고 잠꼬대 같은 헛소리들이나 하고들 앉아서 돈 나와라 뚝딱! 그 모양들이니 한심하다는 거죠. 그 완성의 목적을 향해 가고 있는 조화주 하나님의 섭리 그 태극원리가 무엇인지도 모르고들 앉아서 큥…!"

"그러니까 우리나라 국기 모양이 태초 우주원리를 상징한 음양 태극으로 상당히 깊은 뜻이 담긴 것이네요, 그죠?"

"그 태극을 처음부터 우리나라 국기로 쓰려고 했던 건 아닙니다. 그러니까 고종 때에 부마인 박영효가 일본 사신으로 가면서부터였지요. 나라를 상징하는 국기가 있어야겠는데 어쩔 수 없이 궁여지책으로 태호 복희가 우주 역을 만들기 위해서 그려낸 태극 그림을 들고 일본으로 건너갔지요. 그때부터 우리나라를 상징하는 국기가 된 것이랍니다."

"그러고 보면 세계 어느 나라 국기보다 우주의 근본원리가 담긴 성스러운 국기네요."

"그런 셈이지요. 하지만 그 또한 우연한 일은 아닐 것입니다. 하늘의 뜻이 우리 이 한반도에서 이루어진다는 것이 동서로 오고간 성현들의 예언의 말씀이니까요. 엄청난 일이지요."

그 말을 하고 이대감은 잠시 사이를 두고 무엇을 생각하는 듯하다가 다시 입을 열었다.

"우리 조상들이 불러온 민요가락이 왜 아리랑인지 아십니까?"

"……?"

갑작스런 질문에 눈만 말똥거렸다. 남녀 이별의 안타까운 애환의 마음을 엮어 담은 정한의 노래로만 알고 있었기 때문이다.

그래서 가사의 분위기에서 느껴진 그대로를 말했다.

"옛날에 어디 아리랑 고개가 있었던 거 아녜요? 거기서 남녀가 이별의 안타까움을…."

"됐습니다, 핫, 하하하… 그 아리랑 고개는 말입니다. 우리 조상들이 천궁으로 가는 길을 아리랑 고개라고 했답니다. 그만큼 알쏭달쏭 굽이굽이 눈물을 흘리게 한다는 것이지요."

"어머, 그러니까 험하고 가파른 인생살이가 아리랑 고개라구요?"

"그 뜻은 하늘과 땅과 사람이 한데 어울려서 티 없이 밝고 밝은 하나님과 한 몸체가 되기 위해서 그처럼 애닮은 인생 고개를 눈물을 흘리면서 넘어가고 있다는 뜻이지요.

그러니까 그 아리랑 가사의 내용은 만법의 근원 원리를 담고 있는 내용으로 말하자면 인간들이 추구해야 하는 이상향 파라다이스 유토피아로 하늘나라 극락 진리의 세계로 표현되고 있는 것입니다. 우리 조상들이 생활 속에서 그처럼 흥얼거린 아리랑은 천부인 삼태극 작용을 이해하고 사용해 온 노랫말로 이상향의 진리를 육두껍질을 쓰고 있는 인간들이 알 것 같으면서도 모르고, 잡힐 것 같으면서도 잡히지 않는 상태로 우리가 흔히 어떤 것을 알 것 같으면서도 확실히 꼭 짚어서 말할 수 없을 때 아리까리하다, 아리숭하다, 아리다, 이런 표현을 쓰지 않습니까. 그 가사에서 낭朗은 밝은 진리라는 뜻이지요. 그러니까 그처럼 알 듯 모를 듯 아리까리한 천궁길, 그 고개를 눈물로 넘어가고 있다는 말하자면 인생 생사윤회의 수생길이 애달프다는 노래 가사지요."

"어머, 그것도 모르고 어디 아리랑 고개가 있었던 거라고 생각했지 뭐예요."

"있는 것은 분명히 있는 것이지요. 인간의 죽음 저편 하늘나라가 살아 있는 우리에게 좀 아리송합니까? 그러니 아리랑 고개일 수밖에 없지요. 그래서 불교의 스승 붓다께서 그처럼 가파르고 험난한 인생살이를 고통의 바다 고해라고 하셨고, 또 기독교 스승 역시 마찬가지로 천국으로 들어가는 문을 좁은 문이라고 하셨지 않습니까. 그리고 또 진리를 추구하지 않고 오직 세상 지향적으로 살아가는 배부른 부자는 천국 들어가기가 낙타가 바늘구멍으로 들어가기보다 더 어렵다고 하신 뜻이나 뭐가 다르겠냐구요. 그만큼 눈에 보이지 않는 이상향의 나라로 들어가기가 한숨과 눈물의 연속으로 고통스럽다는 뜻 아니겠소이까."

진리의 세계를 그처럼 깊이 있게 피력하는 이대감의 설명에 참으로 감탄을 하기 시작하면서 질문을 했다.

"그럼 제가 궁금한 게 있는데, 오늘 교회에서 여호와 하나님이 사람을 흙으로 빚어 만들고 그 코에 생기를 불어 넣어 창조한 것이 아담과 이브라고 하는데 그걸 어떻게 생각하세요, 대감님은?"

"또 그 이스라엘 민족 조상 뿌리 아담과 이브를 생각하십니까? 물론 기독신앙을 해오셨으니까 그렇겠지만 성경 창세기 일장과 이장은 엄연히 그 창조 수순의 전개가 다른 세계관이란 것을 못 느꼈습니까? 거기에 보면 그 이스라엘 민족 뿌리 아담과 이브가 여호와로 인해서 지구에 창조되기 전에 일장의 기록에서는 태초의 빛이라는 하나님께서 오행 순리에 따라서 단계적으로 만물을 창조하고 난 후 그 여섯째 되는 날 그 지으신 모든 것을 관리할 사람을 우리의 형상을 따라 만들자고 한 뜻이 뭐겠소?"

"……?"

"태초의 천지부모가 음양으로 조화를 이루고 있듯이 남자와 여자를 하나님 형상을 따라 창조했다는 그때의 사람이 태초의 하나님 그 말씀 로고스로 만들어졌다는 우주의 지성체로 그들에게 만물을 다스리라는 공중권세를 부여해 주었다는 거 아닙니까. 창세기 일장에서…. 그러니까 그들 자손이 번성해서 하늘나라에 정부를 두고 저마다 이름을 붙이고 지구를 오르내리면서 부분적으로 창조능력을 나타내 보인 천상의 사람으로 그 신과들이었던 거지요. 우리가 어느 분야에 특출하게 능력을 보이는 사람을 신들린 사람이라고 하지 않습니까. 그렇듯이 하늘에서 내려온 그 신들이 저마다의 호흡으로 물질 인간을 창조 설계한 것이 오늘 지구촌 오색 인종으로 과거 인류 시원에서 보여준 그 원시인간들이라는 거요. 생각해 보십시오. 여호와가 태초에 우주와 만물을 창조하셨다는 전지전능하신 하나님이라면 그처럼 무지스러웠다는 원시인간을 만들어 놓고 인간 만듦을 한탄했다는 게 어디 말이나 되는 소립니까?

여호와는 본시 야훼가 변한 이름으로 그 성호를 지구촌에 빛내고 있지만 아무튼 그 이스라엘 백성들이 받들어 섬겨야 하는 종족신임에는 틀림이 없지요. 그러니까 그 이스라엘의 종족신 여호와의 존재 근원은 창세기 일장에서 하나님 형상을 따라 창조된 천상의 사람으로, 그 뿌리 실체 근원을 밝혀볼 수 있다는 겁니다."

"어쩐지 구약의 내용상으로 볼 때 처음 지구에 등장하고 보여주는 여호와의 행사는 손으로 흙을 주물러서 남자 아담을 만들고 난 후에 구획적인 에덴동산을 창설하고 거기에 아담을 잠재워서 갈비뼈 하나를 취해서 여자 이브를 창조했다는 수순과 그 능력의 행사가 전지전능하신 하나님 위상으로 보기에는 너무나 많은 의문점을 갖게 했었지요. 그런데 역시…."

"이제 이해가 좀 되십니까? 핫, 하하하…."

그 성서해석을 진리라고 믿고 앉아서 고개를 끄덕였던 지난날을 되돌아보면서 그 화두를 들고 말했다.

"그러니까 구약시대에 저마다 성호, 아니 그 이름표를 붙이고 하늘을 오르락내리락 하면서 그 백성들과 함께 밥도 같이 먹어가면서 대화도 나누고 성교도 했었다는 그 신들이 말하자면 천상의 사람으로 그래서 우리 인간 모습이나 다를 게 없었던 거군요."

"다른 게 있었다면 다만 의식 수준의 차이만 있었을 뿐이었던 거죠. 대자연을 다스리게 하기 위해서 하나님 형상을 따라서 만들어졌다는 그 우주 지성체들이니까요. 그들이 지구를 내방하면서 하는 일이 뭐였겠소? 다스림의 공중권세를 부여받고 창조되었으니까 대자연을 각기 맡아 다스리는 거기에 역할 분담이 있었다는 거, 그게 바로 구약의 내용인 거요. 그러니까 이스라엘 종족신 여호와가 보여준 행사기록에서 그가 창조한 백성들의 번성을 지켜보면서 그 의식을 진화 성숙시키기 위해서 사차원으로 문명된 하늘나라 지식정보를 열심히 제공해 주고자 했던 것을 그 전체적인 행사 내용에서 보여주고 있는 것이지요.

그와 같은 섭리역사는 우리 배달민족 뿌리 시원 기록 역시도 크게 다를 것이 없지요. 개천 성조이신 환웅천제께서 비바람 구름 거느리고 하늘 문을 열고 지상에 하강하셨다는 뜻이 바로 그거였던 거요. 그러니까 비와 바람을 주관하는 신장에서부터 구름을 관장하는 신이

다르고 또 태양을 관리관장하는 태양신 또 수중을 관리관장하는 신뿐 만이 아니라, 산천초목에 이르기까지 각 부서별로 그 책임 분담을 각기 맡고 있는 자연신관들을 거느리고 이 땅에 오셨음을 나타내 준 것이지요."

"아, 그래서 환웅천제께서 비바람 구름을 거느리고 내려 오셨다고 했던 거군요. 저는 그게 무슨 뜻인가 했지요."

"그래, 우리 뿌리역사를 거슬러 올라가 보게 되면 우리 민족 조상신 환웅 천황께서 인세교화를 하기 위해서 거느리고 온 자연신관 신장들에게 부서별로 그 책임 분담을 맡긴 것이 원보팽우에게 토지를 평정하게 하고, 고시신장에게는 농관이 되어 땅의 모양을 보아서 높은 곳에는 기장을 심게 하고 보다 낮은 곳에는 벼를 심도록 하여 씨를 뿌리고 거두기를 철 따라 가르치도록 했다는 겁니다. 그래서 보셨는지 모르겠지만 우리 조상들이 농사철에 밭에 나가 곡식을 거두면서 갖고 나온 음식을 나누어 먹기 전에 먼저 논두렁에 두 손으로 올려 던지면서 고시례! 했던 것이 바로 그 고시신장에게 감사하다는 그 의식행사 풍습이 그렇게 전해 내려왔다는 겁니다.

그럼 여기서 우리가 또 생각해 봅시다. 여호와가 시내산에서 돌판에 문자를 써서 모세를 통해 그 백성들에게 전하게 했던 것이 그 십계명 율법이라고 했었지요? 그 문서가 바로 사람이 행해야 할 도리를 바르게 알고 행하게 하는 문자로 말이란 그 뜻을 나타내고자 함이지요. 그렇듯이 우리 환웅천제께서 월광사관신지에게 번성되어지는 배달나라 자손들에게 그 뜻을 전해 알리게 하는 글자를 만들어 전하게 했는데, 그때 환웅천제께서 갖고 내려오신 하늘의 증표 천부인을 토대로 만들어진 글자 역시도 음양으로 내면의 뜻을 담은 글자가 한문의 토대가 됐고, 마음의 소리를 내비치는 글자가 한글이라, 오늘 그처럼 세계적으로 우수한 과학글로 인정을 받고 있다는 것이 어디 보통 예사로운 일입니까.

그만큼 우리 한민족 전통문화는 하늘 근원적인 영계로부터 전수받은 우주과학 원리라는 겁니다. 또 그 실증적인 증거가 우사옥저 신관으로 하여 사계절의 기운을 맡아 돌리게 했었기 때문에 우리나라처럼 사계절이 뚜렷한 나라가 없다는 거 아닙니까. 어디 그뿐이랍니까. 신관 뇌공 숙신으로 하여 사람이 사람으로서 행해야 할 도리를 가르치게 했는데 불효하는 것과 불충하는 것, 그리고 불경하는 것 세 가지와 또한 게으른 것과 명령에 따르지 않는 것과 뉘우칠 줄 모르는 것을 신중하게 밝혀서 위엄 있게 다스리라고 했다는 거 아닙니까. 그러니 우리 조상들이 이웃 민족들로부터 동방예의지국이라는 칭송을 받을 수 있었던 것이지요."

"어머, 잠깐요. 이스라엘 종족신 여호와가 율법 십계명으로 그 백성을 엄히 다스렸고, 거기에 따라 복과 저주로 다스렸다는 기록이 도무지 이해가 되지 않더니 이제야 이해가 되네요. 그러니까 여호와는 예수께서 말씀하신 본질상 하나님이 아니라 분명히 대자연을 다스리는 공중권세자 입지로 그 부분적인 사명을 맡고 지구에 왔었던 신과라는 게 우리 뿌리역사를 통해 더욱 확실해지네요, 그죠?"

너무나 새로운 사실을 발견한 느낌이었다. 그 부분에 대해 구체적으로 이해가 되기 시작했다. 정신을 새롭게 가다듬으면서 다시 말했다.

"그러니까 창세기 일장에서 공중권세를 부여받고 창조되었다는 이때의 사람이 말하자면 대자연을 맡아 관리관장하는 그 신과들로 환웅천제께서 그들 삼천의 무리를 거느리고 하강하셨다는 말씀이 이제 구체적으로 이해가 되는 것 같네요."

"다행이군요. 그렇기 때문에 우리 조상들은 개천성조 환웅천제님을 옹위하고 내려왔던 개체적인 그 자연신관들의 존재를 인식하고 산에 올라가면 산신께 제를 올리고 바다에 나가면 수중신께 그 예를 갖추어 올리는 제사의식을 행했던 것으로, 그 의식이 만물감통사상으로 토속 민간신앙 풍습이었다는 겁니다. 그 개념은 영적으로 대법계이신 우리 배달민족 조상신 황웅 천제님께 올리는 천도제가 아니라, 다만 그 부분 지체적인 자연신관들에게도 예를 갖춘다는 그런 제사의식이었기 때문에 그 행사는 이스라엘 종족신 여호와가 그 백성들에게 성전을 짓게 하고 거기에 각종 예물을 올려 바치게 했던 그 율법적인 제사의식이나 크게 다를 것이 없었던 것이지요."

"그러니까 그 구약시대가 자연신 숭배시대로 성자예수께서 여호와는 본질상 하나님이 아니라고 하시고, 그 율법적인 제사의식을 이제는 폐하라고 하셨던 거군요. 성자예수 출현은 태초의 영적인 하나님 그 임재하심이나 마찬가지니까요."

"그렇지요. 그러니까 성자 출현 이전은 우리 배달민족을 제외하고는 모두가 그러한 자연신을 숭배했던 샤머니즘 시대로 석가세존께서 인도에 출현하시기 이전 인도 원주민들이 믿고 숭배해 온 기존사상은 태양신 숭배사상이었답니다. 그 원주민들은 이스라엘 백성들이 여호와 하나님이 흙을 손가락으로 주물러서 그들의 조상 아담과 이브를 만들고 그 코에 여호와 호흡의 생기를 불어넣음으로써 생령이 되게 했다는 창조론보다 오히려 더 합리적이라고 할 수 있지요. 그들의 기존 사상은 그들 뿌리 조상이 태양신의 자궁과 발가락에서 창조되었다고 믿고 있었으니까요, 핫, 하하….

그런데 석가세존께서 인도 땅에 출현하시어 그 백성들을 향해 하신 말씀 역시도 예수께서 이스라엘 백성들에게 가르치신 말씀이나 다를 것이 없이 예배의 대상을 이제는 바로 깨달으라는 그 설법이었답니다. 그러니까 지금까지 너희들이 숭배해 온 그 태양신은 만물을 창조하신 본질상의 진리체가 아니라는 그 원리의 설법을 하시다가 기존의 제사장들과 마찰을 수없이 했다는 거 아닙니까."

"어머! 석가 부처님도 그렇게 가르치셨어요?"

"그러니까 동서로 분파된 성자 출현은 원시종교에서 고등종교로 시대 변화에 따르는 종교적 혁명이었던 거죠. 하지만 그들은 그 시대 변화의 섭리를 알지 못했기 때문에 그 설법에 쉽게 교화되지 않았고, 그대로 정통성을 주장하면서 조상들이 믿어오던 기존의 사상에서 벗어나지를 못하고 석가세존과 사상적인 마찰을 마침내는 그 태양신과 백성들 사이에 중보 역할을 맡고 있던 제사장 브라만과 입씨름을 수차례 벌리면서 그 능력 대결을 하기도 했는데, 그때마다 기적을 일으켜서 그들을 여지없이 압도해 버렸다는 거 아닙니까."

처음 들어보는 놀라운 이야기였다. 그렇게 보면 시대와 나라를 달리하고 동서로 출현했던 성자들의 행적은 거의 유사하다는 생각이 들면서 거기에 응수를 했다.

"그러니까 예수께서 그 백성들에게 자신이 하나님 아들임을 믿게 하기 위해서 병든 자를 고치고, 또 죽은 자를 살려내기도 했을 뿐만 아니라 물 위를 걷는 기적행사를 보이셨던 거나 마찬가지였네요?"

"그렇지요. 그처럼 석가세존께서 그 원주민들에게 기존의 사상을 버리라고 설법을 하시고 새로운 천도행의 법시를 가르쳐 주고 떠나셨지요. 그런데 그후 예수가 열세 살에 상인들을 따라 이스라엘을 떠나 동방을 여행했을 때는 석가세존이 열반에 드신지 오백년이 지났을 때였는데도 그 원주민들은 여전히 그들의 전통사상 그대로의 제사의식을 답습하고 있었다는 거 아닙니까."

"그건 오늘 우리 현실도 마찬가지 아니겠어요? 성자 예수께서 이제는 그 여호와 유일신 숭배사상을 버리라고 그처럼 당부하시고 승천하신지 이천년이 지났는데도 오늘까지도 그 율법신의 정통성을 주장하고 있는 서구신학 모양새나 다를 게 없으니까요. 그럼 석가 부처님도 예수님이나 마찬가지로 내가 너희를 위해서 수고한 것이 헛될까 하노라 하셨겠네요? 홋후후…."

"시대 변화로 종교혁명을 일으키러 지구에 출현하셨던 고등법계 성현들의 행적이 거의 그렇게 유사하다고 봐야겠지요. 과거 구약시대 이스라엘 백성들은 여호와 율법제사 의식에 따라서 양을 잡아 제단에 올렸지만 당시 인도 원주민들은 제사장 이름의 특권에 따라 태양신에게 제물이 될 사람을 그들의 뜻에 따라 선정이 되는 것을 보고 예수는 그것은 인간의 존엄성을 짓밟는 잘못됨이라고 지적하시고 하신 말씀이 하나님의 기적은 우주가 창조되던 첫째 날부터 행해졌고, 이 기적들은 매일 매순간 일어나는데 이것들을 보지 못하는 자들은 생의 가장 아름다운 선물을 빼앗기는 것이나 마찬가지라고 하셨답니다. 그리고 거기에 이어서 교화하신 말씀이 사람들이 불멸의 영혼을 눈으로 보려고 할께 아니라 마음으로 느껴야 하고, 스스로 깨끗하고 가치 있는 영혼이 되려고 노력해야 할 것이니라 하시고, 너희는 인간을 제물로 바쳐서도 안 되며, 동물을 살육하지도 말아야 할 것이니 이는 만물이 인간에게 유용하도록 주어졌기 때문이니라, 하셨답니다.

그런데 이때 그들에게 가장 중요한 교화의 설법이 태양을 숭배하지 말라. 이는 우주의 한 부분일 뿐이니라 하신 그것이지요. 그러니 그들이 이스라엘 백성들이나 마찬가지로 교화되기는커녕 오히려 예수를 잡아서 죽이고자 모의하는 것을 평소에 예수의 가르침에 감화를 받은 수드라가 그들의 계획을 사전에 귀띔해줘서 그 위기를 모면했다는 겁니다."

너무나 놀랍고도 새로운 공부에 숨소리까지 조용하게 진중하게 쳐다보며 다음 말을 기다렸다. 그 주제를 가지고 이야기는 다시 계속되었다.

"그런데 이렇게 예수의 동방여행기에서 무엇보다도 놀라운 것은 사제가 없는 민족이 있다면 그들은 자연의 법칙 아래 그들 영혼의 깨끗함을 보존하리라, 그 말씀이었던 거요. 사제란 성자 출현 이전 다시 숭배시대에 있어서 그들이 믿고 숭배하는 신과 인간과의 사이를 중보 역할을 하기 위해 세워진 것이 제사장 제도인데, 그런 제도가 인류 고대사에서 없었던 민족이 유일하게도 중앙아시아 우리 배달민족뿐이었다는 거 아닙니까. 그런데 예수께서 그 사제가 없는 민족이 있을 것임을 말하고 그들이야 말로 자연법칙의 지배 아래 그 영혼의 순수성이 지켜질 것이라고 한 것이 어디 예사로운 일이겠소?

고대사에서 사제가 없는 민족은 오직 우리 배달 한민족뿐이어서 옛부터 제사권 민족이라고 했다는 거 아닙니까. 우리 뿌리역사를 거슬러 올라가 보면 고대사에서 사대사상 근원지가 바로 중앙아시아 배달나라로 환단고기 기록에 의하면 조상신 환웅천제께서 하늘나라 삼천 신장을 거느리고 백두산정에 하강하시어 배달나라 조상 아만과 아반을 민족뿌리로 세우고 그로부터 번성되어지는 자손들에게 하늘 근본의 이치를 가르치셨는데, 그게 바로 천지인 사상으로 우주만물이 삼천대세계로 한 틀 속에서 운행되고 있다는 그 가르침이었답니다. 그 원리를 세분하면 본자연으로 존재하신 하나님이 영계며, 그로 하여 형상을 드러낸 대자연을 다스리는 신계와 고리를 잇고 창조된 인계가 하나로 고리를 잇고 운행되어지고 있다는 그 원리가 동양철학의 우주관으로 하늘의 섭리이치를 깨닫게 해준다는 뜻에서 한사상이라고 했다는 거 아닙니까."

"그 섭리의 뜻이 참으로 엄청나네요, 그죠?"

"그렇다 뿐입니까. 그처럼 높은 하늘 근본 이치를 배워온 우리 조상들이었기 때문에 다른 민족들의 사상과는 달리 하늘에는 조화주 한알님, 치화주 한울님과 그리고 교화주 한얼님이 칠성님으로 존재하고 있다고 믿고 세계 속에 유일하게 삼신각과 칠성각을 세워놓고 빌어 왔었던 토속민간 풍습이 그 가르침으로부터 비롯되었던 거랍니다."

사실 어려서부터 기독신앙 속에서 생활해 왔었기 때문에 그 칠성님 소리만 들어도 고개를 흔들어 버렸었다. 그런데 거기에 대한 이대감님의 설명에 그 인식을 새롭게 달리하면서 말했다.

"저는 그게 접신을 한 무속인들이 굿판에서 쭝얼거리는 무속신앙인지 알았지 뭐예요."

"그렇게 볼 수도 있었겠지요. 접신을 한 무속인들이 살풀이 굿판에서 그 뜻도 제대로 모른 채 다만 전해 내려오는 우리 조상들 민간풍습을 그대로 답습하면서 제물이나 올려놓게 하는 제사의식이 과거 성자 출현 이전 샤머니즘적인 제사형태니까요. 하지만 우리 배달민족의 한사상은 그처럼 크고 작은 법계를 모두 포괄하는 원통맥의 대법계로 노자 성현이 가르치신 삼생만물의 이치고, 불교의 삼존불의 이치일 뿐만 아니라, 기독교 신학이 아직까지도 정석으로 풀어내지 못하고 있는 그 성삼위론의 이치를 우리 조상 뿌리에서부터 지극하게 배워 온 지구상에 유일한 민족이었다는 거 아닙니까.

그 가르침을 우리 뿌리역사 기록에서 유추해 보면 배달나라를 세우신 환웅천제께서 하신 말씀은 태초 우주 근원이 되시는 환인상제께서 음과 양의 상생원리로 칠색의 조화를 이루어 무수한 기파를 발생하게 하여 생명의 원소인 물질이 형성되었으니 이것이 우주에 널려 있는 수많은 뭇별이며 너희가 살고 있는 땅이 생겨났느니라. 그 말씀이었답니다. 그와 같은 가르침은 성경 창세론 일장에 기록된 근원적인 이치와 일치되는 논리로 그처럼 지고한 하늘 대도의 한사상을 서양족과는 달리 조상 뿌리에서부터 배워온 우리 배달민족이었다는 거 아닙니까.

그렇게 천지인이 한 틀 속에서 운행되어지고 있다는 하늘 대도의 한사상은 우리 한민족 종교며 철학으로 유불선 기독교 그 사대사상이 모두 포괄되어 있는 원통맥으로 대도의 자리라는 것이지요. 그래서 배달나라를 진리의 불국토라고 하여 신불나라, 혹은 밝은 하늘나라 환국이라고 했던 것은 조상신이 신계가 아닌 영계의 본체신 음양태극의 위치로 대도의 법계자리였기 때문에 그렇게 이름하여 불렀던 것이랍니다. 그러니 제사권 민족이라는 말이 타당성이 있는 말이지요, 안 그렇습니까? 핫, 하하…."

"말씀을 듣고 보니까 서양 이스라엘 민족은 그들의 종족신 여호와로부터 선택을 받았다고 자랑하지만 세상 살아가는 기초적인 초등학문을 배워왔고, 천손이라고 자랑하는 우리 민족은 본체신 영계의 환웅천제님으로부터 하늘나라 천법 고등학문을 배워온 민족으로 그 차원이 하늘과 땅이네요, 그죠?"

"그 또한 하나님의 뜻 가운데서 천지조화를 이루기 위한 섭리역사였다고 저는 봅니다. 그래서 서양은 물질문명을 발전시켜 나올 수 있었고, 우리 동양은 정신문명을 이루어 나오게 했던 것 역시도 조화를 이루기 위함이었던 것이라고 보아야겠지요. 그래서 배달나라 우리 조상신 환웅천제님께서는 배달나라 백성들에게 하늘을 공경하는 경천사상에서부터 조상을 섬기며, 사람을 위하고 사랑하라는 그 가르침이 인내천사상으로 창조신 명령의 계율이 없었기 때문에 사제라는 제사장 제도가 처음부터 세워지지 않았던 천손으로 하늘 제사권을 받고 세워진 으뜸 장손민족이라고 불리워지기도 했었다는 겁니다. 핫, 하하하…."

"말씀을 듣고 보니까 사실이 그렇네요. 그러니까 이스라엘 민족은 그 종족신 여호와로부터 물질과학 문명의 지식정보뿐 아니라 정복문화를 배워 나왔고, 우리 배달민족은 자연 섭리에 순응하는 조화사상을 배워 나왔었기 때문에 인간 영혼의 정신문화를 세계사 속에 동방의 등불로 꽃 피울 수가 있었다는 거 아니겠어요."

"그렇지요. 그래서 우리 민족은 그처럼 수백 번을 외세의 침략을 받아오면서도 이웃 나라를 먼저 침략해 본 일이 없었다는 겁니다. 그러니까 고대사에서 예의를 아는 문화민족으로 이웃 백성들로부터 군자국이라는 칭송을 들어오면서 동양철학의 정신문화를 세계 속에 주도해 나갔던 것이지요. 민족사상의 신앙이란 그만큼 방향을 제시해 준다는 거 아니겠소이까.

오늘 서구신학이 그 정복문화를 이스라엘 백성들에게 심어준 여호와를 예수 아버지 하나님으로 격상시키고 있지만 그 가르침은 하늘과 땅만큼 전혀 다른 차원이지요. 그것은 예수님이 동방여행을 할 때 인도 사원에서 승려 나마스와 주고받았다는 대화에서도 보여주고 있지요. 승려 나마스가 유대 선생이시여, 선생은 진리란 무엇이라고 생각하십니까? 하고 질문을 했을 때 말씀하신 대답인즉 '진리란 변하지 않는 오직 하나의 것이지요. 이 세상에는 진리와 허위 두 가지가 있습니다. 진리란 있는 그대로의 것이고, 허위란 있는 것처럼 보이는 것이지요. 진리는 유有로 원인은 없지만 일체의 것이 원인이 됩니다.

허위는 무無이면서 유로 표현합니다. 모든 만들어진 것은 파괴하고 시작된 것은 끝나야 합니다. 모든 눈에 보이는 것은 유의 표현이지만 본래는 무이므로 사라지는 것입니다. 눈에 보이는 에테르가 진동하는 동안만 반영의 표현을 하고 사정이 변하면 소멸합니다. 성스러운 기는 진리입니다. 과거, 현재, 미래에도 영원하여 소멸할 수 없습니다 하고 말했을 때 라마스가 그럼 인간이란 무엇입니까? 다시 물어오자 대답인 즉 인간이란 진리와 허위의 이상한 혼합체입니다. 이 양자가 서로 싸웁니다. 이 말씀이었고 보면 이보다 더 명쾌한 이해의 설명이 어디에 또 있겠소.

그런데 문제는 서구신학자들이 진리의 성자는 오직 예수뿐이라는 주장으로 타 종교는 배타를 하는 입장에서 기독교 스승이 그것도 인도 사원에서 승려 나마스와 그러한 대화를 주고받았고, 또 이사라는 법명까지 받았다는 것이 기독교 자존심 문제라는 식으로 지금까지도 은폐를 시켜 오고 있다는 거 아닙니까, 흐흥…!"

그 설명의 부분에서 놀라운 사실을 새롭게 또 발견할 수 있게 해 주었다. 그래서 그 마음을 내비치었다.

"어쩐지 예수님 행적에서 성서적으로 십삼세에서부터 이십구 세까지의 기록이 전혀 없지 뭐에요. 그러니까 그동안 동방을 여행하셨던 거군요, 그죠?"

"생각해 보십시오. 기독교계에서 불교의 스승을 진리의 성자로 인정하지 않고 있는데 그것도 인도 사원에 들어가서 이사라는 법명까지도 받고 승려와 주고받았다는 그 동방여행기는 기독교 스승 자존심 문제가 된다고 생각하는 것이지요. 그게 서구신학이 그 첫 단추를 잘못 꿰맞춘 오류에서 비롯된 것 아니겠습니까? 그러한 그들의 성서해석 무지가 지금까지도 하늘나라 신과에 속한 여호와를 태초의 전지전능하신 성부 하나님이라고 고집스럽게 주장하고 있지만 구약의 기록상으로 볼 때 그 천상의 신과들이 지구에 내려와서 보여준 행사 속에서 그처럼 각기 맡고 온 책임분담 역할의 사명이 각기 다름을 실제적으로 보여준 것이 어디 한두 가지었습니까?"

"이제야 구약의 내용에서 보여주는 그 전체적인 의문이 풀어지는 같네요. 서구 기독신학에서 지구촌 전체 인류를 아담의 후예로 단일화시켜 오고 있지만 그 논리대로 한다면 많은 의문점이 풀리지를 않았거든요. 구약의 내용을 보면 여호와로부터 제사장으로 선택받은 모세가 이스라엘 백성을 구하기 위해 바로에게 나갔을 때였지요. 모세와 아론이 여호와의 능력을 보이기 위해서 애굽 왕 바로 앞에서 지팡이를 던졌을 때 그 지팡이가 뱀이 되었다고 했지요. 그때 바로왕 역시도 애굽의 술객 박사와 박수를 불러 그와 같은 기적을 행했을 때 모세와 아론이 뱀이 되었던 그 지팡이를 도로 짚고 애굽의 물들과 하수구를 쳐서 고기들이 죽고 그 물에서는 악취가 났고, 또 애굽의 온 땅이 피로 덮였다는 내용의 기록이 그렇더라구요. 거기에서 능력대결을 한 애굽왕은 그 뿌리가 도대체 어디서 어떻게 존재하게 되었으며, 또 이스라엘의 제사장 모세의 능력이 여호와로부터 비롯된 것이라면 그처럼 겨우 술객들이나 부리는 능력 대결을 해보인다는 그 자체부터가 도무지 이해가 되지를 않지 뭡니까. 그런데 그 이스라엘의 종족신 여호와 실체부터가 자연신관이라는 성서해석이 정석이라는 생각이 들지 뭡니까, 훗, 후후…."

"그러니 그 자연신관을 정리해서 이해를 시켜야 한다는 것이지요. 우리 배달민족은 서양처럼 그 신계에 의해서 세워진 민족이 아니라 그보다 차원이 높은 밝고 웅장한 하늘나라 영계의 하나님 그 직손 혈통계보의 자손이라고 해서 천손민족이라고 했다는 겁니다. 그러니까 조상뿌리에서부터 서양민족과는 달리 하늘나라 대도의 천기운행법을 배워 왔었고, 그로 하여 우주섭리의 역사 그 태극의 원리를 깨우쳤던 우리 조상들이었다는 거 아닙니까. 그처럼 지고한 우리 배달민족 뿌리역사를 일제가 곰의 자손으로 개국조 단군왕검이 곰녀하고 사이에 탄생했다는 신화를 만들어버린데 이어서 서구 기독신학이 들어와서 유대민족의 조상 노랑머리 파란 눈 아담과 이브 자손으로 둔갑을 시키고 있으니 한심한 노릇 아니겠소이까, 쯔쯔…."

참으로 한심스럽고 안타깝다는 표정이었다. 잠시 사이를 두고 다시 그 화두를 들고 무겁게 입을 열었다.

"그게 바로 민족 주체성 말살정책인데, 일제시대 왜놈들이 우리 역사를 그렇게 엉뚱하게 만들어 놔야 즈네들이 숭배하는 천조대신 아마테라스 오미까미를 내세울 수 있었기 때문인 거고, 그게 서양이 즈네들 종족신 여호와를 내세우려고 하는 논리나 다를 것이 없는 것이지요. 그런데 한 가지 물어봅시다. 왜 우리가 시월 삼일을 개천절이라고 해서 국경일로 삼고 그 행사를 하고 있는지 아십니까?"

난감했다. 마치 학교에서 선생님으로부터 질문을 받고 있는 그런 기분이었다.

"글쎄요… 글자상으로 보면 하늘을 열다, 또는 열렸다는 뜻 같은데요, 그 부분에 대해서 학교에서 배운 일도 없고, 또 깊이 생각해 본 일이 없어서…."

사실 그동안 기독신앙 속에서 아담과 이브가 인류 조상이라고 믿어왔었기 때문에 거기에 대해서는 전혀 생각해 본 일조차도 없었다.

질문을 던진 이대감은 그럴 줄 알았다는 듯이 심드렁한 표정으로 말했다.

"하긴 단군의 역사적 실재성에 대해 의혹을 제기한 발단은 일본 식민사관 학자들에 의해서였지요. 그때 조선사편수회 편수관으로 참여했던 육당 최남선 편수관이 이 조선사에 단군 역사가 빠진 것을 지적하자 이마니시류라는 촉탁이 이를 가로 막고 나서서 뭐라고 한지 아십니까? 그건 단군 자체가 전설신화의 영역을 벗어날 수 없고, 이를 역사적 사실로 믿기엔 좀 거북한 점이 있어서 삭제하게 되었다고 술회한 기록이 지금도 조선사편수회 사업보고서에 그대로 남아 있지요. 그러니까 우리 조선의 개국조이신 단군이 신화적 존재며 역사적 허구로 몰아붙이려는 목적의식이 분명히 있었던 것이지요.

그러나 단군왕검이 조선을 개국하신 데에는 하나님의 엄청난 섭리가 있었던 거랍니다. 그 목적하신 뜻을 알게 되면 단군왕검이 어떤 분이란 것까지도 알게 되는데, 인도에 출현하신 붓다께서 하신 말씀이 당신이 이 세상에 출현하기 이전에 벌써 많은 부처들이 왔다갔다고 한 뜻이 바로 그거랍니다. 단군왕검께서 이 땅에 세우신 조선의 역사는 반만년이지만, 한반도에 배달민족 뿌리를 세우신 이는 단군왕검으로부터 십칠대를 거슬러 올라가지요. 그 개천성조가 웅장한 하늘나라 물질 모태로 성모 환웅천제 하나님이시라면 믿겠습니까?"

"서구신학 논리대로 한다면 부정할 이유도 없지 않겠어요? 그들이 성부 하나님으로 격상시키고 있는 여호와 하나님이 지구에 실제적인 사람 모습으로 내려와서 원시적인 물질 인간도 만들고 그들 지적 상태를 거듭 시험하면서 마주 대하고 앉아서 그들과 서로 대화를 나누고 했다는 기록이 그와 다를 것이 없으니까요."

"그럼 우리가 여기에서 다시 또 생각해 보십시다. 하나님 빛의 아들 성자예수가 남자를 경험해 본 일도 없는 동정녀 마리아 몸을 빌려 성령으로 잉태했다는 거 아닙니까. 그게 만물을 창조하신 하나님 기적의 능력이라는 논리인데 항차 만물의 모태이신 성모 환웅천제님이 하늘 신장신관 삼천의 무리를 거느리고 실재적인 사람의 형상을 하고 지구에 강림하시고 우리 배달나라를 세웠다는 게 허구적인 신화라고 한다면 그건 말이 되질 않지요."

"그건 저도 그렇게 생각하네요. 성서적으로나 논리적으로도 그렇지요. 하물며 하나님의 아들 성자예수님도 죽은 나사로를 살려냈고, 또 자신도 죽어 땅에 묻어 장사한 지 사흘 만에 다시 살아나 보이셨을 뿐만 아니라, 육신 그대로 부활 승천하셨음을 믿으라고 한 것이 기독신앙이니까요."

"바로 그겁니다. 그 기적의 능력이 태초 우주만물을 하나님과 함께 창조했다는 성자의 능력인데 하물며 물질 모태이신 성모 하나님이 이 세상에 출현하셔서 그런 기적의 행사를 펴지 못한다면 그게 이치에 맞는 소립니까? 그 성모 하나님이 처음과 끝이라는 알파와 오메가로 완성을 목적으로 성부환인 하나님의 뜻을 받들어 물질 세상에 내려오셔서 배달나라를 세우시고 그 백성들에게 세상을 살아가는 여러가지 지혜의 방법과 동시에 하늘 운행의 섭리역사를 그 보좌신명들과 함께 가르쳐 주시고 다시 본자리로 회귀하시면서 하신 말씀이 때가 이르면 다시 오겠다는 그 약속이 뭔지 아십니까?"

"……?"

"핫, 하하… 그게 바로 우리 조상들이 생활 속에서 그 약속을 믿고 기다리겠노라는 노래 가락으로 팔월 대보름날 밤에 달을 쳐다보면서 손에 손을 잡고 둥글게 원을 그리면서 부르는 그 강강수월래라는 노랫가락이지요. 물론 그 가사에서 소리 발음은 강으로 하고 있지만 우리 간방에 다시 오시겠다는 그 약속이었던 것이랍니다."

그리고 이대감은 메모지에 볼펜을 들어 수월래水月來라는 석 자를 써놓고 짚어가면서 설명을 했다.

"조금 전에도 잠깐 설명을 했지만 성경에 수면이라는 뜻이나 여기이 물 수水자가 같은 의미를 내포하고 있다는 겁니다. 말하자면 한낮을 밝혀주는 태양, 그 양적인 환인 성부 하나님의 대위가 되시는 음적인 하나님을 상징하는 것이 어두운 밤에 모습을 드러내는 달님이 그 상징성이지요. 그 성모 환웅천제님께서 이 동토 간방에 때가되면 다시 오겠다는 그 약속인 거랍니다. 그 존체가 불교적인 용어로 이 땅에 용화세계를 이루기 위해서 말법시대에 출현하신다는 구주미륵님이시고, 또 기독교적인 용어로 지상천국을 이루기 위해서 하늘군대를 거느리시고 지상강림을 하신다는 성모님이 그 백보좌 하나님의 실체라는 겁니다. 그래서 백의민족이라고도 했다는 거 아닙니까."

"세상에 어쩌면… 강강수월래가 그런 뜻이 담겼다고는 상상조차도 못했네요."

"핫, 하하하… 그처럼 예정된 섭리 가운데 세워진 민족이니까 하늘 제사권을 부여받고 세워졌다고 해서 장손민족이라고도 했고 또 천손민족이라고 했다는 겁니다. 그러니 얼마나 축복받은 민족입니까. 그러니 때가 되면 다시 동방에 불을 켜고 세계를 향해 대한민국 코리아를 힘차게 외치면서 나가게끔 돼 있다는 것이 현자들 예언인거죠."

"그런데 왜 우리 배달민족을 웅족이라고 했을까요? 그러니까 일제가 곰웅 자를 붙여버린 거 아니겠어요?"

"그 뜻을 바로 이해하지 못해서 그런 것인데 지구촌은 음양 대별적으로 서양인을 호족이라 하고, 동양인을 웅족이라고 하는 것은 그 어원의 비롯에서 서양 족은 천상의 보호신령들에 의해서 설계 창조되어진 족속들이고, 우리 동양 배달민족은 그보다 앞서 하늘나라 밝고 웅장하신 물질의 모태가 되시는 음적 성모 환웅桓雄 천제님께서 세워주셨다는 뜻을 내포하고 있는 것이지요. 거기에 붙여진 웅장하다 할 때의 웅雄자를 곰웅熊자로 바꿔서 곰의 자손으로 격하시켜서 단군의 실재적인 역사를 허구의 신화로 잘라 버리려고 했었던 것이 그들의 식민정책이었다는 거 아닙니까."

"뜻밖에 생각지도 못했던 역사 공부를 오늘 하게 해주시네요. 이것도 인연법이라는 거겠지요? 훗, 후후…."

"물론이지요. 뜻 없고 어디 이유 없이 오늘 우리가 만나졌겠습니까. 그러니 이제 어두운 세상 귀신 씨나락 까먹는 헛소리 그 정도로만 꼼지락거리시고 하늘나라 밝은 이치의 종교 통일문서나 쓰라고 만나진 인연법 아니겠습니까. 그러자면 우리 민족 정신사상 그 얼이 무엇인지도 알아야 한다는 것이지요. 우리 배달민족 종교며 사상은 동서로 분파된 종교를 집대성한 원통맥이니까요."

뜻밖에도 공부치고는 엄청나게 큰 공부를 하게 해준 만남이었다. 그것도 기독교를 토대로 해서 우리 민족 뿌리역사를 이해시켜 주고 있었기 때문이다. 이대감의 이야기는 다시 계속되었다.

"이렇게 동양의 우리 웅족은 본체신 조화주 하나님의 직계혈통 자손이기 때문에 환웅천제를 옹위한 하늘의 삼천 신장선관들이 그로부터 번성되어지는 웅족의 낭자들과 교합했다는 이때가 신불 시대로 신인합발하던 시대였다는 겁니다."

그 이야기를 듣는 순간 의문으로 남아 있던 '창세기 6장 2~4'의 성구가 떠올랐다.

〈하나님의 아들들이 사람의 딸들의 아름다움을 보고 자기들이 좋아하는 모든 자로 아내를 삼는지라….

하나님의 아들들이 사람의 딸들을 취하여 자식을 낳았으니 그들이 용사라 고대에 유명한 사람이었더라.〉

위의 성구가 도무지 이해되지를 않았었다. 하늘에서 내려온 하나님의 아들들이 그처럼 지극한 사람 모습으로, 땅 위의 물질 인간과 함께 어우러졌다는 것이 마치 신화처럼 믿어질 수가 없었던 것이다. 그러나 이대감의 이야기를 들으면서 단군신화가 그러한 연유에서 비롯된 것이었음을 비로소 느껴지면서 그 주제를 들고 말했다.

"이제 좀 이해가 되는군요. 구약시대 하늘의 신들이 내려와서 자기들이 좋아하는 사람의 딸들을 취해서 낳은 자손은 그 모든 기능이 달랐던 모양으로 고대용사라고 했드라구요. 그 성구가 지금까지 도무지 이해가 되지 않았거든요."

"그거 보십시오. 성경의 기록이 그렇듯이 공중권세를 부여 받고 창조된 천상의 하늘 사람 신계족 역시도 오색으로 거대한 하늘 정부를 이루고 있었기 때문에 만군을 거느렸다는 여호와였고, 그 보호신명들이 그 백성의 딸들을 취해 자식을 낳았다는 것이나, 태초의 성모 하나님 환웅천제를 옹위하고 내려온 보좌신명들이 함께 배달민족 뿌리를 세우고 그로부터 진화를 위해 번성하는 환웅천제님의 배달나라 자손 딸을 취해 교합을 해서 낳았던 완전한 영체인간이 바로 단군왕검 탄생이라는 거 아니겠습니까. 마치 전설 같은 이야기지만 구약의 내용이나 마찬가지로 천신과 지신이 이성교합을 가졌다는 그 음양설이지요."

"그런 이치의 맥락으로 본다면 하늘의 영체가 땅의 물질인간과 교합을 해서 영도 육도 완전한 인간을 탄생시키는데 그 목적이 있었다는 거 아니겠습니까."

"그렇다고 봐야겠지요. 하늘의 도는 완성을 목적으로 천기운행을 한다는 것이니까요. 우리 배달민족 뿌리역사를 훑어보면 환웅천제를 옹위한 삼천의 무리들이 하늘 문을 열고 백두산정 신단수 아래 하강을 하시고, 그처럼 신과 인간이 합일체가 됨으로 영혼성이 없는 미령한 육체인간을 진화 성숙시켜 왔던 그때가 배달나라의 전성기로 지구상에 동서로 갈라진 이웃 민족들을 조화의 협동정신으로 다스려 나왔던 황금시기였답니다. 그러니까 서양민족보다 그 뿌리가 앞서 세워진 배달나라 사람들은 그때 벌써 진화되어 과학과 문화, 그리고 차원 높은 종교철학을 가지고 세계를 주도해 나갔던 우수한 민족으로 동방의 등불이었다는 거 아닙니까. 후, 후후…."

"그래서 오늘 지구촌에 우리 조상들의 전통문화가 한류 열풍을 일으키고 있다는 것도 다 섭리의 뜻이 있는 거군요."

"바로 그겁니다. 우리 한민족 전통문화가 신불 시대 그 신들에 의해서 전수받은 우주과학 정신문명으로 우리 조상들이 발효시킨 음식문화뿐 아니라, 전통 한옥과 의상도 그렇지만 우리 민족의 언어 한글 역시도 세계적으로 과학적인 글로 오늘 새롭게 인정을 받고 있다는 것이 어디 예사로운 일입니까? 그러니 우리 한민족 뿌리역사를 제대로 공부해 봐야 한다는 겁니다. 그랬을 때 하나님의 섭리역사를 바로 알게 되고, 또 나라는 생명체의 실상을 바로 깨닫게 되는 정신세계 공부가 되어주는 것이니까요."

그 말을 끝으로 자리에서 일어난 이대감은 손에 들고 있던 책「조선상고사朝鮮上古史」를 건네주면서 며칠 후 다시 만나자는 약속을 뒤로 남기고 그날은 거기서 헤어졌다.

단재 신채호(丹齋 申采浩, 1880~1936) 선생께서 쓰신 그 책에는 고대 아시아 동부에는 우랄 및 지나(중국)어족이 있었다고 했다.

단재 선생이 우리의 옛말을 참고로 해본 바에 의하면, 고사에 나오는 왕들의 성姓이 해解 씨인 것은 태양에서 뜻을 취한 것이라는 뜻으로, 우주의 근원 자리를 환인桓因이라고 했음이나 같은 이치였다. 왕호를 불구내弗矩內라고 한 것은 붉은 태양의 빛에서 뜻을 취한다는 것으로, 천국天國을 환국桓國이라 한 것 역시도 광명光明에서 그 뜻을 취한 것이라고 했다.

그리고 지금의 백두산인 불함산을 해와 달이 드나드는 곳, 즉 광명신光明神이 머물러 있는 곳으로 알아 그 부근의 토지를 '조선'이라 일컫게 되었는데, 조선이란 광명이란 뜻으로 후세 사람들에 의해 이두자吏讀字로 조선朝鮮이라고 쓰이게 되었다고 했다.

그처럼 환웅천제님께서 삼천신장들과 더불어 그 뿌리를 세워주신 배달나라를 광명한 환국桓國이라고 했던 것으로, 삼성기三聖記 전 하편(全下篇)에서는 다음과 같이 또 전해 주고 있었다.

〈옛글에 말한다. 파나류산流奈留山 밑에 한님의 나라가 있으니 천해 동쪽의 땅이다. 파나류의 나라라고도 하는데, 그 땅이 넓어 남북이 오만 리요, 동서가 2만 리니, 통틀어 말하면 환국桓國이요, 갈라서 말하면, 즉 비리국, 양운국, 구막한국, 구다천국, 일군국, 우루국 객현한국, 구모액국, 매구여국, 선비국 수밀이국이니 합해서 12국이다.〉

환국桓國, 이 얼마나 축복받은 하나님 나라 그 혈통계보의 자손인가. 그토록 지극하신 본체신 영계靈界의 환웅천제桓雄天帝님으로부터 배달민족 조상뿌리 아만과 아반이 세워지면서 시작된 배달나라였다.

이렇게 이 땅에 환웅천제님께서 내려와 그 첫걸음이 되신 그날이 하늘과 땅과 사람, 곧 천지인天地人이 하나를 이루는 그 거룩하신 뜻을 펴신 이 신성한 날이 상원 갑자 상달 상날로 우리 배달민족 경축일로 제정한 그 개천절의 의미라는 것이었다.

그 섭리가 본자연本自然으로 존재하신 영계와 대자연大自然 신계,

그리고 자연自然이라는 인계人界가 삼천대세계三天大世界로 비로소 합일을 이루는 천지공사의 시작으로 그 증표가 환웅천제께서 가지고 오신 천부인天符印 원(○) 방(□) 각(△)이 그 진리의 표상이었다는 것이다.

그 하늘 마패를 증표로 가지고 백두산정에 내려오셔서 한민족 뿌리를 세우신 환웅천제께서는 이 땅 위에 서로를 인정하고 도와주는 평화로운 협동정신의 나라, 곧 홍익인간 이화세계弘益人間理化世界를 건설하기 위한 그 첫걸음의 시작이었다.

그러한 하나님의 섭리의 뜻이 담긴 천부인 속에는 대자연의 존재 변화 원리와 우주 만생명의 존재근원 원리가 모두 들어 있기 때문에 그 원리를 터득하면 창조주이신 조화주 하나님의 실체를 바로 알게 될 뿐만 아니라, 나라는 생명체의 존재 이유를 알게 된다는 것이다.

그런데 어디서부터 잘못 꼬여 그토록 지고한 우리 배달 한민족 정신사상의 '얼'이 빠진 자손들이 되어버린 것일까?

한때는 곰의 자손이 되었다가 오늘은 얼치기로 노랑머리 파란 눈의 아담과 이브 후예로 유대민족 뿌리 조상신 여호와가 우리가 믿고 받들어 섬겨야 할 하나님이라니, 참으로 12제국을 평화스럽게 그처럼 조화의 협동정신으로 다스려 나왔다는 하나님의 배달나라 그 광휘한 빛은 언제쯤 이 땅에 다시 회복할 수 있을 것인가?

그러나 자연의 이치가 어두운 밤이 지나면 아침이 오듯이 다시 동방의 등불로 떠오르는 그날이 하루속히 오기를 간절히 바라면서 옷깃을 새롭게 여미게 했다. 천지부모 조화주 하나님께 다시 한 번 머리를 숙이면서….

환웅화엄桓雄華嚴 포태의 지리산智異山

우리가 일상생활에서 가볍게 말해 오던 인연법을 실재로 크게 느끼게 해준 것이 과거에 규장각을 관리해 왔었다는 그 이대감과의 만남이었다.

그로부터 우리 한민족 고대사를 읽고 공부하게 되면서 우리 민족은 서양족들과는 달리 신계神界 위에 영계靈界의 환웅천제桓雄天帝님으로 세워진 광명光明한 민족이라고 하여 그로부터 이어진 국명國名이 아침 밝기의 조선朝鮮이라고 했다는 대발견이었다.

그분을 잡지사에서 다시 만났을 때였다.

이 대감님은 손에 들고 나온 또 한 권의 책을 읽어보라는 듯이 건네주면서 입을 열었다.

"자, 보십시오. 이 책을 읽어야 사람의 운명뿐 아니라 우주의 운행도수를 알 수 있게 된다는 것이지요."

이대감이 건네주면서 가리키는 그 페이지를 들여다보다가 그만 가슴이 답답해 왔다. 얼핏 말로만 들어왔었던 이학원론理學原論이었기 때문이다.

"아이고, 뭐가 뭔지 당최 깜깜한데 언제 갑자을축하고 이 엄청난 공부를 한대요? 한문 실력도 짧은 제가…."

"누가 이것을 업으로 삼는 사람 모양으로 달달 외우라고 했습니까. 음양 사상과 팔괘상의 배치 정도는 한 번쯤 훑어봐야 적어도 유쌍단일有雙單一 원리를 이해할 수 있게 되고, 그랬을 때 본자연으로 존재하시는 하나님의 섭리역사를 바로 볼 수 있게 된다는 것이지요."

"그래도 그렇죠. 노루가 개가 되고 개가 노루가 되는 세상풍경이나 긁적거리고 앉아 있는 제가 어떻게 이 어려운 책을…."

우선 생소한 한문 단어들이 가슴에 중압감부터 느끼게 했었기 때문에 의도적으로 너스레를 떨었다. 그러자 이대감은 태극太極 팔괘도八卦圖를 펴놓고 짚어가면서 열심히 설명을 하기 시작했다.

"자 보십시오. 이 우주가 음양 태극 기운으로 나누어져 있듯이 사람의 몸도 음양으로 되어 있어서 무거운 육질은 음전자파요, 가볍고 밝은 것은 영으로 양전자파라는 겁니다. 이 원리가 우주의 근본이라는 조화주 하나님 본자연의 법칙으로 천지도 일월이 없으면 밤과 낮이 없지요. 이 원리가 태초 음양 조화주 하나님 이성조화 기운으로 여기에서 뻗어나간 분자적인 빛이 칠색으로 우리 조상들이 칠성님이라고 했다는 거 아닙니까."

거기까지 설명을 하고 메모지에다가 숫자를 적어 넣기 시작했다.

상양(上陽) 1 2 3 4 5=우수 상(上)-ㅇ
하음(下陰) 6 7 8 9 10=기수 하(下)-ㅁ
水 火 木 金 土=오행

"자, 이것을 보십시오. 이 설명을 잘 들어야 종교적인 의문이 풀리면서 종교 통일문서를 쓰게 될 수 있을 테니까요. 제가 하늘 비밀은 동양철학 진수가 아니면 풀어내지 못한다고 하지 않았습니까."

그리고 설명을 하듯이 메모지를 앞에다 내밀고 쓰면서 그 주제를 가지고 계속했다.

"노자 도교는 1, 6 수에서 나온 북방임계흑제현무北方壬癸黑帝玄武라. 은잠성으로 죽음이며 상징은 거북이지요. 그리고 다음 예수 기독교는 2, 7 화에서 나온 남방병정적제주작南方丙丁赤帝朱雀이라 발양성으로 사랑이며, 상징은 까치고, 공자 유교는 3, 8 목에서 나온 동방갑

을청제청룡東方甲乙青帝青龍 직진성으로 자유며 상징은 용이지요. 또 석가 불교는 4, 9 금으로 서방경신백제백호西方庚申白帝白虎라 신축성으로 윤회의 탄생이며, 호랑이가 상징이라는 겁니다.

그러면 여기에서 우리 한민족의 종교이자 환웅천제로 하여 전래되어온 우리 민족 사상은 무엇인가 봅시다. 그러니까 환웅 단황교는 중앙 5, 10 토에서 나온 중앙황제봉황中央黃帝鳳凰이라, 조화성으로 평화며 봉황이 상징이지요. 핫, 하하하…. 이와 같은 우주섭리에 의해서 세계 칠대 성현들이 사방위로 그 말씀을 가지고 왔다 가셨고, 지금까지 그 맥을 잇고 있는 것이 유불선과 기독교지요. 그 사대종교 원천 자리가 중앙 토니까 말법시대가 이르면 우리 민족 조화의 한얼 정신 사상 속에 모두가 들어와 용해된다는 것이 공자님께서 만법이 동토로 귀일하게 된다고 하신 그 뜻이랍니다. 그러니까 세계 속에 유일하게도 칠성각을 세워 놓고 거기에 칠색을 걸어놓는 나라는 동방 우리 배달 한민족 밖에 없었다는 겁니다.

그 천기운행 섭리를 우리 조상들이 어디에서 배웠겠습니까. 바로 그 원방각 천부인을 하늘 징표로 가지고 오신 우리 배달민족 조상신 환웅천제께서 가르쳐 주신 삼신사상을 기본으로 한 그 삼일철학이 바로 유쌍단일 원리였기 때문이랍니다. 그런데 세월이 오래되면서 안타깝게도 그 칠성님의 존체는 무당 굿거리 판에서나 오르내리는 칠성님이 되어 버리고, 오늘 일반인들로부터는 미신 취급을 받게 된 것이지요."

"어머! 그러니까 요한계시록에 하나님의 일곱 영으로 일곱 금촛대의 비밀도 그렇지만, 또 주 앞에 섰는 두 금촛대의 비밀이라는 의문의 성구가 이제야 풀리네요, 세상에나…."

"지금 두 금촛대의 비밀이라고 하셨소…?"

"네, 성경에 분명히 두 금촛대가 비밀이라고 했지요. 그런데 지금 설명하신 원리를 듣고 보니까 그 비밀이 음양 조화주 하나님 우주 영혼으로 성부 하나님 사랑의 머리 도맥으로 오신 성자예수는 그 상징성을 부활로 에텔화해 보이셨고, 자비로우신 성모 하나님의 혼 도맥으로 오신 석가 붓다는 물질개념의 윤회사상을 안으로 응고 수축되는 사리로서 그 상징성을 나타내 보이셨다는 것이 오늘 제 생각이지 뭡니까."

"허허… 거기까지는 미처 생각지 못했는데 듣고 보니 이치적으로 맞는 얘기요. 그게 음양 조화주 하나님 우주정신 영혼 도맥으로 두 금촛대의 비밀이라… 그러고 보니 석가나 예수가 고등종교 스승으로 음양 논리라는 것이 이치적 맞는 거 같소이다. 그런데 그 생각을 어떻게 하셨소? 카핫, 하하…."

"이제까지 말씀하신 게 우주 영혼 음양 논리잖아요. 그 이치를 가만하게 생각해 보니까 그 성구가 문뜩 떠오르지 뭐예요."

자신이 생각해도 너무나 놀라운 발견에 그 말을 하고 웃음을 날렸다.

"허허… 그걸 가지고 뭘 그리 놀래십니까? 이제 더 놀라운 사실이 밝혀질 텐데요. 성경을 잘 이해하시니까 말인데 계시록에 등장하는 백보좌의 실체 말입니다. 그 존체가 과거 선천시대에 우리 배달 한민족 조상신이었다고 하면 믿어지겠습니까? 핫, 하하…."

"예?! 그럼 환웅천제…?"

너무나 뜻밖이어서 두 귀가 번쩍해졌다. 계시록에 의하면 결정적 인류 구원의 능력이 이 땅에 하늘 군대를 거느리고 내려와 장막을 치는 그 백보좌 손에 달려 있다고 했었기 때문이다.

흥분을 가라앉히면서 가만하게 물었다.

"사실 저는 그 성구를 읽으면서 도무지 이해가 되지 않았어요. 교회에서는 예수 재림만 말해왔는데, 그 백보좌가 백말을 탄 하늘 군대를 거느리고 인간 세상에 내려와서 장막을 치고 생명수 샘물로 인도하시고 저희 눈에서 모든 눈물을 씻겨 주실 것이라는 그 존체가 도무지 의문이었거든요."

"그분이 바로 알파와 오메가로 나는 처음과 끝이라는 그 심판주라는 겁니다. 모든 종교에서 말하는 그 마지막 때에 이 땅에 하늘의 뜻을 이루고 실현시키기 위해 오신다는 그 성모 구주미륵 하나님이시지요. 그때가 선천시대가 마무리된다는 말법시대라는 겁니다."

"그게 예수께서 말씀하신 말세론이군요."

"그렇지요. 그래서 천지개벽이 일어나고 난 이후에 아름답고 평화로운 용화세계 지상천국이 이루어진다는 그 이치가 성현들께서 설파하신 새로운 세상이 도래한다는 거 아닙니까."

"맞아요. 계시록에도 새 하늘과 새 땅이 이루어진다고 했으니까요."

"그때는 선천시대 동서로 분파되었던 성현들 말씀이 하나로 통일되는 도수라는 것인데, 그 자리가 황색봉황 조화성으로 서로를 돕고 인정해 주는 홍익인간이화세계라, 성경 계시록에 암시하고 있는 그 백보좌가 이 동토에 백두민족을 세우시고 다시 오시겠다고 약속하고 가신 바로 그 환웅천제님께서 오신다는 겁니다."

"어머, 그러니까 태초 물질 모태이신 성모 백보좌 하나님과 환웅천제님이 동일체라는 논리의 말씀이 이제 좀 더 이해가 되네요."

"허허허…. 그렇게 근본자리 음양 조화주 태극의 입지에서 오시기 때문에 칠성님으로 분파된 유불선 기독교가 하나로 모아져서 서로가 내 몸처럼 사랑하고 돕는 지상천국이 이 땅에서 이루어지는 도수라는 거요. 그러니까 미래 예언서에 진리체로 오신다는 구주미륵 하나님은 오늘 이 땅에 살고 있는 우리와 조금도 다른 구석이 없이 삼신문을 통해서 인간혈육의 형태를 쓰고 출현하신다는 겁니다. 역학적으로 놓고 보면 지금 이미 이 땅에 내려와 성숙하고 계시는 도수라, 그래서 말법시대는 사람을 외모로 보고 평가하지 말라고 했지요. 밭에 나가 농사를 짓고 계시는지 지나가는 사람들한테 빵을 팔고 계시는지 그토록 낮은 차원으로 본 모습을 감추고 오신다는 것이니까요."

참으로 어려운 논제를 이해를 시키고자 풀어내는 이대감의 이야기는 그야말로 현기를 느끼게 하는 정도가 아니었다. 넋을 놓고 쳐다보면서 가만하게 물었다.

"그럼 혜안이 열린 도인들의 기파로도 알아볼 수 없나요. 지금 어디 계시는지…?"

"허허허… 동서남북 어디 가서 찾겠소. 그분이 누굽니까? 그 기운에 접하기 위해서는 선천에 가지고 있던 그 모든 기존의 상을 버리고 자숙해야 한다는 거요. 그분의 말씀 왈, 너희 모든 것이 내가 있음이라, 너희 말마따나 창조를 했으면 창조한 것은 나일 수밖에 없다. 스스로 존재하기 때문에, 이걸 왜들 헷갈려 가지고 선천시대마냥 우상화하려는지 답답하다 한 거요. 그래, 선천시대 그 백보좌 환웅천제님이 다시 오셔가지고 미성숙된 인간들의 기존의 모든 질서를 뜯어 고칠 수밖에 더 있겠소? 그러니 이제는 기존의 사상 그 의식 구조 자체를 바꾸어야 한다는 거요. 목적지는 안내판, 이정표가 아닌데 사람들이 성경 불경을 쥐고 달달 외우기만 하면 뭘하겠소. 이제 그것을 알았으면 털고 일어나 목적을 향해 가는 것이 해탈이라, 헌데 해탈이 무슨 뜻인지도 모르고 열반을 어찌 알며, 조물주 하나님과 일체 관계성으로 성인의 반열에 들어가야 한다는 뜻이 뭔지를 어찌 알겠소.

그래, 백보좌 미륵님 왈, 너희가 막연하게 생각하고 두려워하는 주재자 내가 때가 되면 너희와 함께 어우러져 그 세계를 열어 펼쳐 보이겠다고 한 거요. 물질을 형성케 했던 성모 하나님의 위치에서… 그러니 너희가 막연하게 생각했던 그 선천 하늘 극락이나 천국을 떠나서 십승지를 이 땅에다 세우겠다는 것이 백보좌가 계시록에 장막을 치리라고 한 것인데 그게 무슨 뜻이냐? 바로 미완된 세상을 뒤집고 완성된 새로운 세상을 열겠다는 것이요.

아, 그 꽃이 피었다가 떨어지면 열매가 맺을 차례 아니요? 그 꽃만 보고 어찌 열매를 알겠느냐는 거요. 그래, 본자연하신 절대자의 위치에서 나도 너희처럼 인간 모습으로 출현해서 물질세상이 주는 고통을 다 겪고 본 모습을 나타내리라고 한 그게 바로 로고스적 스타일의 말씀이라. 그러니까 새로운 틀의 굴레를 짜서 씌운다는 구주미륵불은 어디 티끌 하나 흠잡을 데가 없는 완벽한 기운의 결과체시라는 거 아니겠소. 그래, 내가 창조한 너희도 수행으로 아주 깨끗하게 영혼이 성숙돼야 한다고 하신 것은 그 자체가 조물주 하나님이 목적한 성공이기 때문이라는 거요. 아, 성경 불경 다 훑어보시오. 그 경전의 속뜻은 조물주 그 섭리의 뜻을 전하려 함이라. 모든 만사에 섭생하는 원리 그것이 창조의 목적이 그것이었으니까…."

"어머, 그러니까 그 말씀의 뜻이 성경에서 나는 시작과 끝이라는 알파와 오메가 하나님이시라는 건데…. 오늘 서구신학 여호와 유일신 숭배사상 논리로서는 그 섭리를 신도들이 이해하기란 그야말로 어렵겠네요. 그래서 예수께서 말세에 참 믿는 자를 보겠느냐고 하셨던가 보죠…?"

"하하하… 그렇지요. 그러니까 천도의 섭리가 무엇인지도 모르고 여호와 하나님만 믿으면 들어가고 나가도 복을 받게 해준다고 가르치고 있는 눈먼 봉사들이 막연하게 예수가 구름 타고 다시 온다고 어쩌구저쩌구 하는데, 성경을 제대로 읽었다면 그렇게 이치에 맞지도 않는 헛소리들을 하고 있겠소? 흐흥!"

사실 지난날 그 성구가 의문으로 '계시록 4장 8절'이었다.

〈거룩하다, 거룩하다, 거룩하다, 주 하나님 곧 전능하신이여, 전에도 계셨고, 이제도 계시고 장차 오실자라…. 우리 주 하나님이여, 영광과 존귀와 능력을 받으시는 것이 합당하오니 주께서 만물을 지으신지라 만물이 주의 뜻대로 있었고, 또 지으심을 받았나이다.〉

그 성구에서 '장차 오실 자라'는 그 하나님으로부터 삼라만상이 이루어졌다는 것은 만물의 모태이신 백보좌 성모 하나님을 나타내 주고 있음을 근원에 대한 그 이야기를 들으면서 비로소 고개가 끄덕여졌다.

성경적으로 새롭게 인식되는 그 존체가 많은 생각을 하게 해주면서 이제야 이해가 된다는 듯이 가만하게 말했다.

"그 백보좌 하나님 존체가 물질 모태이신 성모 하나님 입지기 때문에 하늘의 이치를 서양보다 배로 통달하는 배달민족을 선천시대 하늘 삼천 신장신관들을 거느리고 이 동토에 내려와 세우셨다는 그 환웅천제님이었다는 사실이 이제야 분명해지는군요."

"이제야 그 이치가 이해가 되시는 모양인데…. 그러니 서구신학 여호와 유일신론에 꽁꽁 묶여 있는 우리나라 기독교인들이 우리 배달민족 뿌리역사를 이해하기란 결코 쉽지 않은 일이지요."

"하지만 예수께서는 귀 있는 자는 들으라고 하신 말씀이 뭐겠어요. 생사윤회를 거쳐 그 의식이 성숙된 사람들은 결국 언젠가는 그 논리에서 깨어난다는 거 아니겠어요? 저는 그 말씀을 믿어보고 싶네요. 계시록에 보면 흰옷을 입은 많은 무리가 동방에서 하나님의 인을 가지고 세계로 나간다고 했는데, 그 뜻이 뭔가 했더니 결국 그 말씀이 인도의 시성 타골이 말한 동방의 등불로 내 마음의 조국 코리아여 깨어나소서! 그 뜻이 이제야 저도 이해가 되지 뭡니까."

"허허허… 천만 다행입니다. 그 광휘한 동방의 등불이 선천시대에 이 동토에 왜 켜졌었다는 것인지, 또 그 등불을 밝혀주신 존체가 누구인지 그 이치를 먼저 헤아려 볼 줄 알아야 한다는 겁니다. 어린애마냥 내 부모 내 조상 근본 뿌리조차 모르는 사람이 이 땅에 새롭게 열린다는 불국정토의 뜻을 어찌 알겠소. 지난 갑자년부터 그 선후천이 바뀐다는 도수라, 인류구원의 하늘정부 십승지 도솔천이 이 땅에서 준비되고 있는 것을 모르고 앉아서 죽어서 천당 간다, 극락 간다? 백날 빌어봐야 천당 극락은 구만리장천이라는 거요. 지상 불국정토가 애시당초 조물주가 목적했던 대로 완성되어지는 성공시대라 처음과 끝이라는 알파와 오메가의 하나님 나라가 그것도 우리 이 한반도에서 준비되고 있는 천기 도수라는 거 아닙니까. 그러니 이제 가까운 시간에 어떤 방법으로든지 남북분단의 문고리를 하늘이 열어주게 되어 있고, 그래야만이 남북이 대동단결해서 우리 민족 위에 심어주신 조화주 한얼사상 민족정기를 횃불로 켜들고 세계로 나가 선택받은 하늘 제사권 민족이라고 자랑하면서 그 소명을 다할 것 아니겠소이까, 카, 핫하하….”

“아, 그래서 우리나라가 그처럼 역사적으로 많은 시련을 겪어왔었던 가보죠? 계시록에 장로 중에 하나가 동방에서 하나님의 인을 가지고 올라오는 그 흰 옷을 입은 자들이 누구냐고 물으니까 큰 환란에서 나오는 자들이라고 했거든요. 그게 오늘 세계 속에 유일하게 불명예의 분단국가로 같은 혈통 동족끼리 대립적 상태로 놓여 있는 우리 한민족만큼 외세의 침략을 많이 받고 고통과 시련을 많이 겪어온 나라가 어디 또 있겠어요. 그런데 그 성구를 놓고 이제 다시 생각해 보니까 그게 성자예수 십자가의 고난이 만세전에 예정되어 있었다는 것처럼 우리 민족도 세계 속에 다시 동방의 등불로 드러내게 하기 위해서 그처럼 연속적인 환란 속에서 시련을 겪게 하셨던 것이 예정된 섭리역사였구나 하는 생각이 들지 뭐예요. 아침이 오려면 새벽 미명이 가장 어둡다고 한 것처럼 말입니다, 그죠?”

“그게 대자연의 순환원리라는 거요. 그러니까 우리의 소원이라는 남북통일은 우리 한민족 평화의 협동정신 그 조화주 하나님 사상을 동방의 등불로 세계에 알리는 전초작업의 신호탄으로 대박이라는 거 아니겠소이까, 카 핫핫하….”

사실 그 이야기가 단계적인 수순으로 맞는 말인 것 같았다. 그 신호탄을 울리기 위해서는 인도의 시성 타골이 말한 그대로 우리 국민정신이 깨어나서 하루 속히 우리 조상 뿌리역사관부터 바로 찾아 세워야 한다는 생각을 하면서 거기에 응수를 했다.

“이제 그 대박 터지는 신호탄이 하루 속히 이 땅에 울려주었으면 좋겠네요, 후후훗….”

“그게 우리나라에 하늘이 그 기운을 돌리고 있는 천기도수라는 거 아닙니까. 그게 본자연하신 하나님께서 만물을 주재하시는 섭리역사로 체계적으로 성숙시키기 위한 분열장생 매듭을 거쳐 완성된 하나를 이루려는 것이 그 목적이라고 한 거요. 그러니까 그 섭리역사가 동양의 정신문명과 서양의 물질문명을 하나로 통합시켜 조화를 이루게 하려는 것이 중형의 도라, 그와 같은 섭리가 창조주와 피조물이 똑같은 차원에서 하나가 되는 차원, 그게 조화주 하나님 그 본능적 작용으로 삼천대세계를 완성시켜 통합하려는 그 뜻이 조물주 성공시대라는 거요, 핫, 하하….

그래, 다시 말하지만 동서로 출현하신 성현들 말씀의 결론은 하나로 귀결되지만 체계적으로 그 선천사에서부터 후천사에 이르기까지 중생들이 보지 못한 세계관을 설명해 주기 위해서 그 시절에 따라서 천기운행의 줄거리 그 도맥을 가지고 각기 출현하셔서 설법을 하고 가셨던 게 하나님 섭리역사였다는 거요, 흠…. 그러니까 성현들의 설법인 즉은 존재하는 만물의 이치를 깨닫고 세상이 주는 허상적인 꿈에서 깨어나 영원한 그 나라 극락정토에 입성하기 위해서 세상이 주는 마음을 비우고 털어내는 수행의 길은 고통이지만 마음을 비우고 티끌 없이 닦아서 천지의 이치를 깨닫고 세상 지향적인 꿈에서 깨어나 정도로서 바로 서라는 거요."

"아, 그래서 공자님께서 하늘이 큰 사람을 만들려면 뼈를 깎는 고통을 주신다고 하셨던 거군요. 그러니까 세상은 영혼 성숙을 위한 닦음의 도장이라 그 고통을 많이 당한 자들일수록 빨리 성숙된다는 말씀이네요, 그죠?"

"그게 이치적으로 맞는 말이지요. 고통을 통해 마음에 성부 하나님 우주정신 그 불성을 이루어서 성인의 반열에 들어간다는 게 결코 쉽지 않은 일이기 때문에 붓다께서 고통의 사바세계라 한 거요. 목숨 붙어 있는 그날까지 인간육신의 마음 보따리 그 오욕칠정을 비우고 닦아야 한다는 것이고, 그게 인간 숙명이라는 것이니까요."

"그래서 예수께서 물질은 일만 악의 뿌리라고 하신 게 바로 그 물질세상을 지향하게 하는 인간 마음 보따리로 오욕칠정이라는 거고, 그게 악마로 각자에게 주어진 고통의 십자가임에는 틀림이 없는 거 같네요. 그 마구니를 성현들이 설파하신 진리의 말씀으로 다스린다는 게 누구나 쉽지 않은 일이니까요."

"그 이치가 예수님 말씀이나 붓다의 말씀이나 다를 게 뭐있겠소. 그러니까 인간 마음 보따리 오욕칠정은 누구에게나 주어진 고통이라, 벗어던져 버릴 수도 없는 그 운명적인 고통의 십자가를 이 세상에 와서 자신이 풀고 가야할 숙제로 감당하고 마음을 비워서 잘 다스리고 이겨내면 비로소 조물주 하나님이 고대하고 바라시는 완성된 영체인간으로 고통과 눈물이 없는 그 신선세계에 들어가게 된다는 거 아니겠소이까. 그래, 석가 붓다께서 하신 말씀이 세상적인 기만의 눈을 안으로 돌려 자아성찰하고 불성을 이루어 부처가 되라는 것이나, 또 기독교 스승 예수가 마음을 성전삼고 늘 깨어서 기도하라고 하시고 그 말을 믿는 자는 하나님 아들로 의인이 된다는 거나 그 뜻이 뭐가 다르겠소. 결론은 물질세상이 주는 고통은 미완된 인간영혼 성숙을 위함이라, 한밤의 꿈처럼 잠시 잠깐이면 없어질 그 세상 부귀영화를 쫓아 헐떡거리는 것은 모두가 다 부질없는 짓임을 깨달으라고 한 거 아니겠소. 그래 붓다께서는 이 세상에 와서 깨우친 만큼 중생들의 근기가 각기 다르기 때문에 방편 법을 쓰신다고 한 거고…."

그 이야기를 듣는 순간 예수께서 하신 말씀이 떠올랐다.

"아, 그래서 예수께서 귀 있는 자는 들으라고 하셨던 거군요. 진주를 개한테 던지지 말라고 하시면서…."

"그게 바로 조물주가 인간 영혼을 성숙시키기 위한 생사윤회의 이치가 아니고 뭐겠소. 전생에 초등학문도 다 못다 배운 초급생이 이 세상에 와서 그 배움의 단계 수순도 밟지 않고 하루아침에 갑자기 고등학문을 듣고 이해를 하겠소? 그만큼 각 사람이 생각하고 분별하는 영혼 근기가 각기 그 수행에 따라 다르기 때문에 방편 법을 쓰신다고 하시고 오늘 네 모습을 보면 전생을 알고, 또 오늘 네 생각을 보면 다음 생이 보인다고 하신 거요. 그럼 여기서 우리가 한번 생각해 봅시다. 만민을 공평하게 사랑하신다는 조화주 하나님이 그래, 어떤 인간은 이 세상에 와서 쓰레기나 주워 모아 팔아서 고통스럽게 생활하게 하고, 또 어떤 인간은 고대광실에서 호화로운 생활을 하게 하느냐 거죠. 그렇다면 그건 하나님 자체가 불공평하시다는 거 아니겠소. 그게 바로 그 사람이 타고난 운명의 팔자라, 제왕도 하늘이 내고 큰 재벌도 하늘이 낸다고 한 거요. 그럼 그들은 마냥 행복하고 편안하느냐? 아니야, 외형상으로는 그럴 듯하고 호화스럽게 보이지만 속사정은 청소부보다 마음고생은 더 많이 한다는 거요. 그래 우리 옛 속담에 쌍가마 속에도 울음이 있다고 한 게 바로 그 뜻이라. 그러니 만민평등으로 공으로써 이 세상을 심판하신다는 하나님 아니겠소이까."

그 이야기를 듣고 앉아 있던 어느 순간 지난날 문인들과 함께 인도 여행했을 때의 풍경이 다시 눈앞에 펼쳐졌다. 길거리에서 지나가는 사람을 붙잡고 손을 내미는 걸인들이 어린아이 어른 할 것 없이 인도는 의외로 많았다. 그런데 놀라운 것은 깡통을 들고 달려와 손을 내미는 그 표정들이 한 치의 부끄러움도 없이 더 없이 맑고 편안해 보였다.

그처럼 편안해 보이는 몸짓 미소에 오히려 그들을 웃음으로 대하고 몇 닢씩 꺼내 건네주면서 함께 간 일행을 돌아보며 농담조로 한마디 했었다.

"어쩌면 손을 내미는 눈빛 미소가 저리도 맑대요. 마치 한 폭의 그림을 보는 거 같아서 물건 같으면 우리나라로 수입해 갔으면 좋겠네요."

그 말에 안내원은 그 모습이 인도 땅에 전래되어 온 윤회사상에 뿌리를 둔 국민정신이기 때문에 호위호식하고 잘 사는 사람들을 크게 부러워하지도 않고, 또 거기에 굽실대지도 않으며 자신의 환경과 처지를 그처럼 보기에 편안한 모습으로 받아드리고 있는 것은 그 생활환경이 전생에 닦지 못했던 수행이라고 생각한 때문이라고 했다.

그때 그처럼 인상적이었던 인도 풍경은 지금까지도 입가에 미소를 짓게 하면서 그 윤회의 주제를 들고 이대감을 쳐다보면서 말했다.

"결국 모든 종교의 가르침은 인간 영혼을 성숙시키기 위한 법문이라는 얘기잖아요. 그러니까 그 생사윤회의 이치가 주인이 그 종자 씨알을 알곡으로 익히기 위해서 새싹 돋아나는 봄에는 가랑비로, 그 씨알이 고개를 내미는 여름에는 소낙비로 그 자생력을 길러 주듯이 그것이 자연이라는 인간에게도 적용되는 성숙을 위한 인연법으로 부모자식 인연의 고리도 그렇고, 또 부부인연 고리도 그 매듭 사랑으로 풀어야 할 숙제이기 때문에 예수께서 네 원수가 네 집안에 있느니라, 하시고 또 그 원수를 사랑하라고 한신 말씀이 이제 이렇게 가슴에 와서 닿지 뭡니까요."

"맞습니다. 자연이라는 인간 역시도 그 근기에 따라 다른 업장이 각 사람에게 주어진 운명의 팔자로 성숙을 위한 수행의 길이라는 거 아니겠습니까. 그래서 공자님께서도 가정에서부터 이루어야 한다는 뜻에서 가화만사성이라고 하셨든 거란 말씀이야. 그런데 요즘 종교판을 보면 자기에게 주어진 그 숙제도 풀지 못하는 주제들이 그럴 듯하게 하나님 사랑이 어쩌구, 부처님 자비가 어쩌구 해가면서 입으로만 떠벌리고 다니는 악마구니 세상이라는 거요. 말법시대라서….

하지만 말법시대는 자기 행위 그대로 돌려받게 된다는 자생심판도수라는 거요. 그 이치가 주인이 지상에서 정심정도의 정법시대이기 때문에 정도로써 수행을 하고 고개 숙인 영체 인간은 거두어 주인의 창고에 집어넣고 물질세상을 최대 목적으로 지향하고 대갈통 뻣뻣하게 세우고 있는 쭉정이는 쓸어 모아서 불에 태운다는 거요. 그럼 알곡을 모아 넣는다는 주인의 창고가 뭐겠소?

그 세계가 불국정토라고 하는 지상낙원이라는 거요. 거기에 들어가기 위한 자격을 얻기 위함이 수행이기 때문에 성현들이 이 땅에 오셔서 생활 속에서 그 모델이 되어 보이셨고, 또 말법시대에 출현하신다는 만법의 왕 백보좌 미륵님 역시도 그 모습으로 지상 불국정토를 세워 보이신다고 한 거요."

그 이대감의 설명의 말에 붓다께서 세상을 고통의 바다라고 한 말씀의 뜻이 긍정적으로 이해가 되면서 고개를 끄덕이게 했다. 그러자 이대감은 입가에 미소를 흘리면서 그 주제를 들고 다시 계속했다.

"그럼 그처럼 하늘과 땅의 그 모든 섭리를 주관하시고 이루기 위해서 말법시대에 다시 이 동토에 출현하실 것이라는 그 백보좌 미륵불의 실체가 어떤 모습으로 우리 앞에 나타나리라고 상상되시오…?"

"글쎄요…. 지상낙원 세계니까 우리처럼 인간으로 오신다고 하셨잖아요, 성경상으로도 그렇고…."

"바로 그겁니다. 과거 유대 땅에 출현하신 성자예수 환경이나 그 모습이 별 볼일이 없었다고 했듯이 그게 하늘의 비밀이라는 거요. 그래서 구주미륵이 출세하신다는 말법시대는 인존시대라 사람을 외모로 보고 평가하지 말라는 겁니다. 얼마 전 일입니다. 비슷한 분이 나타났다고 해서 아이구, 이제 내 부모를 만나보게 되는구나 하고 쫓아가봤더니, 하하하… 아니었습니다. 그 미륵불의 존체는 만행만덕을 닦아 덕과를 쌓기 위해서 자신을 보다 낮추신다는 분이지 그처럼 자신을 내세워 높이고 우쭐거리는 그런 모습을 할 분이 아니지요.

그러니까 하늘나라 구천 십방의 세계가 이 땅에서 새롭게 그 정부가 건설되는 시대라 본 모습을 감추고 인간으로 오셔서 이 세상 모든 고통을 몸소 겪고 계시기 때문에 헤아려 알기가 극히 어렵다고 했다는 거 아닙니까, 흠…."

"그럼 그분이 지금 이 땅에 와서 계시다는 것을 어떻게 단정할 수 있죠?"

"제가 요 앞전에 말씀 드리지 않았습니까. 동양철학의 진수를 알면 그 도수가 풀리면서 우주의 모든 비밀이 풀린다구요. 그것이 바로 선천시대 환웅천제께서 가지고 내려오신 천부인 그 마패의 원리였으니까요. 우리나라에 그 누에 꼬치 모양을 한 팔팔 년도의 올림픽이 그냥 열린 줄 아슈? 그러니까 썩은 두엄 속에서 자란 번데기가 자유롭게 하늘을 날기까지는 그 허물을 거듭 네 번을 벗고 비로소 날아오르듯이 누에 꼬치 모양의 팔팔 년도에 우리나라에 그 기운이 들어오고 있다는 신호탄을 울려주게 했던 그게 천기운행이라는 거요. 그 신호탄이 선천과 후천이 바뀌는 도수라, 하늘도 노천이라 거기다 대고 빌어봤자 아무 소용이 없다는 겁니다. 하늘 정부 조화신단들이 지상에 삼신 탯줄을 달고 인간으로 내려와서 각자 그 맡은 소명대로 주어진 일에 열심히 하고 있는 도수라 산에 가서 빌 것도 없고, 성령 없는 성전에 꿇어 엎드려 빌 것도 없다는 겁니다. 그러니까 인연 도수라는 것이지요. 하지만 그때에 신성을 이루어서 구원 받을 사람은 그 물이 한판에 짜지듯이 그 에너지 파장에 의해서 서로 만나지게 되어 있다는 것이지요. 불로불사의 신선세계가 이 땅에서 준비되어지는 시간대이니까요."

그리고 잠시 사이를 두고 그 신선이란 주제를 들고 설명을 다시 계속했다.

"그러니까 붓다께서 중생들에게 그 설법을 듣고 성불하라는 것이 뭐겠소? 그게 바로 활달자재하는 신선도법이라는 거요. 그 모델이 예수가 그 이스라엘 백성들에게 보여준 바로 그 시해선으로 에텔화한 모습이었다는 거 아닙니까. 물론 기독교에서는 예수만 그렇게 유일하게 에텔화한 것으로 설파하고 있지만, 그 전에 우리 환웅천제께서 에텔화하셨다는 기록이고, 또 단군 할아버지 역시도 구월산에서 빛으로 에텔화하셨다는 기록이 바로 그거요."

"아, 그래서 붓다께서 내가 세상에 오기 전에도 활달자재하는 많은 부처가 왔다갔다고 하신 거군요. 그 뜻이 이제 이해가 되네요."

"이제 그 이치를 바로 아셔야 한다는 거죠. 그러니까 서양 유대민족을 하늘 천법을 가르쳐 구원하기 위해서 유대 땅에 성자예수가 출현하기 그 훨씬 이전에 이 땅에는 지극히 높으신 환웅천제 그 성모하나님께서 그처럼 섭리하신 천지공사 경륜의 뜻이 이미 그렇게 펼쳐지고 있었다는 겁니다. 그 천지공사 섭리의 뜻이 뭐겠소. 그게 바로 천지인을 한 틀 속에 묶어 삼천대세계를 완성시키려고 하신 조화주 하나님 그 섭리역사라는 것이지요, 흠….

그러니까 이 땅에 하나님 나라를 건설하는 게 그 목적으로 인간 종자씨를 영적인 존재로 만들기 위함이라, 그 윤회를 거듭시켜 영과 육이 바르게 서는 그때를 기다리시면서 그 시절에 맞추어 성자들을 내려보내어 인간 영혼이 성숙하는 그 이치의 말씀을 가르쳐 주게 하셨고, 또 그 완성체가 되었을 때 활달자재豁達自在하는 신선의 능력이 어떤 것인가를 실제로 보여주기도 했다는 거 아닙니까."

그 이치적인 설명이 성구와 하나로 연결되면서 고개가 끄덕여졌다. 웃으면서 그 마음을 내비쳤다.

"그 뜻이 바로 예수께서 말씀하신 알곡으로 익은 자를 형제라고 부르기를 부끄러워하지 않겠다고 하신 바로 그 말씀의 뜻이었던 거군요."

"그게 땅에서 이루어진다는 하나님 나라로 의인들이 모여 살게 된다는 지상천국 아니겠소이까. 그러니까 형제라는 뜻은 우리 인간 종자들도 알곡으로 익으면 하나님과 일체를 이루는 성인이 될 수 있다는 그 말씀이었던 거죠. 이 땅에 오신 성자 칠성님들께서 하신 말씀이 삼라만상이 나타내 주는 체體와 용用 그리고 상象은 본자연하신 조화주 하나님으로부터 대자연과 자연에 이르는 하나의 고리 일환의 순리로 분열팽창하고 장생하는 성장의 역도易道라는 것이지요."

그 이야기를 듣다보니 어쩐지 마음이 무거워졌다. 천기는 바쁘게 돌아가고 있다는 것인데 자신은 지금까지 세월만 태우고 앉아 있는 것 같은 자책이 가슴을 눌러왔기 때문이다.

그 사이를 가르고 이대감은 백보좌의 존체에 대해서 다시 설명을 하기 시작했다.

"말법시대에 인류 위에 나타날 만법의 왕 그 구주 성모 하나님을 계시록은 백보좌로 표현하고 있는데, 그럼 불교에서 그 중생들을 구원할 대상을 어떻게 표현한지 아십니까. 석존께서는 자신의 뛰어난 사대성문 네 명에게 그 구주미륵불의 세계가 얼마나 좋았으면 지금 열반에 들어가지 말고 자신의 도맥이 없어지게 되는 말법시대에 그

미륵부처님의 시대가 올 그때에 다시 태어나서 그 도를 받으라고 하셨답니다. 그렇다면 도대체 어느 정도의 차원으로까지 이 지구가 혁신되어 살기 좋은 낙원으로 변모하기에 하늘의 신들이 지상 도솔천에 구주미륵님 시대가 올 때 지상의 인간으로 태어나기를 기원하는 것인지 석가 부처님께서 기록하신 미륵 하생경에서 보면, 이 미륵께서 미래 세상에 마땅히 중생들을 위해 크게 귀의할 곳을 이루실 것이니 미륵 부처님에게 귀의하는 자가 있으면 마땅히 알리라고 하셨지요."

"어머, 그러니까 그 뜻은 불경 역시도 성서적인 예언이나 다를 것이 없네요. 하늘의 뜻이 땅에서 이루어진다는 그때에 주의 의로우신 일이 나타나서 만국이 와서 주께 경배를 드리게 된다고 했으니까요. 그때에 세상의 향락을 좇지 않고 진리를 좇아 신성을 이룬 자들은 주의 아들로 인정을 받아 지상천국의 유업을 얻게 된다는 것이 요한계시록의 핵심적인 예언이니까요."

"맞습니다. 그렇게 불교의 가르침과 언어 표현상으로만 다를 뿐이지요. 석존께서 말씀하신 미륵님이란 충만한 법의 왕이란 뜻인데, 이 말의 핵심적인 뜻은 모든 종교의 도맥과 인간의 극한 분열과 대립의 틀을 털어내고 근본적인 틀을 새롭게 짜신다는 의미를 내포하고 있는 것이랍니다. 그러니까 불가에서 말하는 용화란 말의 뜻은 영원히 죽지 않는다는 의미로 용화세계 미륵불은 성경의 백보좌와 같은 맥을 이루고 있음을 알 수 있지요. 말하자면 용화세계란 신의 성품을 이룬 자들이 모여서 살게 될 그 지상낙원 세계를 말하는 것인데 석존께서는 이때에 구원받은 백성과 천상의 신들이 함께 법락을 누리게 된다는 그 지론이었다는 겁니다."

이대감을 통해서 불교의 석가 부처께서 말씀하셨다는 그 미륵불의 존체에 대해서 다시 새롭게 눈이 떠지면서 조심스럽게 물었다.

"그러니까 미륵부처님께서 강림하셔서 이룩하실 구원의 스케일과 궁극적인 최종 목적은 예수께서 주인이 농사짓는 비유로 말씀하셨던 그대로 주인이 가을 추수 때가 이르면 밭에 나와서 쭉정이는 거두어 불에 태우고 알곡은 거두어 주인의 창고에 넣게 한다는 그 심판주로 만법의 왕이시라는 말씀이네요."

"그렇죠. 그때가 주인이 그 밭에 출현하는 말법시대로 이제까지의 윤회를 매듭짓고 그동안 비바람 험난한 세상에서 수행으로 영혼이 성숙한 인간종자 씨알을 거두어 하나님의 아들로 왕의 반열에 넣겠다는 것이 바로 그 성인의 반열에 세운다는 뜻 아니겠습니까."

순간 예수께서 한 알의 밀알이 땅에 떨어져 썩으면 많은 열매를 맺게 되리라고 하신 비유의 말씀을 다시 상기시켜 보게 해주면서 거기에 응수를 했다.

"예수께서 세상적인 육신의 향락을 쫓지 않고 진리의 말씀으로 세상적인 유혹을 뿌리치고 이긴 자는 형제라고 부르기를 부끄러워하지 않겠다고 하신 그 말씀의 뜻이 무엇인지 이제 이해가 될 것 같네요. 사실 저부터도 기도는 매번 내 아버지 하나님이라고 하면서도 내가 선을 이루어서 천국은 갈 수 있을는지 모르겠지만 성인의 반열에 들어가게 된다는 것은 감히 상상조차 할 수 없는 일이었으니까요."

"그 말법시대가 바로 처음과 끝이라는 창조주 하나님께서 목적하신 천기운행으로 그 성공시대라는 거 아닙니까. 그토록 거룩하신 뜻을 이 땅에 이루기 위해서 미완성된 인간종자 씨알들을 익히기 위해 그 행업에 따라 거듭 윤회를 시켰지만 생사윤회도 이제 그 매듭을 종결짓는다는 것이 그 말법시대라는 것이지요."

"하지만 지금까지 기독교에서는 인간 영혼의 윤회설을 믿지를 않고 있잖아요?"

"그것은 이스라엘 종족신 여호와를 성부 하나님 입지에 격상시켜 놓은 성경해석 무지에서 온 것입니다. 예수께서는 분명히 실로암 연못가에서 눈먼 장님 눈을 고쳐주시면서 그는 전생에 전쟁터에서 잔인한 방법으로 많은 사람의 눈을 멀게 한 응보로 장님으로 태어난 것이라고 보병궁 전서에 분명히 밝히고 있지요. 기독교 스승의 가르침

이야 말로 인간의 업력에 대한 가르침이 오히려 불교의 가르침 못지 않게 강조되고 있는데도 오늘 서구신학이 그처럼 에덴동산 아담과 이브 후예로 원시인간을 만들어서 죽을 때까지 이 죄인 용서해 달라고 빌게 하는 그게 문제지요. 그러니 영혼이 진화 성숙이 되겠습니까? 오로지 천당과 지옥으로 이분법인데…."

"맞아요. 회계하고 참회하면 어제 일도 보시지 않고 용서하시는 하나님이기 때문에 숨이 넘어가는 그 순간에 목사님이 믿고 천국가십시오. 그러면 그때야 믿습니다, 하는 것을 주위에서 많이 보아왔지요. 그리고 나면 식구들은 망자가 믿고 회계해서 천국을 갔다고 편안하게 믿고 웃고 있잖겠어요, 훗후후…."

"그렇게 믿고 천국 간다면 천당 극락 못갈 사람이 어디 있겠습니까? 그게 영혼이 성숙되지 못한 어린애들이 믿는 신앙관이지요. 하지만 진정한 기독교 세계관은 철저한 인과응보 법칙으로 예수께서 너희가 심는 그대로 거두리라고 하셨고, 후세 인류에게 경고하고 깨우쳐준 것이 죄악이 관영한 이 현세의 마지막 댓가 지불의 상황 전개 순서가 대전쟁과 대전염병 그리고 천지 일월성신의 대변국으로 환란이 계속된다는 것이었지요. 이러한 재난의 총결산은 인류 죄악에 대한 하나님의 철저한 응보 아니겠습니까?

아무튼 그 이유야 어찌되었던 간에 인간이 본자연하신 하나님의 자연 도리의 법을 어긴 업보의 재난임에는 틀림이 없는 것이지요. 그때까지 윤회를 거듭하면서도 영혼이 성숙하지 못한 인간들은 그 환란을 피할 수가 없게 되고, 결국 그 재난의 심판을 면할 수 없게 된다는 것이 기독교에서 말하는 불심판이니까요."

그 이야기를 듣는 순간 노스트라다무스가 예언한 기록이 떠올랐다. 그는 성서가 말하는 인류 최후의 전쟁은 북방왕이 대군을 일으켜 전인류를 원시 상태로까지 파괴시킬 것이라고 예언했었다. 그러니까 소련(북방왕)의 동맹군과 이집트(남방왕)가 이끄는 아랍 군대들이 이스라엘을 침공함으로써 아마겟돈의 대결전이 시작될 것이라고 말했다.

사실 중동은 전세계의 이목이 집중된 화약고임에는 틀림이 없다.

돌이켜 보면 지난 역사 속에 전쟁으로 세계를 손아귀에 넣고 떨게 했던 나포레옹도 메깃도 산기슭에 서서 계곡을 내려다보며 요한계시록 예언을 상기시키며, 세계의 모든 군대들이 이곳에서 전투를 벌이게 될 것이라고 했었다.

그러나 그것은 말세론적인 일부분일 뿐이다. 성서에서 암시해 주는 지구 대변국의 말세론적인 예언은 3가지로 핵심이 되는 것으로, 전쟁과 그 뒤를 따르는 전염병에 이어서 천지와 일월성신에 대이변이 일어난다는 것이다.

성서가 예시해 주는 그 천지개벽 환란의 징조가 오늘 지구 도처에서 그 현상을 보여주고 있기 때문에 그 성구를 다시 상기시켜 보게 해주고 있었다(마태복음 24장 2절).

"내가 진실로 너희에게 이르노니 돌 하나도 돌 위에 남지 않고 다 무너뜨리우리라."

또 누가복음 '21장 25~26'에서는

"일월성신에는 징조가 있겠고, 땅에서는 민족들이 바다와 파도의 우는 소리를 인하여 혼란 중에 곤고하리라. 사람들이 세상에 임할 일을 생각하고 무서워하므로 기절하리니 이는 하늘의 권능들이 흔들리겠음이라."

또한 '요한계시록 8장 7~10'에서는,

"피 섞인 우박과 불이 나서 땅에 쏟아지매 땅의 삼분의 일이 타서 사위고 수목의 삼분의 일도 타서 사위고 각종 푸른 풀도 타서 사위더라,

불붙는 큰 산과 같은 것이 바다에 던지우매 바다의 삼분의 일이 파괴되고 바다 가운데 생명 가진 피조물들이 삼분의 일이 죽고 배들의 삼분의 일이 깨어지더라."

그리고 이어지는 '요한계시록 16장 17~20'에서는,

"일곱째가 그 대접을 공기 가운데 쏟으매 큰 음성이 성전에서 보좌로부터 나서 가로되, 되었다 하니 번개와 음성들과 뇌성이 있고 큰 지진이 있어 어찌 큰지 사람이 땅에 있어옴으로 이 같이 큰 지진이 없었더라. 큰 성이 세 갈래로 갈라지고 만국의 성들도 무너지니 큰 성 바벨론이 하나님 앞에 기억하신바 되어 그의 맹렬한 진노의 포도주 잔을 받으매 각 섬도 없어지고 산악도 간데없더라."

그리고 또 '전도서 1장 4절'에서는,

"한 세대는 가고 한 세대는 오되 땅은 영원히 있도다."

그것이었다. 이대감과 주고받는 이야기가 그처럼 말세론적인 주제로 바뀌면서 성서 예언적인 성구를 다시 떠올리며 가만하게 입을 열었다.

"그러니까 성경에서 말하고 있는 여러 가지 심판 내용 가운데 가장 핵심적인 것은 백보좌 심판이란 것인데, 그 하나님이 그러니까 동토에 다시 오신다는 그 약속을 하고 가신 우리 환웅천제님과 동일체란 논리의 말씀이 어느 정도 이해가 될 것 같아요. 그 존체가 물질모태로 시작과 끝이라고 했으니까요."

"이제 이해가 되시는구만… 그 심오한 우주사상이 인간이라는 숙명적인 존재를 깨닫게 하기까지 알쏭달쏭 두 눈에 눈물을 흘린다는 것이지요. 그래, 백보좌 하나님께서 이 세상에 다시 오셔서 장막을

치시고 거기에 함께 거하시면서 그 눈에 흐르는 눈물을 씻겨 주신다는 것이 구원의 전경이지요. 그 내용이 석존께서 말씀하신 미륵불국토로 용화세계라는 거요. 그러니까 기독교의 백보좌 심판과 지상낙원은 불교에서 도솔천 구주미륵용화세계로 용어상으로만 다를 뿐이지요. 그러니 그 말법시대에 석가세존이 심어둔 공덕의 나무가 미륵불이 나오실 그 용화세계에서 꽃을 피우고 열매를 맺게 된다는 것인데 그렇게 설하신 말씀이 현실로 가까이 다가오고 있음을 지구 도처에서 오늘 그 징조를 나타내고 있다는 거 아닙니까."

"어머, 그러니까 오늘 지구 이변현상이 지구 역시도 미완성에서 완성을 향해 정축으로 가는 시대라 지각변동이 일어나면서 육지가 바다가 되고 바다가 뭍으로 드러나는 이변현상이 그 말세의 징조라는 것이네요."

"그렇지요. 그 말세론적인 예언은 불경이나 성경이나 결과론은 하나로 그 지침을 이루고 있다는 것이지요. 그러니까 그 만드심의 목적을 새롭게 하기 위해서 이 땅의 모든 더러운 것들을 대이변으로 소멸시키고 완성된 불로불사의 시대를 이루게 된다는 것인데, 거기에 대해서 석가세존께서 아란 존자에게 설하신 말씀 중에 그때 이루어지는 그 용화세계는 천상의 백성도 함께 와서 있으리라 하셨으니, 이 우주가 지상에서 어떻게 통일되리라는 것도 짐작해 볼 수 있게 해주는 것이지요. 그러니까 선천시대에 환웅천제님을 옹위하고 지상강림을 했던 그 삼천 무리의 신장들이 천상의 백성이고, 그 백성들이 후천에도 다시 또 그 뒤를 따라 지상에 우리와 같은 모양의 사람으로 온다는 뜻 아니겠습니까?"

"어머! 듣고 보니 정말 그렇네요. 예수님을 하나님 아들로 증거하라는 사명을 받고 왔다는 세례요한이 처음에는 예수님을 태초의 빛이신 하나님 아들로 잘 증거를 했지요. 기적과 함께 말입니다. 그러다 보니까 많은 무리가 따르게 되면서 어느 사이 교만이 들어가지고 왕의 사생활을 정죄하다가 그만 옥에 갇히게 되었다는 거예요. 그때부터 하늘이 그에게 주었던 혜안의 능력을 걷어가 버렸기 때문에 그 동안 예수를 실컷 하나님 아들로 제대로 잘 증거해 오던 세례요한이 옥에서 그 제자를 예수께 보내서 물었다는 말이 하나님 아들로 오신다는 이가 당신이니까? 아니면 우리가 또 다른 이를 기다려야 합니까, 그 질문을 받은 예수께 하신 말씀이 하늘나라에서 아무리 적은 자라도 세례요한보다 크다고 하셨는데 그 뜻이 이제 이해가 되는군요. 그러니까 그 상황이 오늘 우리에게 보여주는 모델 케이스로 자기에게 주어진 능력의 사명 이외에 월권하지 말라는 가르침 아니겠어요? 스스로 높아져서 월권을 했을 때는 그에게 주었던 조그만 그 사명마저도 거두어 버린다는 것을 보여주신 것 아니겠습니까.

결국 그 길로 세례요한은 풀려나지를 못하고 목베임을 당하고 말았으니까요. 그런데 오늘 우리 현실에서 보면 남다른 에너지로 어떤 소명을 조금 받고 와서 주위로부터 인정을 받게 되면 갑자기 높아져서 마치 자신이 구주미륵이나 되는 것처럼 크게 정좌를 하고 앉아가지고 교주 노릇을 하는 사람들이 좀 많아야지요. 예수님께서는 분명히 벼가 익으면 익을수록 나는 없다 하고 고개를 숙이는 법이라고 하시고 제자들의 발을 씻겨 보이신 것이 바로 우리에게 보여주는 그 모델 케이스가 아니었겠어요. 그렇듯이 백보좌 하나님께서 세상에 오셔가지고 그렇게 본모습을 감추고 내가 누구라고 우쭐거리지 않으실 분이기 때문에 도술을 부린다는 도인들 기파로도 얼른 파악할 수 없다는 조금 전의 말씀에 긍정이 가지 뭡니까. 그 모습 환경이 성자예수 성장 모습과 같이 지극히 인간적인 모습으로 출현하실 것이라는 얘기가 아니겠어요?"

"허허… 그런데 오늘 종교판이 이 판이나 저 판이나 어디 그렇습니까. 저급한 귀신이 씌워서 미래적으로 아는 소리 몇 마디 지껄이고 또 뭔가 다른 구석을 보이고 나면 거기에 사람들이 모이게 되어 있지요. 그러면 그때부터 천국 극락 티켓 팔아먹기 바쁘다, 바빠! 하는 그 풍경이니까 정신들 바싹 차려야 한다는 것이지요. 그렇게 흙탕물에 빠지는 사람들이 스승들이 두고 간 말씀을 제대로 읽고 습독을 했다면 그 모양들을 할 수는 없지요. 그러니 말세라, 오늘 종교판이 쑥탕물이라는 거요. 서구신학 논리 자체부터도 그렇고…."

그 말은 사실적으로 틀린 말이 아니라는 생각이 들었다. 특히 서구신학 논리는 창세기 1장과 2장을 여호와의 창조 세계관으로 한 틀에 묶어서 구약시대 불완전한 여호와의 초등학문 가르침 율법律法과 성자예수로 진리의 문이 열린 신약시대 고등학문의 가르침 그 영혼 천법天法을 영혼성이 없는 이스라엘 종족신 여호와의 가르침과 한 틀에 묶어 설파하고 있는 것이 그 서구신학 논리기 때문이다.

하지만 기독교 스승 성자예수께서는 분명히 그처럼 주인이 농사짓는 비유를 들어가면서 시대 구별을 하라고 거듭 당부하셨던 것으로, 그 비유가 하나님의 종복從僕 여호와가 유대민족 '종자 씨'를 뿌리고 열심히 가꾸어 나오던 구약시대가 성자예수 출현으로 마감됨을 뜻하는 것이었음이다.

그렇기 때문에 여호와의 율법적인 물세례 의식은 하나님의 아들 성자예수 성령의 불세례 의식으로 바뀌면서 구약시대 영혼 생명이 없는 사망의 자식들을 하늘나라 진리의 말씀으로 거듭나게 재창조해주겠다는 것이 인류 구원이라는 그리스도 천국복음으로 신약의 전체적인 내용이 바로 그것이었다. 그런데도 그처럼 구약과 신약을 하나의 세계관으로 묶어 설파하고 있는 오늘 그 서구 기독신학 논리다. 그러나 때가 이르면 그 또한 정화되리라고 한 것이 놀랍게도 성경 요한계시록의 예언으로, 지구개벽이 오기 전에 그처럼 혼합된 쑥물을 만들어 많은 영혼을 노략질하는 그 '사단의 회'부터 먼저 심판을 받게 될 것이라고 기록되어 있었다.

그런데 이대감 역시도 그와 같은 지론이었다. 그 화두를 들고 이야기는 다시 계속되었다.

"그러나 크게 걱정할 건 없습니다, 예수 팔아먹은 가롯 유다에게 주어진 역할이 그것이었듯이 우쭐거리면서 스승들 이름이나 팔아먹고 사는 그들 역시도 말세의 징조로 그 한 역할을 하는 것일 테니까요. 그러니 기다려 볼 수밖에요. 이제 곧 백보좌 미륵님을 옹위하고 내려온 하늘 군대가 그것들을 쓸어 모아서 불구덩이에 쓸어 넣는 심판의 때가 온다고 했으니까 오늘 우리가 해야 할 일은 천지부모 조상 하나님 그 실체를 찾는 일 밖에 더 있겠소? 핫, 하하…."

"하긴 성서 요한계시록에도 지상강림하시는 백보좌 뒤를 백마를 탄 하늘 군대가 따르더라고 했으니까 그 일꾼들이 때가 되면 나와서 그 일을 하게 될 것이 틀림이 없네요, 그죠?"

"바로 그겁니다. 선천시대 환웅천제를 옹위하고 지상강림을 했었다는 천상의 백성들 그 삼천 무리가 오늘 우리와 같은 인간 모습으로 와서 배달나라를 세우고 그 백성들과 함께 어울렸던 것처럼 후천 미륵용화세계 풍경 역시도 그와 같이 이루어진다는 거 아니겠소이까.

여기에서 우리가 기독교에서 다시 오실 것이라는 그 재림예수 모습을 한번 상상해 보자는 겁니다. 백보좌 환웅천제님이 이 동토에 다시 오실 때에 예수님이 과거의 모습 그대로 노랑머리에 파란 눈을 하고 예수라는 이름을 붙이고 오겠습니까?"

"성경에는 분명히 새 이름으로 오신다고 했지요."

"그렇지요. 새 이름으로 오신다면 그때나 마찬가지로 인간혈통 계보로 인간 탯줄을 끊고 다시 출현하신다는 거 아니겠습니까. 구름 타고 오신다고 하니까 기독교인들은 삐까번쩍 공중에서 나타나실 것으로 어린애들마냥 상상들을 하는데 성서 창세기에 음적인 물체를 수면으로 표기하듯이 구름 역시도 음적인 물체 인간으로 그래서 예수가 아닌 새 이름으로 오리라고 한 거 아니겠소이까. 그게 말하자면 다시 오시마고 약속하고 가신 우리 환웅천제 백보좌의 하나님이 석가세존이 말씀하신 미륵불 존체이시지만 그렇게 지극히 인간적인 차원으로 본 모습을 감추고 이 세상에 오신다는 겁니다. 그래서 말법시대는 사람을 중시하라 한 것이지요, 핫, 하하…."

"그러니까 유대 땅에 구세주로 오신다는 만왕의 왕 하나님 아들이 출생 환경도 그랬었지만 외형적인 모양새도 별로 볼품이 없었다는 예수께서 나를 믿으면 죽어도 살리라 하신 그 말씀에 이스라엘 백성들이 우리가 너의 출생을 아는데 무슨 헛소리 하느냐고 비웃고 내쳤다는 그 같은 이변현상이 또 일어나겠네요, 그죠?"

"그래서 모든 경전들이 말법시대는 사람을 외모로 판단하지 말라고 경고하고 있다는 거 아닙니까. 그와 같은 현상이 또 일어나지 않는다는 보장이 없지요. 그러니까 황태자로 태어나신 붓다 이외 성현들 모두가 특히 가장 가까운 주위에서 그렇게 인정을 받지 못하고 냉대를 받았다는 것이 그 행적이듯이 백보좌 구주미륵님이라고 어디 별다른 모습으로 출현하시겠습니까? 그러니 사람을 외모로 판단하지 말라는 것이겠지요."

하지만 이 대감의 말대로 사람을 중시하기란 결코 쉬운 일이 아닐 것 같았다. 상대방 앞에서 무조건 자기를 내세워 인정받고자 하는 것이 오늘 세상 풍경으로 그 세태이기 때문이다.

그 부분에 대해서 생각을 내비치었다.

"물론 저부터도 그렇지만 정말 그 존체를 알아뵙기란 결코 쉽지를 않겠네요. 구약시대 예언의 선지자들이 이스라엘 땅에 만왕의 왕 구세주가 오실 것이라고 하니까 구중궁궐에서 거판하게 태어나실 것이라고들 상상했던 것인데, 그것도 눌 자리도 없는 말구유간 걸레보따리에 싸여서 모습을 나타내실 줄 누가 상상이나 해봤겠어요?"

"그런 현상이 이제는 우리 이 한반도에서 일어나게 되어 있는 도수지요. 왜 그런지 아십니까? 성부 환인천제님 뜻을 받들어 이 땅에 배달나라를 세우신 환웅천제님께서 이 동토 간방에 다시 오신다는 약속대로 인간 세상에 다시 오신다는 그때는 지구에 일어나는 지각변동에 의한 혼돈도 그렇지만 극심한 괴질과 기아에 허덕이는 중생들이 세상살이 고통스럽다 보니까 하늘을 쳐다보고 하는 원망이 뭐겠소? 하나님은 뭣땜에 이렇게 고통스러운 인간세상을 만들어 놓고 피 눈물 나는 몸살을 앓게 하느냐는 그 투정이라, 그래 하신 말씀이 내가 너희 생명의 주인이지만 너희들보다 더한 고통을 당하고 세워 보이리라 하신 것인데, 그 상황이 만왕의 왕 구세주라는 예수가 사생아로 태어나서 학교 문전에도 못가 보고 의붓아버지 목수 요셉 문짝이나 날라주고 성장했듯이 그런 상황보다 더 극한 모습으로 오실지 누가 알겠소이까. 그래서 말법시대는 더구나 사람을 외모로 판단하지 말라고 한 거요. 현자들 비결서에…."

거기까지 설명을 한 이대감은 잠시 들고 온 책장을 뒤적거리다가 펼쳐들고 말했다.

"여기 보십시오. 석가세존께서 말씀하신 이 법왕은 곧 진리의 근본 주인이신 정법의 조화주 하나님을 칭하는 말입니다. 그래서 이 법왕이 일곱 가지 보배를 섭취한다는 것은 조화주 하나님 앞에 있는 칠보 배합 즉 칠성님의 도맥을 천도의 원통맥 주인이 하나로 거둬들여서 통일시킨다는 것이지요. 그러니까 예수 석가 공자 노자 장자 맹자 소크라테스 그 칠성님이 저마다 그 빛색을 달리한 도맥을 가지고 이 땅에 출현하셨다는 것이 성경이 말하는 보좌 앞에 일곱 금촛대의 비밀이라고 했다는 거 아닙니까."

"그럼 그 칠성님들 모두가 이제 새 이름으로 세상에 다시 태어나시는 도수라는 거네요?"

"당연한 이치 아닙니까. 항차 백보좌 성모 하나님께서 인간화된 모습으로 출현하신다는 도수인데… 그래서 특히 지금 우리나라에 태어나고 있는 아이들을 내 새끼로 보고 함부로 대하지 말라는 겁니다. 천기운행 도수 자체가 하늘의 신들이 지상으로 인간화되어서 내려오는 도수라 그 얼굴 상판부터가 뒤틀림이 없고, 생각하는 의식 또한 어린아이 수준이 아니라는 거요. 그런데 그 천상의 신들과 부모 자식 인연 고리를 맺고 오는 것이 어디 예사로운 일이겠소? 그게 다 철저한 인과법에 의해서 만나지게 되어 있는 자연 지도라는 거요. 그러니까 지금 우리나라에 태어나고 있는 아이들이 어떤 분야에서든지 그 천재성을 갖고 태어나기 때문에 앞으로 대한민국 코리아를 세계 속에 빛으로 드러내게 할 그 인재들이 준비되어 온다는 거요."

그 이야기를 듣는 순간 언뜻 가슴 한 구석에 그토록 애잔한 눈빛 그리움으로 따라다니던 외손자 녀석의 그 해맑은 웃음이 떠올랐다. 그토록 해맑은 눈빛 웃음은 어려서 걸음마를 시작하면서부터 보통 아이들과는 다르게 운동신경이 유독 잘 발달되어 있었고, 생각하는 사고 그 자체도 어린 아이답지 않게 너무나 어른스러워서 할머니를 몇 번이나 감동시키면서 놀라게 할 때가 많았었다.

그러던 손자 녀석은 이윽고 초등학교 3, 4학년이 되면서부터 다니고 있는 외국인학교에서 그 이름을 드러내는가 싶더니 6학년이 되면서 그 체육 분야에서 전국 우등생으로 금메달을 몇 차례를 석권하고 나아가 중국에서 열린 국제연합 청소년 대결시합에서 최연소자로 최우수 금메달을 획득하고 그 분야에서 장래가 촉망되는 인재로 현재 주목을 받고 있는 입지였다.

그런데 어느 날 밖에서 들어온 딸아이가 헤벌쭉 하게 웃으면서 하는 말이었다.

"엄마, 시고모님이 그러시는데 몇 대 위에 할아버지가 유명하신 장군이었데요. 그런데 다시 오실 것이라고 했는데 그 무당이 우리 정호라고 하드래요."

사실 그때 그 무당 이야기가 아니더라도 어쩌면 그럴지도 모른다는 확신을 줄 정도로 손자 녀석은 운동뿐 아니라 일상생활에서 생각하고 느끼는 것 자체도 예사롭지 않게 너무나 어른스러워서 많은 생각을 안겨주곤 했었다.

그런데 그것이 이대감의 말대로 그게 인연법이라고 하는 것인지 지난날 그 큰딸아이가 태어났을 때였다. 어르신과 함께 작명소를 찾아갔을 때 그 작명사가 딸아이의 생년월시를 짚어보고 헤벌쭉하게 웃으면서 말했다.

"이 딸아이가 엄마 몸신 기운을 받고 태어나서 크게 이름을 내고 박수를 받겠소이다."

그리고 사이를 두고 다시 하는 말이었다.

"그런데 이 딸아이가 시집을 가면 두 아들이 또 그 엄마 기운을 받고 국내외적으로 크게 이름을 날리겠소."

그 말을 처음 들었을 때는 재미는 있었지만, 그러나 별로 믿음이 가지 않았었다. 그런데 돌이켜 보면 그처럼 운명적으로 타고 났다는 그 모습 그대로의 모양새를 오늘 드러내 주고 있기 때문에 내심 동양철학 역학논리를 인정하기에 이르렀다. 그만큼 우리 동양철학의 주역은 오행육합五行六合으로 우주 대자연의 운행원리를 풀어보게 하는 대자연의 법칙으로 우주과학론임에는 틀림없는 것 같았다.

그렇기 때문에 자연의 일부분인 인간 역시도 타고난 운명적인 기운이 자연생태계와 이어지면서 그 사람이 타고난 생년월시를 짚어보게 되면 어떤 몸신 기운을 받고 태어나 어떻게 살아갈 것인가 하는 그 삶의 척도를 가늠해 보게 된다는 것이다.

그런데 그 원리가 동양철학 음양오행설陰陽五行說로 풀어보는 그 사람이 타고난 운명의 몸신 기운이라는 것을 이대감의 이야기를 통해 들으면서 더욱 확신을 갖게 해주었다.

말하자면 그처럼 천기운행에 의해 천상의 신들이 이제 다시 우리나라에 많이 태어나 한국을 세계에 알리게 될 것이라는 그 이야기에 외손자 녀석이 그쪽으로 이미 준비되어 온 신과라는 확신이 들면서 입가에 미소를 짓게 했었다. 그처럼 천재성을 타고난 신과들이 특히 우리나라에 많이 태어나게 되어 있다는 이대감의 이야기를 들으면서 또한 편으로 얼핏 떠오르는 얼굴이 있어서 입을 열었다.

"말씀을 듣고 보니까 오늘 세계적으로 한국을 알리고 있는 김연아 역시도 그 눈빛이나 몸짓이 결코 예사롭지 않은 신과라는 생각이 더욱 굳어지네요."

"잘 보셨소이다. 앞으로는 체육 분야뿐 아니라 모든 분야에서 우리나라가 최우수 금메달을 석권하게 되어 있는 도수요. 물론 그건 개인적인 노력도 노력이지만 우리나라에 국운이 들어오고 있기 때문에 이미 하늘에서 준비된 그 몸신 기운이 내려와서 천재성을 발휘해서 압도하기 때문인 거요."

"어쩐지… 김연아 몸짓 놀림이 환상의 예술이라고 느껴지더니 역시나 그렇군요."

"두고 보십시오. 앞으로 한국은 그렇게 세계 속에 그 이름을 드러내게 되어 있지만 반면에 그동안 지구촌에 과학문명을 발전시켜 나왔던 서양은 저물어가는 도수라는 거요. 어찌 그런지 아시오? 인위적으로 해볼 수 없는 것이 동서로 오고간 성현들 뿐 아니라 미래에 되어질 세상을 내다본 현자들이 암시해 주고 있는 그 천기운행이니까 어쩌는 도리가 없지요. 그러니까 지금 지구가 정축 방향으로 바로 서기 위해서 스피드하게 움직이고 있는데 정축 방향의 가장 안전지대가 우리 한반도라는 거요. 그러니 앞으로 더욱 잦아질 지구 천재지변의 자연재난은 불가항력이라 어찌해 볼 도리가 없다는 거요. 그래서 오늘 세계적인 과학자들이 초비상이 걸려 있다는 거 아닙니까.

가까운 예로 일본이 그 자연재난으로 우리 국민들이 그 속사정을 제대로 다 읽지를 못해서 그렇지 환경문제로 정부가 총비상 사태라는 거요. 하지만 그 또한 인과응보에 의한 고통이라고 할 수 있지요."

"어머, 천재지변으로 오는 자연환경 파괴도 인과응보에 해당된다는 말입니까?"

"엄밀히 분석하면 그렇다고 볼 수 있지요. 임진왜란도 그렇지만 삼십육년 동안 그들한테 우리 조상 뿌리까지 잘리고 우리 국민들이 얼마나 혹사를 당했습니까. 하지만 그 또한 우리나라 역시도 지난날 그들 눈에 피 눈물을 흘리게 했었던 인과에 대한 보응을 그렇게 받았던 것이라고 볼 수 있지요."

"어머, 우리나라는 그들을 먼저 괴롭힌 일이 없었잖아요?"

"그건 우리가 지난 역사를 제대로 알지 못한 때문인 거요. 하늘은 말이 없지만 억조창생 머리털까지 다 기록하고 있다는 거 아닙니까. 일본 사학자들이 백제를 큰 나라로 보고 구다라, 하는데 그 뜻이 뭔지 아시오?"

"제가 대충 알기로는 고대 일본에게 문명을 파종한 것은 백제였기 때문에 그만큼 큰 나라였다고 한 거 아니겠어요?"

"일본인들이 그들의 문화가 백제에서 건너왔다고 해서 큰 나라로 명칭한다고 하지만 속사정인즉 백제가 즈네 큰집으로 본가라는 뜻이요."

"큰집으로 본가라뇨…?"

"허허허… 조상 뿌리를 같이한 본가 집으로 큰집일 수밖에 없지요."

"어머, 그럼 그들도 우리와 같은 혈통으로 배달나라 후손들이란 말입니까?"

"그렇소. 그러니 구다라 백제가 즈네 본가 집으로 큰 집일 수밖에 더 있소, 카핫핫핫…."

너무나 뜻밖이어서 두 귀가 쫑긋해졌다.

물론 일본문화연구소 교수들도 그렇지만 특히 일본 교토대학 사학과 교수였던 '우에다 미사아끼' 박사도 백제 역사를 일컫는 자리에서 백제가 일본에 베푼 정치와 사회 문화적 영향이 얼마나 큰 것이었는지 고대 일본에게 있어서 문명을 파종한 것은 백제百濟였다고 인정하면서 '백제가 아니었으면 일본 문화는 1백년 이상 뒤졌을 것이다.' 하고 말했을 뿐만 아니라, 일본 천황가가 백제 도래인到來人들로부터 이루어졌다고 밝힌바 있었다.

그처럼 일본의 저명한 사학자들이 주장해 오는 그들의 역사적 배경은 고대 백제였던 일본 지배자들의 발자취가 그 입증이 되어주고 있다고 인정하고 있는 것이 사실이다.

그래서 지금까지 일본 사람들은 고대로부터 백제를 큰 나라, '구다라'로 불러오고 있다는 것이 그 자료 보고서에 의해 알고 있는 전부였다. 그런데 뜻밖에도 일본이 우리 민족과 같은 계보의 혈통 자손이라는 이대감의 지론에 잠시 머리가 혼돈스러웠다. 그들의 잦은 침략으로 그처럼 많은 고통을 받아왔었던 우리 조상들이었기 때문이다.

그런데 그게 지난날 우리 조상들이 그들에게 상처를 준 인과에 의

한 벌이었다니, 너무나 뜻밖이어서 믿어지질 않는다는 듯이 조심스럽게 물었다.

"저는 지금 금시초문이라서 도무지 이해가 되지 않네요. 그들이 우리와 같은 혈통계보라는 것도 그렇고…."

"지금 일본 사학자들이 다만 그들의 문화가 백제에서 건너온 것이라고 조심스럽게 인정하는 정도지만서도 앞으로 그 역사적인 뿌리의 진실을 가까운 시간에 스스로가 밝히게 돼 있습니다. 그게 하늘이 그 기운을 돌리는 천기라는 것이니까요. 말하자면 일본이 그토록 신격화하고 있는 천황가 그 뿌리를 거슬러 올라가 볼 것 같으면 우리와 같은 배달민족 후손으로 백제에서 흘러들어간 왕족이었다는 거 아닙니까. 그 사실이 점점 드러나 밝혀지게 되면서 앞으로 우리나라와 일본과의 관계성도 달라질 수밖에 없게 되어 있지요."

그 말을 하고 이대감은 의미 있는 가벼운 웃음을 입가로 흘리면서 거기에 대해서 다시 설명을 해주듯이 구체적으로 말했다.

"그들의 조상 뿌리 그 역사적인 사실을 그들은 지금까지도 애써 부인하려 하고 있지만, 그러나 일본 교토대학 우에다 교수는 지금까지의 동양사를 새로 써야 한다고 주장한 바 있고, 또 가시마노보루 사학자 역시도 일본의 천황가는 백제에서 나왔다고 논증했다는 거 아닙니까, 핫, 하하…. 그러니까 일본이 그렇게 여왕벌의 심벌처럼 신격화하고 있는 아미테라스 오미까미는 바로 백제의 마지막 의자왕의 누이동생이었다는 것이 역사적으로 밝혀져 가고 있다는 겁니다.

그건 사실적인 역사로 백제가 신라와 당나라 연합군에 의해서 공격을 받게 되었을 때지요. 그때 그 난을 피해 해상에서 떠돌고 있던 백제의 왕족과 그 수행원들이 결국 나라를 잃게 되자 어쩔 수 없이 섬나라로 흘러 들어갈 수밖에 없었던 거죠. 그 당시 이 섬에는 토착 원주민들이 과거 유대민족 시조 아담과 이브가 발가벗고 아랫도리만 겨우 풀잎으로 가리고 다녔다고 하듯이 달랑 훈도시 하나만 차고 다니는 원시 상태였다는 겁니다. 거기다가 생긴 모양새가 너무나도 왜소하게 생겨서 그 원주민들에게 붙여진 호칭이 왜놈들이라고 했다는 거 아닙니까."

"아, 그래서 일인들을 싸잡아 왜놈, 왜놈 했던 그 어원의 유래가 그로부터 만들어졌던 거군요."

그 이야기는 유대민족의 뿌리역사에서 그들의 조상 아담과 이브가 에덴동산에서 발가벗고 다녔다는 것이나 마찬가지로 백제의 왕족들이 흘러들어간 섬나라 토착 원주민들 역시도 그 당시에 원시 상태였다는 이야기는 참으로 불가사의한 지구촌 생명의 실상, 그 신비를 새롭게 듣고 보는 듯하여 여간 흥미롭지가 않았다.

그 시대 분위기를 연상하면서 가만하게 물었다.

"백제가 나당연합군에 의해 패망할 당시 우리나라는 단군왕검께서 개국을 하시고 삼천오백 년이라는 긴 역사를 가지고 이웃 민족들로부터 동방예의지국이라고 칭송을 받았을 정도로 이미 문명국을 이룬 그 상태였잖아요. 그런데 그때까지도 그처럼 원시 상태로 발가벗고 살았다는 토착 원주민들이 있었다면 그들 역시도 그들을 존재케 한 조상 뿌리가 있었을 거 아닙니까."

"당연히 그런 의문을 갖게 되지요. 하지만 그들은 체구는 왜소하지만 노랑머리에 파란 눈을 한 아담의 후예는 분명히 아니고, 그렇다고 더구나 우리 조상 혈통계보라고도 볼 수 없는 왜소한 체구에 원시 토착민들이었고 보면 여호와나 마찬가지로 그 씨종자를 거기에 심은 신이 실제적으로 달리 존재하고 있었다는 증거 아니겠소, 그와 같은 실례는 태평양전쟁이 일어났을 때 일본 군대가 쫓겨서 어떤 섬에 흘러 들어갔을 때도 과거 섬나라 일본 풍경이 그렇듯이 그때까지도 발가벗고 사는 토착 원주민들이 살고 있었다는 거 아닙니까. 그들 눈에 그처럼 당당한 문명국의 병사들이 당연히 신으로 보여 지질 않았겠소. 그와 같은 상황이 과거 섬나라 일본의 토착 원주민들이었다는 겁니다. 그러니 백제 공주를 하늘에서 내려온 신으로 보고 지극히 신성시하고 받들어 숭배했다는 거 아닙니까, 훗, 후후…."

그 이야기를 듣는 순간 지금으로부터 약 70년 전인 1943년, 제2차 세계대전의 군수물자를 수송하던 영국 공군 수송단 카르고 비행기가 서태평양 멜라네시아의 어떤 섬에 불시착한 일이 있었을 때의 이야기가 생각이 나면서 거기에 응수를 했다.

"백제 공주가 여신으로 승격되었다니 신화가 따로 없고 하늘의 신이 따로 없네요. 그 상황이나 다를 게 없는 이야기가 있지요. 제이차 세계대전 때였답니다. 군수물자를 수송하던 영국 공군기가 서태평양에 불시착한 일이 있었는데, 그때 그 섬에 살고 있던 원주민들은 갑자기 하늘에서 요란한 소리를 내면서 지상으로 내려오는 비행기를 보고 과거 구약시대 이스라엘 백성들이 큰 새, 독수리, 까마귀라고 묘사하고 있고, 또 그러한 현상을 보고 떨며 기절하기도 했다는 것이 구약의 내용이듯이 그들 역시도 그랬다는 거 아닙니까.

그때까지 비행기를 구경한 일이 없는 그 섬 원주민들은 그 큰 새 속에서 나오는 조종사를 보고 하늘 사람, 즉 신이라고 생각했기 때문에 군복은 신의 옷이었고, 조종사가 도착 즉시 본부 기지에 무전으로 연락을 취하면서 사용하는 영어는 신의 말씀이라고 생각할 수밖에 없었던 거죠. 그래서 잔뜩 긴장된 원주민들은 비행기에 접근할 엄두조차 내지를 못하고 멀리 떨어진 숲속에 숨어서 조종사의 일거수 일투족을 살피고 있었는데, 얼마 후에 기지에서 무전연락을 받고 온 구조 수송기에 탑승하여 돌아간 그 장면을 그들은 하늘에서 또 다른 신들이 내려와 모두 함께 하늘로 되돌아가 버렸다고 전하고 있었다는 거예요, 그들 이야기나 다를 게 없네요, 그죠?"

사실 그 신화 같은 이야기에 1970년대 중반 스위스의 대니켄은 이 섬을 찾아가 그들이 마치 하나님의 영광을 목격한 것처럼 신성시하며 만들어 놓은 날 틀의 형상과 그 예배의식의 춤과 노래를 담아서 만든 것이 〈미래에 대한 추억〉 기록영화였다고 했다.

그와 마찬가지로 과거 백제 왕족이 나당연합군에 패망하고 섬나라 일본으로 흘러들어갔을 때에 그 당시 토착 원주민들 역시도 그와 다를 것이 없었던 것이라고 웃으면서 말했다.

"그 이야기는 구약시대 기록의 내용이나 크게 다를 게 없네요. 그 한 예로 비행기를 본 일이 없었던 서태평양 섬 토착 원주민들이 그날 목격하고 체험한 장면은 전혀 납득할 수 없는 초현실적 사건으로 막연하게 상상해 오던 하늘의 신이 실제의 모습으로 내려왔을 뿐 아니라 하늘로 사라지는 모습을 보고 자신들이 바로 그 선택받은 목격자라는 사실에 끝없는 긍지를 가지고 자랑했다는 것이나, 또 유대민족이 여호와로부터 그처럼 선택받은 유일한 민족이라고 자랑하는 것이나 다를 게 없으니까요.

그때 섬의 토착 원주민들이 신의 날틀을 보았다고 하고, 또 신의 옷도 보고 신의 음성도 직접 두 귀로 들었다면서 그 체험담을 신들이 떠난 후 아이들과 이웃들에게 자랑하면서 나무와 갈대 풀잎 등으로 신의 날틀 형상이라고 만들어서 비행기가 불시착했던 그 자리에 놓고 하늘을 향해 신들이 다시 돌아오기를 춤과 노래를 불러가며 빌면서 그 날틀을 마치 신의 상징처럼 지극히 신성시했다는 거예요. 그렇듯이 당시에 섬나라 일본 토착 원주민들도 그랬던가 보죠?"

"허허… 바로 그거요. 그 당시 우리나라는 삼천오백 년이라는 긴 역사를 가지고 문명국가를 이루고 있었을 때였기 때문에 그들과는 비교될 수가 없었던 거죠. 그러니 훈도시만 차고 있는 그들 토착 원주민들 눈에는 백제의 몰락한 왕가의 수려한 모습이 그대로 하늘에서 내려온 신들로 보여질 수밖에 없었지 않겠소. 그러니 공주를 절대적인 천신으로 떠받들어 추앙하기 시작했다는 거 아닙니까.

그렇게 원시 토착민들로부터 공주 일행은 우매한 그들로부터 추앙을 받게 되면서 그들이 하늘로부터 내려왔다고 절대적으로 믿는 큰 여신이 백제 공주로 아미테라스 오미까미가 탄생되어진 거랍니다. 그로부터 백제 공주는 그들의 정신적인 지주로 그들 토착 원주민들을 다스리면서 수행원들로 하여 문명된 배달민족 우리 조상들의 문화를 가르쳐 전수해 주게 했다는 거 아닙니까. 그러니 오늘 일본인들로서는 백제가 즈네 큰집으로 큰 나라일 수밖에 없지요. 카, 핫하하…."

사실 오늘 수많은 일본 저명 사학자들이 주장해 오고 있는 고대 백제가 진출했다는 일본 각 지방에는 여러 가지 백제의 역사 발자취들이 그 증거 제시를 뚜렷하게 해주고 있다는 것이다.

이를테면 '구다라기'(백제목百濟木)라는 지명들이 일본 도처에 오늘날까지 전해지고 있을 뿐만 아니라, 일본 수도 도쿄의 서쪽 사이타마현의 가와모토정에는 '구다라기百濟木'라는 백제 유적지가 있고, 구마모토의 서해안 지대인 야스시로시 사카모도에도 '구다라정'이라는 백제 명칭이 남아 있다는 그 지역에는 우리 한국과 똑 같은 둥근 원형식 무덤의 원분들이 많아 '가시마 고분군'으로 불리우는 이 무덤들은 사이타마현의 지정문화재로서 현재 60여 기가 보존되어 있다고 했다. 또한 이 고장 일대에는 고대 백제인 거주 지역으로 알려지는 '가스가맨春日面'이 있는데 '가스가春日'는 백제 왕족으로 일본을 지배한 후지와라 가문의 명칭이며, '가스가대사春日大社'는 일본 최대로 손꼽히는 거대한 사당으로 유명하다는 것이다.

이렇듯 일본 땅 곳곳에서 발견되는 '구다라' 백제의 발자취를 따라가 보면 우리 조상들의 문화를 그대로 만나볼 수 있게 해준다는 것이며, 또한 그 유적들이 '구다라' 백제의 뿌리역사를 밝혀주는 증빙자료라고 일본의 사학자들이 말하고 있다는 것이다.

그 기사 내용을 가만하게 머리에 떠올려 보면서 말했다.

"그러니까 조금 전에 말씀하신 일본이 우리나라를 지난날 그처럼 침략한 이유가 즈네 조상들의 본가를 찾기 위해서 호시탐탐 노렸다는 건가요?"

"그렇다고 볼 수 있지요. 신라가 삼국통일을 하기 위해 당나라와 합세해서 백제를 망하게 했으니까 어쩔 수 없이 섬나라로 흘러들어간 백제의 왕족들로서는 그게 어디 보통 한 맺힘이었겠소? 그러니 언제나 떠나온 고국을 잊지 못할 수밖에요. 특히나 백제 공주는 눈만 뜨면 해 뜨는 바다 저편에 있는 고향 땅을 바라보고 울먹이면서 '해동日東' '해동' 했다는 거 아닙니까.

그래, 그 아들 천지천황이 어머니가 그처럼 잊지 못하고 매일 아침마다 해 뜨는 동쪽을 바라보면서 그리워하는 나라, 그래서 나라 이름을 일본日本이라고 했다는 겁니다. 이것이 오늘날 대일본제국이라는 그 일본의 절대군주 천황가가 세워진 뿌리역사로 그로부터 천황가는 일본인들의 절대적인 구심점으로 승계되어 나왔고, 그로부터 그들은 세력다툼 싸움에서도 천황을 앞세워 내세우는 정신적 지주로 세워진 것이랍니다. 그렇기 때문에 그들의 무사도 정신은 백제의 칠지도를 이어받은 계백장군의 보국, 믿음, 그리고 충의 정신이 그대로 이어지면서 보다 강인한 사무라이 정신으로 그 내면 깊숙이에는 잃어버린 조국, 즈네 본가 백제를 다시 찾겠다는 한 맺힘이 그처럼 강인한 의지의 정신력을 길러내 준 것이라고 할 수 있지요."

"그러니까 신라가 삼국을 통일하기 위해서 백제를 침략했다는 그 자체가 그들에게는 한 맺힌 아픔으로 끝까지 즈네 본토 본가 집을 다시 찾겠다는 그 애국정신이 우리나라를 호시탐탐 노리고 건너와 괴롭혔던 것이 신라에 대한 보응으로 그 인과에 의한 벌이었다는 거네요."

"그렇다고 보는 게 정석일거요. 그러니까 그들은 호시탐탐 천황가 조상님 나라 땅을 다시 찾겠다고 노려 임진왜란 이전의 침략행위만도 수차례에 걸쳐 있어 왔고, 마침내 강화도 조약으로부터 시작을 해서 주권을 빼앗고 조상 뿌리역사마저 잘라내고 곰의 자손으로 왜곡시키는 등 온갖 만행을 다 저질렀다는 거 아닙니까."

"말씀을 듣고 보니까 그들이 우리 뿌리역사를 곰의 자손으로 왜곡시킬 만도 하네요. 그렇잖아요, 과거 고조선 시대 우리 조상들의 민족정신은 이웃 민족을 평화의 조화사상으로 상대를 인정해 주고 서로가 도왔기 때문에 동방예의지국이라는 칭송을 들어왔다는 것인데, 하물며 국경만 다를 뿐인 같은 조상 혈손끼리 서로를 인정하지 않고 그것도 당나라와 합세를 해서 백제를 패망하게 해서 왕족들이 왜구들이 살고 있는 섬나라로 흘러 들어가게 됐고, 또 백제의 삼천 궁녀들이 그때 백마강 낙화암에서 오직 정절을 지키겠다는 굳은 결의로 투신자살을 했다는 역사적인 비극이 그로 비롯되었으니까 그들의 한 맺힘이 그럴만도 하네요, 뭐.”

“그러니 그게 인과응보에 의한 벌이라는 거 아닙니까. 사실 이조가 일본침략 정책에 의해서 나라를 빼앗긴 것도 그렇게 보면 조상 인과에 의한 벌이라는 거 아니겠소? 조상의 선업이 삼대를 가고 조상의 악업 역시도 삼대로 이어진다고 했는데 그게 자연법칙에 의한 인과응보라, 이조가 멸망한 것 역시도 그런 거요. 거슬러 올라가면 고려말 공민왕 때 이야기지요. 당시 중원을 지배했던 몽골족의 원나라는 명나라의 주원장에 의해 멸망하고 북쪽 몽골 초원으로 쫓겨가는 대격변의 시기를 맞게 되었던 거요. 그러니까 그 시기에 급부상한 명나라는 원나라가 지배했던 연고권을 주장하고 나섰고, 이에 맞선 고려는 원나라가 지배했던 땅은 원래가 우리 조상들의 땅이었다면서 되돌려 받기를 청원했던 거요. 그러나 이미 중원의 새로운 강자가 된 명나라가 고려의 주장을 무시하고 사신을 보내 원나라와 고려의 국경지역에 철령위를 설치 강행하겠다고 통보를 보내왔단 말씀이야. 그런데 공민왕의 뒤를 이어 왕위에 오른 우왕이 최영 장군으로 하여 명나라 사신단 그 스물한 명을 처형케 했다는 것은 사실상 그들의 요구를 완강히 거부하고 나선 도전장이었든 거요.

그렇게 붙어보자고 도전장을 내민 고려는 팔도의 군사를 징집하고 우리 조상들 활동 무대였던 요동정벌에 나섰을 때였소. 이때 이성계는 작은 나라가 큰 나라를 친다는 것은 불가하다고 등을 돌려 우왕과 최영 장군의 명을 거역하고 압록강변 위화도에서 회군을 단행했고, 오히려 군사를 몰아서 국권을 찬탈하고 왕위에 등극했던 거요.

그로해서 우리 조상들의 고토를 다시 되찾겠다는 고려가 멸망하게 되면서 이씨조선이 건국되는 계기가 그렇게 만들어졌었던 거란 말씀이야. 그런데 여기에서 보다 중요한 문제는 우리 조상들 숨결 흔적이 묻혀 있는 고토를 다시 찾겠다고 명나라에 도전장을 내민 공민왕과는 달리 역성을 하고 왕위에 등극한 이성계는 명나라에 들어가서 민족 자존심도 없이 오히려 소중화로 자처하고 고개를 숙이고 들어가 조공을 바치면서 받아드린 것이 그들의 문화로 모화풍조였던 거요.

그 당시에 명나라의 국교처럼 되어 있는 것이 유교였소. 그런데 이씨왕조가 그 공자님의 유교사상을 제대로 받아드린 것이 아니라 지배자 방편으로 반상제도를 만들어 철저하게 양반 상놈의 신분제도를 만들었던 것이 바로 하늘에서 내려다보고 계시는 우리 조상님들로부터 진노의 벌을 받게 된 그 문제의 발단이었던 거요.

그렇게 이씨조선에 들어와서 만들어진 반상제도의 악법에 억눌려 살아왔었던 가난한 민초들이 우리 민족 조화의 한얼사상 인간존중과 자유와 박애, 평등사상을 종교적으로 정립한 동학사상을 선호하고 곳곳에서 동학농민 운동이 들고 일어나면서 조선 후기에 들어와 거센 태풍을 몰고 왔었던 것이 바로 그 동기유발이었다는 거 아닙니까.

그 당시 조정에서는 이씨 자손들이 서로 세력다툼으로 곳곳에서 들고 일어난 농민전쟁을 자체적으로 감당하지 못했던 거요. 그래서 어쩔 수 없이 외세의 도움을 청했던 것인데 그것이 발단이 되면서 조선에서 청일전쟁이 일어났고, 그 싸움에서 우세하게 된 일본이 마침내 군사를 거느리고 대궐을 침범해서 고종을 위협하고 제멋대로 식민지화하려는 약정을 맺었던 거요. 그 원인이 바로 이씨조선에 들어와서 그처럼 명나라에 소중화로 자처하고 들어가서 조공을 바치고 고개를 숙였을 정도로 민족 주체사상을 잃어버렸기 때문에 일구월심으로 즈네 조상들의 한 맺힘을 풀겠다는 일본에 그 주권을 넘겨주고 말았던 빌미를 만들어 주었던 거요. 그러니 즈네 조상의 본토를 다시 찾겠다고 호시탐탐 기회를 노리고 있던 일본에게 그 기회를 만들어 준 건데 그들만 잘못된 거라고 할 수 없는 노릇 아니겠소. 고려 공민왕이 우리 조상들 활동 무대였던 고토를 다시 회복하겠다고 도전장을 내밀었던 그 상황이나 다를 것이 없는 것이지요. 그게 다 인연법에 얽혀서 주고받게 된다는 그 인과응보라는 자연법칙의 순리 아니겠소이까, 흐흥…!"

그야말로 생각지도 못했던 역사 공부를 뜻밖에 이대감을 통해 새롭게 하고 있다는 느낌이었다. 그 또한 인연법이라고 생각하면서 말했다.

"지난날 급부상한 명나라가 우리 조상들 활동 무대였던 고토를 즈네 것으로 가져가기 위해 머리를 굴렸듯이 오늘 급부상한 중국이 동북공정을 펴는 게 그와 다를 게 없잖아요?"

"그렇지요. 하지만 즈네들이 그래봤자 결국은 그게 다 부질없는 짓이라는 것을 앞으로 알게 되어 있지요. 선천시대가 마무리 되고 후천시대가 열리는 때에 그게 무슨 소용이 있겠소이까. 즈네들이 이제까지 열심히 모아 놓은 인류사적인 자료들을 들고 와서 몰라봐서 죄송합니다, 하고 오히려 우리 천손 민족에게 갖다 바치게 되어 있소이다. 카, 핫하하…. 또 그들뿐 만이 아니라 일본 역시도 현재까지는 독도 문제를 두고 우리나라와 우위를 다투고 있지만 그게 다 무슨 소용이 있겠소. 지금도 진행 중에 있다는 북극의 빙하가 급속히 녹아나서 섬나라 일본이 침잠되어 가고 있다는 것을 일본의 지질학자 고토벤은 벌써부터 감지하고 일본 정부가 은밀하게 거기에 대책을 마련하고 있었다는 거요. 그러니 얼마 전에 일본에서 있었던 그 충격적인 이변현상은 빙산의 일각일 뿐이라는 겁니다."

"어머, 그렇다면 우리와 같은 조상 혈손인데 그들을 구원해야 할 사명이 우리에게 있다는 거 아닙니까. 그들 큰집으로 본가집이니까요."

"하늘의 뜻이 이 땅에서 이루어진다는 그때가 정법의 왕이 출현하신다는 정법시대라, 서로가 그 맺힘을 풀어내는 해원도수라고 한 거요. 그러니 우리는 그들을 맞이할 준비를 해야 하고, 그들은 우리 조상들의 역사와 고토를 회복하기 위해서 먼저는 남북분단의 문고리를 여는데 협력을 다해야 만이 삼천리금수강산 즈네 큰집도 살고, 또 즈네들도 살아남게 되는 그게 바로 해원상생도수라는 거요. 천기가 그렇게 돌아가고 있으니까 오늘 우리가 믿고 기다려 볼 수밖에요, 하하하…. 사실 일본은 서양의 쑥탕 물을 하나님이 주신 생명수라고 여과 없이 그대로 받아 마시고 민족 얼이 빠져버린 우리 국민들보다는 오히려 민족 주체성이 살아있는 국민정신이라 외세에 간섭을 받지 않고 흔들림이 없는 거요. 그게 내가 나의 주인공이라는 투철한 국민정신으로 즈네 큰집 구다라의 정신 아니겠소이까."

"어머, 듣고 보니 이치적으로 정말 그렇네요, 어쩐지…."

그 이야기를 듣는 순간 지난날 문우들과 함께 일본을 여행했을 때 보고 느낀 그들의 국민정서는 참으로 많은 생각을 하게 해주었다. 길을 몰라서 물었을 때 그들은 자신이 모르면 달려가 그 주위 사람들에게 물어서라도 알고 와서 일러주는 배려심이 있었다.

뿐만 아니라 전철 안에서 그들이 보여주는 분위기 자체만 해도 오늘 우리나라 국민정서와는 전혀 달랐다. 의자에 앉아 있는 청소년들 손에는 대부분 책들이 펼쳐져 있었고, 아주머니들은 대개가 입가에 미소를 담고 두 손으로 뜨개질을 하는 모습들이 그렇게 정돈되고 차분해 보일 수가 없었다.

그러나 오늘 우리나라 국민정서는 심지어 전철 안에서조차 일말의 부끄러움도 없이 주위를 의식하지 않은 채 청소년들 뿐 아니라 젊은 남녀가 껴안고 눈웃음을 치면서 코맹맹이를 소리를 지껄이는 것을 보통 예사로 알고 있는 그런 분위기다.

그런데 우리 국민정서와는 그처럼 전혀 다른 일본의 국민정서는 지금까지 외세에 간섭과 지배를 받지 않았기 때문에 백제에서 건너간 우리 한민족의 정신문화가 그대로 유전되어 오롯이 살아있기 때문이라는 것을 그들의 근본 뿌리역사를 이대감을 통해 들으면서 새삼 느끼게 해주었다.

그처럼 많은 생각을 안겨주었던 그들의 국민정서를 다시 상기시켜 보게 하는 얼굴들이 문뜩 떠올라 이대감을 쳐다보면서 말했다.

"그러고 보면 누가 뭐라고 해도 우리나라에 다문화 가정을 그처럼 일찍이 주선을 해왔던 통일교 문선명 총재가 이루어 놓은 업적이야 물론 세계에 나가 코리아를 여러 가지 방법으로 알린 것도 많지만 무엇보다도 그처럼 정서적으로 안정된 일본 아가씨들과 우리나라 젊은 이들이 가정을 이루도록 주선을 해왔다는 것이 예사로운 일이 아니었구나 하는 생각이 이제 비로소 들지 뭐예요. 그 문총재가 아니었으면 이처럼 경제적으로도 복잡하고 더구나 남북분단으로 어수선한 나라에 그 멀끔한 아가씨들이 어떻게 시집 올 생각을 하겠느냐구요.

그러니까 그만큼 그들에게 믿음을 심어주었다는 자체가 하늘 섭리였구나 하는 생각이 드네요. 더구나 요즘 우리나라 국민정서가 너 아니면 남자 없냐? 그런 세태로 남자가 집에 들어가서 마누라 보고 눈만 크게 떠도 간이 큰 남자라고 한다는데 한국으로 시집을 온 그 일본 여성들이 보여주는 차분하고 정돈된 그 생활 분위기가 너무나 감동적이었어요. 과거 우리 조상들이 다소곳하게 가정에 순응하는 모습 그대로 어찌나 그 눈빛 미소들이 감동을 주는지 마치 백합꽃을 바라보고 있는 것처럼 입가에 미소를 짓게 하드라니까요. 그런 일본 여성들을 우리나라에 더 많이 수입을 해놓고 문총재가 가셔야 하는데 안타깝지 뭐예요. 그것도 하늘의 뜻이겠지만…."

"뜻 없는 게 어디 있겠소. 가정이 화목한 부모 밑에서 자란 아이들이라야 혼탁한 이 사회에 모범이 될 거 아니겠소. 그 전초 작업을 이루어 놓은 것이라고 보아야겠지요. 특히 우리나라가 일본과의 맺힘을 풀어야 하는 그 해원상생의 도수가 들어오고 있으니까 일본으로 말하면 즈네 큰 집에 문총재가 그 초석을 깔아 놓아 준 셈이지요, 카, 핫하하…."

"어머, 정말 그렇게 생각할 수도 있겠네요. 같은 혈통 자손들이라 서로 적대시 할 이유도 없을 테니까 오히려 일본 정부로서는 감사해야겠네요. 언젠가는 그 초석으로 통일정부를 이룰 수 있을 테니까요."

"맞소. 우리 민족 홍익정신이라는 것이 인간의 도리와 질서를 알게 한다는 것인데 항차 제 조상 뿌리를 모르고서야 어찌 새로 열리는 세상을 알겠소. 마지막 때 인류구원의 구주미륵이 의식이 진화된 의인들을 찾으러 온다는 것인데 그들이 모여 살게 된다는 곳이 정감록 비결서에서 말한 십승지라, 그 소울음 소리가 나는 곳을 찾으라고 한거요."

"소울음 소리라구요…?"

"음양오행설로 놓고 볼 때 소는 조상을 뜻하는 것이요. 동서로 오고간 성현이나 현자들이 앞으로 우리 한국이 세계의 종주국이 된다고 한 것인데, 왜 그런지 아쇼? 우리 민족은 세계 인류의 인간성 회복을 주도해 나가야 할 그 책임을 갖고 세워진 위대한 천손민족이라, 하나님 앞에 선 제사장 민족으로 우리 한민족의 민족정신을 역사적으로 살펴보면 한반도에 단군왕검의 홍익인간 사상이 주축을 이룬 한알님 한울님 한얼님 사상은 고대사에서 이웃 민족을 평화로서 지배해 왔던 이데올로기로 우리 민족사에 길이 연결되어 온 민족정신 유산인 것이지요. 그러니까 지구 중심의 아시 땅에 구천 년 전에 서양족보다 앞서 최초로 세움을 받은 우리 배달민족이 뿌리에서부터 하늘 근본 이치를 배워 왔기 때문에 인류 시원과 인류 문명에 관한 구체적인 내용을 우리 천손민족만이 밝힐 수 있다는 것으로 그 소울음 소리가 바로 그 뜻이라는 거요."

그리고 이대감은 그 소울음 소리가 울릴 텃밭을 설명하기 시작했다.

"이제 두고 보시면 알겠지만 일본이 우리나라를 도울 수밖에 없는 또 하나의 이유가 즈네 본가 집 텃밭에서 그 소울음 소리가 나게 되어 있는 게 정감록 비결서에 정도오령이 호남에서 출세를 한다고 한 거요. 그러니까 인류 구원의 구주미륵 용화기운을 포태하고 있는 터가 천기, 지기가 뭉쳐 있다는 지리산이기 때문에 신라의 선덕여왕이 말법시대 그 용화기운이 그곳에서 펼쳐질 것이라는 석가 부처의 화엄경을 토대로 지어 놓은 사찰이 바로 지리산 화엄사 사찰이었던 거요."

그리고 이어서 그 화엄사가 세워지게 된 전후 배경을 설명하기 시작했다.

"그 지리산의 정기로 말하면 여자 자궁혈이 뭉쳐 있는 기운이라 성모 구주미륵님이 새 세상을 연다는 말법시대에 만민을 새롭게 살려낸다는 우주 에너지 그 생기가 뭉쳐 있는 모태자궁 혈맥 자리라는 거요. 그렇기 때문에 땅기운이 다를 수밖에 더 있겠소. 그 자리가 천지가 합일되는 새 시대에 종교적 통합논리 그 생명의 말씀이 나온다는 준비된 천문대 자리로 소울음 소리가 나는 곳을 찾으라고 한 건데 그 뜻이 불교에서 말하는 도솔암이라, 만물의 모태이신 구주미륵 한울님을 용왕신모라고 한 거요. 그 표상이 달님이라, 지금 밤과 같이 어둡고 혼탁한 세상의 종교판을 뒤집고 정법으로 바로 세운다는 그 화엄기운이 일찍이 동방의 등불이었던 우리 배달민족의 정신문화였던 홍익대법으로 그 조화의 협동정신이기 때문에 우리 배달 한민족의 조상신 그 소울음 소리가 나는 곳이 구원의 십승지라고 한 거요.

그러니까 그 소울음 소리가 조상의 성스러움을 일깨우고 한민족의 형이상학적인 한얼사상의 보배로운 동조, 동손, 동질의 정신적 가치관을 되찾아 오늘 이처럼 잘려나가 표류하고 있는 역사 속에 면면이 이어온 우리 조상의 숨결과 정신을 되찾아 살려야 개인의 자유와 평등 속에서 책임이 뒤따르는 전체가 개인을 능멸하지 않는 홍익인간 정신으로 우리 겨레의 숙원인 통일조국의 과업을 이루게 되고, 그 조화의 협동정신이 지상천국을 이 땅에서 이루게 된다는 세계평화의 북소리로 우리 민족 조상신 그 소울음 소리를 내는 곳이 구원의 방주가 되는 구천십방의 세계라, 십승지라고 한 것이지요."

그 설명을 들으면서 눈이 반짝하고 크게 떠졌다. 그러한 뜻을 내포하고 있는 정감록 비결서秘訣書를 읽어본 적이 있었기 때문이다.

인류구원의 십승지로 예정된 혈맥 자리가 구례 지리산이라는 이대감의 설명이 머릿속에 많은 생각을 안겨 주면서 물었다.

"후천시대는 윤회의 시간도 종결짓게 된다고 하셨잖아요. 그렇다면 신라시대 화엄경을 토대로 지리산에 화엄사를 지어 놓았다는 그 선덕여왕 역시도 새로운 몸을 받고 왔다고 봐야겠네요? 전생에 그처럼 큰 공덕을 쌓았었으니까요."

"물론이지요. 그 이치를 화엄경을 읽고 그때 벌써 깨닫고 지리산에 화엄사를 지어 놓고 가신 분이니까 그 사명이 또한 적지 않은 분이라고 봐야겠지요."

"그렇다면 윤회로 다시 이 세상에 몸을 바꾸어 태어나신다면 뭔가 큰일을 해내지 않겠어요? 미래 세상에 되어질 화엄경을 통달할 정도로 의식이 깨어 있는 임금이었으니까요."

"그렇다고 봐야겠지요. 그러니까 그 화엄기운이 바로 우리 민족 조화의 협동정신으로 홍익인간이화세계를 이루어 세계로 나가게 된다는 동방의 등불이기 때문에 거기에 크게 한 몫을 하리라고 봅니다. 정감록 비결서에 그 뜻을 비춰주는 대목이 우리나라 국운이 들어오는 그때 남방에서 여왕이 나와서 통일의 물고를 연다고 했는데 그게 어디 보통 큰일이요? 그러니 하늘에서 그 소명을 받고 와서 그 일을 결국 이루어 내리라고 봅니다. 때가 되면…."

"그럼 그 여왕 역시도 세상에 와서 온갖 시련을 다 겪고 그 맡은 소명을 이루겠네요. 신과들은 평범한 인간들과는 달리 몇 배로 고통스러운 인생 역정을 겪게 한다고 했으니까요."

"맞는 말이요. 이 세상에 동서로 출현했던 천재 신과들 모두가 그토록 파란만장한 삶을 통해 그들에게 주어진 역할을 다하고 갔으니까요. 하물며 이 세상에 다시 오실 것이라는 구주미륵 성모 환웅님도 만물의 모태이시지만 세상에 오셔서 오만 고초를 다 겪고 난 후에 중생들이 귀의 할 십승지를 준비하게 될 것이라고 했는데 말하면 뭘하겠소. 지금은 하늘의 뜻이 땅에서 이루어지는 음적 곤도수라, 팔대선녀가 용선을 타고 내려와 각자의 길에서 노를 젓고 있지만 때가 되면 한 판에 모여서 그 준비를 하게 된다는 거요. 그러니 통일의 물고를 여는 사명으로 온 남방 여왕도 그 선녀군단 중에 한 사람이지요. 각기 맡고 온 사명이 다르니까…. 화엄경 삼십이권 오십구장에 보면 선재가 덕생 동자와 유덕동자가 만나는 장면인데 이들에게 선재가 구도의 길을 가는데 충격적인 한 소식을 전해 달라고 하니까 그들이 뭐라고 한지 아쇼?

저 바다 건너에 비로자나 장엄경이 있는데 미륵보살 마하살이 그 안에 계시니 본래 태어난 곳에 부모와 친척과 여러 사람들을 거두어서 성숙케 하려는 것이며, 또 그때에 보살의 해탈 문을 나타내 보이려고 한다는 것이었지요. 이 미륵께서 미래 세상에 마땅히 중생들을 위하여 크게 귀의할 곳을 이루실 것이니 미륵 부처님에게 귀의하는 자가 있으면 마땅히 알리라고 했단 말씀이요. 그러니까 팔대 선녀가 한 그물 한판에 짜져서 그 일을 준비한다는 거요. 그게 인류구원의 십승지로 미륵포태 지리산 화엄기운이라 한 거요, 핫하하…."

"그러니까 화엄경을 통달하고 지리산에 화엄사를 지어놓은 신라의 선덕여왕이 환생해서 그 사명을 기필코 이루어내겠네요, 그죠?"

"그렇게 될 겁니다. 붓다께서 말씀하신 것이 그거 아닙니까. 네 오늘 모습을 보면 전생을 알 수가 있다고 말입니다. 말법시대 구주미륵이 지리산 맥을 타고 출현하신다는 불경의 미래 예언서 화엄경을 토대로 화엄사를 지어 놓고 간 선덕여왕이 말법시대에 서양에서 태어나겠소?"

"어머, 그럼 저부터 이제 머리 깎고 지리산에 들어가서 그 선덕여왕 맞을 준비를 해야겠네요. 그래야 입 공양이라도 해드릴 거 아닙니까, 하, 하하…."

"허허… 헤밍웨이 노인과 바다가 아니라 이제 지리산 노인과 하늘이라는 작품이 나오겠군요. 하긴 본인 생각이 방향 제시를 해준다는 것이니까 그건 알아서 하십시오. 말법시대에 영감 화력신으로 은하계 선녀궁에서 그 사명을 받고 온 선녀가 지리산 화엄기운을 받고 종교통일문서를 쓰게 된다고 했으니까 본인 생각이 그쪽으로 움직인다면 그걸 누가 말리겠소. 누가 일부러 시킨다고 되는 일도 아닌데, 카핫핫핫…."

"누가 압니까? 예수께서 너의 믿음대로 이루어지리라고 하셨으니까 지상천국 신선비서 아니, 그 종교통일문서가 대박 터치는 소리가 될는지, 홋, 후후…."

"하하하… 자, 그럼 난 이제 위아래에서 선녀군단들이 대박 터치는 소리나 기다려 보겠습니다. 또 연락하십시다."

그 말을 하고 자리에서 일어난 이대감은 이미 저만큼에서 활기차게 두 팔을 내저으며 걷고 있었다.

그가 장시간 들려주고 간 많은 이야기는 너절한 세상 풍경이나 긁적거리는 글쟁이의 정신세계를 새롭게 바꾸어 준 그의 말대로 '길라잡이' 우편배달부였음이 틀림이 없다는 생각이었다.

작업실 서재로 돌아왔을 때는 어둠을 밝혀 주는 대보름 둥근 달이 태초의 말씀처럼 참으로 많은 생각을 안겨 주면서 그 마음을 원고지에 살포시 옮겨 놓게 했다.

하늘처럼, 그 하늘 말씀처럼

하늘은 내게 세상을 주고
그 세상 풍경 보지를 말고
눈을 안으로만 돌리라 하시네,

하늘은 내게 이처럼
멀끔한 사대육신을 주고
그 육신 정욕을 비우라 하시네,

하늘은 내게 그 많은 것을 주고
그것들을 사랑할 마음을 주고
그 모두를 털어버리라 하시네,

그리고 태산 같은 말씀으로
텅 빈 하늘처럼 티 없이 맑게
그렇게 한 세월 살다가 오라하시네.

에필로그

이 세상에 출렁이는 인간 육신은 잠깐 왔다가는 허망한 존재에 불과할 뿐이다. 그럼에도 불구하고 내 영혼의 실상을 모르기 때문에 오직 육체의 오욕칠정五慾七情에만 매달려 헤매는 욕망의 덩어리다.

그런 세상은 이웃과의 대립적인 갈등으로 눈물과 한숨, 그 고통의 연속일 수밖에 없다. 그러한 세상 풍경을 특히 유대민족 뿌리역사 구약의 내용에서 읽어볼 수 있게 해준다. 그것이 이방민족과의 맞수대결에서 그 나라 민족 우월성을 높이려는 침략정책으로 화평과 평안이 있을 수 없었다.

불지옥이 따로 있는 것이 아니며, 악惡이 따로 있는 것이 아니다. 그런 뜻에서 예수께서는 물질은 일만 악惡의 뿌리라고 하시고 죄악이 관영하는 세상을 크게 보지 말라는 뜻에서 부자가 천국天國 들어가기가 낙타가 바늘구멍 들어가기보다 더 어렵다고 하셨다. 그만큼 세상 지향적인 마음은 선善을 이룰 수가 없다는 것이며, 자신의 근본 실상을 찾는데 걸림돌이 된다는 뜻이다.

그 교훈의 말씀이 죄악이 관영한 이 세상에 구원의 주主로 오셔서 우리에게 가르쳐 주시고, 또 그 모델이 되어 보이신 성자 예수 삶의 족적이 바로 그것이다.

물질이라는 돈과 학식? 그것이 제아무리 많아도 세상적인 부귀영화는 허상에 불과하다는 것을 그 출생에서부터 광야에서 세상적인 유혹을 뿌리치고 이겨내는 모습을 보여 주시었고, 또한 인간이 기필코 성취해야 할 영원한 생명의 실상을 깨달으라는 교훈을 십자가의 부활로서 그 믿음과 소망을 우리에게 심어주시고 회귀回歸하셨다.

그런 이치의 맥락에서 서양의 철인哲人 소크라테스는 '너 자신을 알라'는 말로 유명하다. 자신의 진정한 생명의 실체를 깨달으라는 말이다. 그 섭리가 태초의 하나님께서 인간을 만물의 영장으로 만들기 위한 창조의 섭리역사로 태초 하나님의 종복從僕 천상의 신계족神界族이 지구에 내려와 각기 그 색을 달리한 종자種子 씨를 뿌리고 가꾸던 시대 분위기가 구약의 내용이다.

그 시대 이스라엘 민족과 이웃하고 있었던 이방민족 역시도 그 뿌리 창조 수호신의 가꿈을 받고 있었던 초등학문 시대였음을 신약복음서 '갈라디아서 4장 1~12'에서 분명히 밝혀주고 있다.

그 기록이 성자예수께서 유대 땅에 출현하시어 그처럼 시대 구별을 하라고 이르시고, 주인이 농사짓는 비유를 들어 말씀하신 태초의 빛이라는 그 천지부모 하나님의 섭리역사라는 것이다.

그러나 아직까지도 그 뜻을 헤아리지 못하고 예수께서 본질상 하나님이 아니라고 지적하신 하나님의 종從, 그 여호와 유일신 숭배사상을 주입시키고 있는 서구 기독신학 논리다. 하지만 오늘 지구촌은 과거 그처럼 천지분간을 못했다는 원시시대로부터 4차원의 물질문명 시대로 진화 발전되어 나왔다.

그런데도 만물을 주관하신다는 태초의 하나님, 그 섭리역사의 뜻이 무엇인지, 또 내 생명의 근원적인 존재와 육신의 조상뿌리 혈통계보조차도 분별하지 못하고 살아가고 있다. 그런 사람들에게 세상적인 학식이 많으면 많을수록 자기를 내세우려는 과시적인 머리 굴림만으로 세상을 어지럽힌다고 했다.

그처럼 시대구별을 하지 못하고 제정신이 없는 사람을 일컬어 '얼' 빠진 인간이라고 한다. 과거 유대민족의 뿌리역사 구약의 기록이 그렇듯이 옳고 그름을 분별하지 못했었다는 그 원시인이나 크게 다를 것이 없다. 그들의 무지無知가 유죄有罪로 유대민족 혈통계보 자손들에게 굴레 씌워진 원죄原罪라는 것으로, 그 진노의 형벌이 사망이라고 했었다.

그들 육체의 무지를 깨우쳐 주기 위한 방편법이 유대민족의 혈통 뿌리 조상신 여호와의 초보적인 그 율법십계명律法十誡命으로, '나 이외는 다른 신을 섬기지 말라'는 것이 그 으뜸 계명이었다.

그러나 어느 한때 이스라엘 백성이 그 계율戒律을 어기고 말았었다. 거기에 진노한 여호와는 그 백성을 애굽(이집트)의 노예로 팔아 400년간 피 눈물을 흘리는 온갖 고초를 당하게 했었다는 그 기록을 볼 때, 당시 이스라엘 백성들과 이웃하고 있는 이방민족 역시도 그들의 창조수호신이 엄연히 달리 존재하고 있었음을 분명히 나타내주고 있다.

구약의 기록이 그렇듯이 여호와의 율법 십계명은 다만 그 이스라엘 백성들에게 기초적인 육신의 도리를 알고 살아가게 하는 외적인 초등학문으로, 유대민족 뿌리를 세운 창조 수호신으로써 그들의 육체적인 지능발달을 위해 그 의무와 책임에 충실한 내용으로 점철되어 있다.

그러한 여호와 지상명령 계율戒律의 초등학문 구약시대가 성자예수 출현과 함께 고등학문 시대로 내적인 영혼의 실상을 깨닫게 해주는 하늘나라 천도天道의 '새 계명'으로, 인간 생명의 참된 가치관을 일깨워주는 종교적인 시대 변화의 문이 활짝 열린 것이다.

그 신약복음의 내용이 우주의 원인적 존재로부터 비롯된 결과적 존재물이 인간이라는 것과, 그 섭리의 뜻을 바로 깨닫고 참된 가치관을 찾아 영성체靈聖體가 되어야 한다는 것이며, 그것이 존엄성이 없는 사망의 자식들에게 주어진 근본 과제라는 가르침이었다.

그렇기 때문에 오늘 우리가 그러한 우주섭리와 인생에 관한 근본문제를 풀어내기 위해서는 우주만물의 원인자, 그 '태초의 빛'이라는 하나님의 실상을 이치적으로 바로 알아야 하는 것이 당면한 과제다. 그렇지 않고서는 이 세상에 출현하시어 온갖 수모와 고난을 겪으셨던 성현들의 수고가 헛될 뿐만 아니라, 하나님께서 그처럼 바라고 고대하시는 완성체로 변화될 수도 없으며, 천지개벽이 오는 지구재앙의 환란에서 살아남을 수가 없다.

오늘 지구촌 현대문명은 4차원의 과학 지식정보로 과거 우주의 지성체知性體, 그 신神들이 번쩍번쩍하는 비지구형 물체를 타고 지구를 오르내렸듯이 화성진입을 서두르고 있다 하지만 과학과 종교는 여전히 절름발이 형식으로 대결구도에 놓여 있다. 그 원인은 과거 구약시대 인간 육신의 도리道理만을 가르쳐온 하나님의 종복從僕, 그 여호와의 초급한 종교논리에서 벗어나지 못하고 있기 때문이다.

그 문제를 오늘 우리가 바로 알고 해결하기 위해서는 하나님은 어떻게 존재하시는 분이며, 또 나와는 어떤 관계인가, 그 연계성부터 바로 알아야 한다는 사실이다.

그러기 위해서는 문명된 지구촌 현대과학과 기독신학 종교 논리가 일치되지 않으면 과거 구약시대의 초급한 초등학문 율법 신앙관에서 결코 벗어날 수가 없다. 그 논리가 내 영혼의 실체를 바로 보고 깨달을 수가 없게 혼돈을 주고 있기 때문이다.

오늘 지구촌 과학자들이 아인슈타인의 상대성 양자역학으로 밝혀낸 것이 물질을 만들어 내는 원소가 빛이라고 했다. 그런데 놀랍게도 그 논리가 성경 '창세기 1장'에서 밝히는 '태초의 빛'과 맞물리고 있다는 점이다.

그 양자역학 상대성 원리가 음양陰陽으로 양전자파는 무형체無形體이며, 음전자파는 유형체有形體로 그 음양전자파의 마찰에 의해 물질을 만들어내는 중성자파 빛이 튕겨져 나왔다는 것이 빅뱅론이다. 그 빛의 속도가 1초에 30만 킬로를 달린다고 밝히고 있다.

그처럼 오늘 과학자들이 밝혀 낸 빛의 근본원리를 성경 '창세기 1장'에서 태초의 우주근원이 되는 존재계의 현상을 선명하게 기록해 두고 있다는 사실이다.

그 기록에서 무형체로 등장하는 '하나님의 신'이 양전자파임을 나타내 주고 있으며, 유형체를 나타내는 소립자 음전자파가 안으로 응고 수축된다는 수면水面으로 표기하고 있다. 하지만 아직까지도 그 원리를 정석으로 풀어내지 못하고 있는 서구 기독신학 논리다. 그 무지에 의한 성서 해석이 조화주 성부聖父 하나님 신위神位에 여호와를, 성모聖母 하나님 신위에 요셉의 아내 마리아를, 그리고 하나님의 아들은 독생자로 오직 성자예수뿐이라는 종교 논리를 펴고 있다. 하지만 성서에서 나타내 주는 독생자獨生子의 의미는 누구에 의해서가 아니라 스스로 존재하신 본자연本自然으로 '태초의 빛'이라는 뜻을 내포해주고 있는 것이다.

그처럼 본자연하신 존재계의 음양 조화주 하나님 사랑의 '얼'이 분자적分子的인 일곱 색의 '빛'으로 성자聖子의 개념임을 나타내 주고 있다. 그 원리가 과학에서 밝혀주고 있는 만물의 생성근원이라는 태초의 '빛'으로 천지부모 성부聖父 개념의 하나님 신神이, 성모聖母의 신위神位가 되는 수면水面을 향해가는 그 행사력行事力을 '운행하심으로'라는 묘사로 나타내 주고 있다.

그 음양 전자파가 상대성을 나타내주는 태초의 우주 이성異性으로 서로가 끌어당기는 에너지의 자장, 그 '사랑'의 마찰에 의해 하나님이 보시기에 좋았더라는 분자적分子的인 중성자파 빛이 빨, 주, 노, 초, 파, 남, 보라, 일곱 색으로 그 기록에서 '우리'라는 복수형卜數形을 나타내주고 있다는 사실이다.

그 일곱 색 빛의 성령체가 만물의 근원이신 조화주 하나님과 함께 그 능력행사를 해보인 성자들로서 성부 하나님의 우주정신 그 으뜸머리 도맥道脈으로 유대 땅에 출현하신 성자예수께서 '내 아버지는 사랑이라' 하시었던 것이며, '아버지가 내 안에, 내가 아버지 안에 함께 있느니라. 그 말씀에 이어 '나는 참 빛이라' 하신 말씀의 뜻과 과학적인 논리가 하나로 맞물려 일치되고 있다는 점이다.

그 원리가 태초에 천지와 만물을 빛의 말씀(Logos)으로 창조하시었다는 하나님의 능력으로, 그 음양 조화주 하나님께서 보시기에 좋았다는 분자적인 중성자파 일곱색 빛의 성령체가 '요한계시록 5~6'에서 보좌 앞에 '일곱 등불'로 켜져 있었다는 '하나님의 일곱 영'으로, 이 땅에 보내심을 입었다는 바로 그 세계 7대 성현들의 존재 근원임을 나타내 주고 있다.

그 빛의 원리가 태초 우주만물의 근원이신 천지부모의 가족 구성원으로 양전자파 에너지는 무형체無形體로 '창세기 1장 1절'에서 표기된 혼돈하고 공허한 가운데 등장하는 '하나님의 신'이며, 두 번째로 나타내 주는 '수면'은 음전자파 에너지로 유형실체有形實體임을 나타내 주고 있는 것이었다.

그 기록이 우주만물을 형상화시킨 조화주 하나님의 근원으로, 태초의 이성異性, 그 사랑의 분자적인 '얼'이 태초의 빛이며, 스스로 존재하신다는 영계靈界로서 본자연本自然하신 천지부모 하나님의 가족 구성원으로 그 실체임을 나타내 주고 있다.

그로부터 형상화된 만물이 대자연大自然이며, 그 만물세계를 다스리게 하기 위해 '창세기 1장 25~28'에서 태초의 말씀(Logos)으로 창조되었다는 이때의 '사람'이 공중권세를 부여 받고 창조된 우주의 지성체知性體로 신계神界의 존재들임을 나타내 주고 있다.

그렇기 때문에 그 신계와 고리를 잇고 창조된 존재가 또한 자연自然이라는 물질 인간세계로 그 연계성의 의미가 우리 한민족 조상들이 말해온 천지인天地人이 '한 틀' 속에서 운행되고 있다는 조화의 사상이다. 그러한 섭리에 의해 삼천대세계三天大世界를 사랑으로 총괄하신다는 영계靈界의 하나님이며, 그 다스림의 이치로 창조된 천상의 사람 신계神界 역시도 남자와 여자로 지구를 내방했었던 천사와 선지자들이었음을 구약의 기록에서 유추해 볼 수 있게 해주고 있다.

그와 같은 연계성에 의해 신계와 고리를 잇고 있는 물질인간 출생 역시도 마찬가지다. 남자와 여자, 그 음양합일陰陽合一의 부부 사랑의 '얼'이 모체의 태중 물 속에서 육신을 형상화시키기 위한 준비 기간이 10개월이며, 출산된 이후의 지상생활은 본자연과 일체를 이루기 위한 영계생활의 성장 준비 기간으로, 그 섭리하심을 가르쳐 주기 위해 시대와 나라를 달리하고 동서東西로 출현하셨던 일곱 성현들께서 설파하신 진리의 말씀이라고 한 것이다.

그 뜻이 천기운행의 이치로 우주를 총괄하신다는 하나님의 섭리이기 때문에 인간 한 생의 삶 속에서 완성체가 되지 못했을 때, 인과응보因果應報 법칙에 의해 생사윤회生死輪廻를 거듭시킨다는 것이 자비로우신 하나님의 은혜며 사랑으로 육신을 떠나서는 완성이 될 수가 없다는 것이다. 그와 같은 생사윤회의 섭리가 질서의 하나님께서 인간 완성체를 만들어 주기 위한 성장과정의 기회를 다시 준다는 축복의 탄생이라고 했다.

그 원리가 음적陰的 성모 하나님의 자비 도맥으로 출현한 석가 불교의 윤회사상이다. 그러나 구약시대 여호와 계율의 이분법으로 오직 천당과 지옥만을 가르쳐 온 초급한 논리를 성자예수 십자가 위에다 얹고 들어온 서구신학 논리는 불교의 그러한 윤회사상을 인정하지 않고 있다. 하지만 예수께서는 '너희가 심는 그대로 거두리라' 하신 것으로, 그 말씀이 인간 한 생의 삶 속에서 못다 깨달은 하늘의 지혜를 얻게 하기 위해 전생의 행업行業에 따라 다시 환생幻生하여 그 운명의 길을 가게 한다는 불교의 윤회사상이나 같은 이치의 뜻을 내포해 주고 있다.

그런 의미에서 불교의 교조敎祖이신 석가모니 부처께서는 '오늘 네 모습을 보면 전생前生을 알고, 오늘의 네 생각을 보면 다음 생生이 보인다'고 하신 그 말씀이 삼세인과법三世因果法으로, 중생의 근기根氣가 각기 다르기 때문에 방편법方便法을 쓰는 것이라고 하시었다.

그와 같은 이치의 맥락에서 예수께서 하신 말씀이 어린 아이는 단단한 식물을 먹지 못한다고 하시며, '귀 있는 자는 들으라' 하신 것으로, 오직 물질 지향적으로 과거 구약시대의 초급한 여호와 유일신唯一神 숭배사상에 묶여 있는 맹신자들이 그 말씀의 이치를 어느 한순간에 깨달을 수 없음을 비유하신 것이다.

그처럼 상징과 비유로 하신 말씀이 또한 '진주를 개에게 던지지 말라' 하신 것으로, 중생의 근기가 그 생각에 따라 각기 다르기 때문에 세상에 와서 각자 닦음의 수행에 따라 그 모습과 타고난 운명으로 주어진 길이 다르다는 불교의 윤회사상과 그 뜻을 같이 하고 있다.

하지만 단일적인 여호와 숭배사상의 서구신학 논리가 그 뜻을 아직까지도 이해하지 못하고 우주근원의 성삼위론聖三位論에서부터 지구촌 인류 뿌리역사 왜곡으로, 혼돈을 주고 있는 것이 바로 그 문제점이다.

그러나 현대 과학의 쌍립적雙立的 양자역학量子力學에 의한 빅뱅논리는 성서 '창세기 1장'에서 밝히는 성삼위론과 일치하고 있으며, 그것이 또한 불교의 성부聖父 화신불火身佛, 성모聖母 보신불報身佛, 성자聖子 법신불法身佛의 개념과도 같은 이치의 맥락이다.

그 원리가 또한 우리 배달 한민족 조상뿌리에서부터 배워온 삼태극三太極 원리로 삼신사상三神思想이며 칠성사상七星思想으로, 동네 어귀에 삼신각三神閣과 칠성각七星閣을 세워놓고 좋은 자손을 점지해 달라고 빌어 왔었다는 그 민속신앙으로, 양적인 성부聖父 하나님을 '한알님', 음적 성모聖母 하나님을 '한울님', 그리고 조화주이신 천지부모天地父母 이성교합에 의해 보시기에 좋았다는 사랑의 빛이 일곱 칠성님의 개념으로 '한얼님'이라고 불렀다는 것이다.

그와 같은 삼태극 원리의 삼신사상이 하늘의 이치를 바르게 알게 한다는 뜻에서 '한 사상'이라고 했고, 그로 비롯된 칠성사상을 '한얼사상'이라고 했으며, 거기에 또한 배달한민족倍達韓民族이라고 한 것 역시도 하늘의 이치를 배로 통달한 민족이라는 뜻을 내포하고 있다고 했다.

그러한 섭리의 이치를 바탕으로 만들어진 우리 조상들의 표현이 양적인 남자의 성기를 '불알'이라고 했으며, 여자의 성기를 그 불알의 씨를 담아 안고 태동시키는 보배로운 텃밭이라는 의미에서 보지寶地, 또는 '씨입'이라고 했다는 어원語原이 그로부터 유래된 것이라고 한다.

그처럼 논리적으로 진솔한 우리 조상들의 언어 묘사가 오늘에 이르러 마치 쌍욕처럼 취급되고 있다. 하지만 그 표현은 이치적으로나 과학적으로도 그 뜻이 일치하고 있다는 점이다.

그렇기 때문에 우리 배달한민족은 서양민족과는 달리 만물의 원인자原因者의 하나님이 '태초의 빛'이라는 천도天道의 운행섭리를 조상 뿌리에서부터 배워온 영계靈界의 하나님 그 혈통직손으로 천손민족天孫民族이라고 했으며, 족속을 초월하여 제사권祭祀權을 부여받고 세워졌다는 의미에서 배달한민족倍達韓民族이라고 했다는 것이다.

그와 같이 하늘 천손민족으로 축복의 제사권을 받고 세워졌다는 우리 한민족 조상들은 삼라만상이 '한 틀' 속에서 운행되고 있다는 섭리를 일찍부터 배워왔었기 때문에 만물과 화이동和利同해야 한다는 '한얼' 정신이 또한 만물감통사상萬物感通思想이었다고 한다.

그 사상이 이분법으로 대립적인 서양문화권과는 달리 참사랑의 본체이신 태초의 하나님과 일체관계를 이루어야 한다는 민족정기로 고조선 시대 동방의 등불로 만민평등의 정신문명을 발전시켜 나올 수 있었음이다. 그러한 우주섭리의 말씀이 세계 속에 유일하게 배달한민족 단독경전 천부경天符經 속의 내용으로, 그 원리가 바로 성경 '창세기 1장'의 내용과 일치되고 있다는 사실이다.

그 세분적인 논리가 근본이신 하나는 시작도 없이 시작된 하나로 일시무시일一始無始一이며, 거기에서 갈라져 셋으로 치달으니 다함없는 근본이라는 것이 석삼극무진본析三極無盡本으로, 삼태극三太極의 원리였다.

그 이치가 또한 불가佛家에서 말하는 삼존불三尊佛의 의미며, 서구신학이 아직까지 정석으로 풀어내지 못하고 있는 그 문제의 성삼위론聖三位論이다.

하지만 우리 한민족 조상들이 배워온 그 삼태극 원리는 만물의 형체가 오고가고 쓰임새는 변하지만, 그러나 근본은 움직임이 없다는 것으로, 그러한 태초의 하나님 마음은 태양과 같아서 우러러 밝으니 하늘과 땅과 사람이 고리를 잇고 하나가 되어 있으며, 그 하나는 시작도 끝도 없다고 간략한 그 뜻이 본심본태양本心本太陽 앙명인중昂明人中 천지일天地一 일종무시일一終無始一이라고 한 것이다.

그와 같이 무궁무진하시다는 태초 만물의 근원이신 하나님의 실상을 기독교 성경 역시도 같은 이치의 맥락으로 나타내 주고 있다. 그 묘사의 기록이다(요한계시록 21장 5~7).

〈보좌에 앉으신 이가 가라사대 보라, 내가 만물을 새롭게 하노라 하시고, 또 가라사대 이 말은 신실하고 참하니 기록하라, 하시고 또 내게 말씀하시되 이루었도다. 나는 알파와 오메가요 처음과 나중이라, 내가 생명수 샘물로 목마른 자에게 값없이 주리니 이기는 자는 이것들을 유업으로 얻으리라, 나는 저희 하나님이 되고, 그는 내 아들이 되리라.〉

그 논리가 하나님의 복귀復歸섭리로 그 이치를 일찍이 조상 뿌리에서부터 배워왔던 하늘 대법의 천도天道로서 인간은 자연에 속한 피조물이기 때문에 장성기를 거쳐 완성된 성령체가 되어 본심본태양本心本太陽으로 회귀回歸해야 한다는 것이 그 결과론이다.

그러한 결과체를 때가 이르면 거두러 오신다는 주인 하나님이 충만한 법의 왕으로, 불교에서 말하는 구주救主 미륵불출세彌勒佛出世며, 성경 '요한계시록'에서 백마를 탄 하늘 군대를 거느리고 세상에 출현하신다는 백보좌百寶左의 하나님이다.

그 실체가 태초에 물질계를 형상화시켰던 천지부모 성모 하나님의 신위神位로, 해가 뜨면 제일 먼저 비췬다는 동방 아시 땅에 하늘 신장신관 삼천三千의 무리를 거느리시고 하강하시어 배달한민족 뿌리를 세우셨다는 그 지명이 백두대간白頭大幹이며, 그 터에 세워진 민족을 백의민족白衣民族이라고 한 것 역시도 그와 같은 뜻을 내포하고 있다는 것이다.

그처럼 하늘나라 크고 웅장하신 하나님이라는 의미가 바로 환웅천제桓雄天帝님으로, 성부이신 환인천제桓因天帝님의 뜻을 받들어 하늘문을 열고(開天) 지상 강림하시어 배달민족 뿌리를 세우셨다는 선천先天의 하나님이다. 그 존체가 물질계를 형상화시켰던 성모님의 신위로서 그 백보좌 하나님이 하강하신 동방의 아시 땅을 백두대간, 백두산, 삼신산, 영산 등 그와 같은 지명을 통해서 그 개념의 의미를 나타내 주고 있다는 사실이다.

그렇듯 높고 크신 하늘나라 영계의 성모 환웅천제님께서 백두대간에 터를 잡고 백의민족 뿌리를 세워주신 그 아시 텃밭을 신시神市라고 했으며, 그곳에서 백성들에게 하늘의 밝은 이치를 담고 있는 원방각 천부인天符印을 토대로 우주섭리를 가르쳐 주셨다는 뿌리역사 시원을 신불시대神佛時代라고 했음 역시도 그 뜻을 내포해 주고 있다는 것이다.

그 신불시대神佛時代를 드디어 마감하신 환웅천제께서 그 후사로 완전한 신인神人 개국조開國祖 단군왕검을 제일의 제사장으로 뽑아 세우시고 본자리로 회귀回歸하여 오르시면서 백성들에게 두고 가신 약속의 말씀이 '간艮~간艮 수월래水月來'로 우리 조상들이 생활 속에서 즐겨 불렀던 바로 그 민요가락이라고 했다.

그 내용의 뜻이 바로 음적 성모 하나님께서 때가 이르면 동토東土 간방艮方에 다시 현현하여 오신다는 그 의미를 담고 있는 것으로, 길 잃은 나그네의 이정표가 되는 북두칠성 앞에 유난히 큰 별자리가 자미성紫微星으로, 그 표징을 나타내 주고 있다는 것이다.

그런데 놀랍게도 성경 '요한계시록 19장 11~15'에서 마지막 때에 이 세상을 구원할 구세주 백보좌 성모 하나님의 지상강림의 장면을 담아 두고 있는 기록과 일치되면서 그 이치를 다시 유추해 보게 해준다는 사실이다.

〈또 내가 하늘이 열린 것을 보니 보라, 백마와 탄자가 있으니 그 이름은 충신과 진실이라, 그가 공의로 심판하며 싸우더라, 그 눈이 불꽃 같고 그 머리에 많은 면류관이 있고, 또 이름 쓴 것이 하나가 있으니 자기 밖에 아는 자가 없고, 또 그가 피 뿌린 옷을 입었는데 그 이름은 하나님의 말씀이라 칭하더라, 하늘에 있는 군대들이 희고 깨끗한 새 마포를 입고 백마를 타고 그를 따르더라. 그 입에서 이한 검이 나오니 그 것으로 만국을 치겠고 친히 저희를 철장으로 다스리며 또 친히 전능하신이의 맹렬한 진노의 포도주 틀을 밟겠고 그 옷과 그 다리에 이름 쓴 것이 있으니 만왕의 왕이요, 만주의 주라하였더라.〉

그 만왕의 왕이 예수께서 말씀하신 이 세상 심판주로 때가 이르면 추수타작 마당에 출현하신다는 처음과 끝이라는 그 성모하나님으로 그때까지도 익지 못한 쭉정이는 골라서 불에 태우고, 알곡은 주인의 창고에 집어넣기 위해 오신다는 알파와 오메가의 하나님이다.

그러한 섭리역사가 이 땅에 새로운 신천지를 건설하기 위함인 것으로, 과거 선천시대에 하늘 문을 열고(開天) 지상 강림하셨던 것처럼 백보좌 성모님을 옹위했던 그 신장선관들을 거느리고 다시 오리라 하신 것이 그 재림 약속이라고 했다.

그 재림장면이 어떤 모습으로 이루어질 것인가를 다음 성구 기록에서도 보여주고 있다(요한계시록 21장 1~8).

〈또 내가 새 하늘과 새 땅을 보니 처음 하늘과 처음 땅이 없어졌고, 바다도 다시 있지 않더라, 또 내가 보매 거룩한 성 새 예루살렘이 하나님께로부터 하늘에서 내려오니 그 예비한 것이 신부가 남편을 위하여 단장한 것 같더라, 내가 들으니 보좌에서 큰 음성이 나서 가로되, 보라, 하나님의 장막이 사람들과 함께 있으매 하나님이 저희와 함께 거하시리니 저희는 하나님의 백성이 되고 하나님은 친히 저희와 함께 계셔서 모든 눈물을 그 눈에서 씻기시매 다시 사망이 없고, 애통하는 것이나 곡하는 것이나, 아픈 것이 다시 있지 아니 하리니 처음 것들이 다 지나갔음이러라.〉

바로 그것이다. 그처럼 때가 이르면 다시 오신다는 재림의 약속이 '처음과 나중'으로 백보좌에 앉으신 물질계의 모태이신 그 성모 환웅천제님께서 백두대간에 하강하시어 백두민족의 뿌리를 세우시고 선천에 두고 가신 재림 약속의 장면이다.

그때에 알곡으로 익은 완성체가 성인聖人의 반열에 들어가는 하나님의 아들로서 그 자격을 이루기까지 세상이 주는 온갖 고초를 당하며 눈물을 흘렸던 그들의 눈에 눈물을 씻어내 주신다고 했다.

그 약속의 하나님이 선천시대 하늘의 문을 열고(開天) 백두대간에 하강하시어 백두민족白頭民族을 세우셨던 환웅천제桓雄天帝이셨음을 성경 계시록에서 그처럼 분명히 묘사해 주고 있다는 사실이다.

그런데도 오늘 서구신학은 오직 성자예수 재림만 설파하고 있다. 성서 해석의 무지는 그뿐만이 아니다. 구름을 타고 오시리라는 그 이치를 바로 깨닫지 못하고 공중에서 구름을 타고 재림할 것으로 설파하고 있다. 하지만 '구름'이라는 묘사는 태초 유형체이신 성모님을 '수면'이라고 묘사하고 있는 것이나 마찬가지 형태다. 실제적인 형상체의 인자人子로 재림하심을 나타내 주고 있는 것으로, 예수께서는 분명히 '새 이름'으로 오신다고 하시었다.

그 이치가 과거 초림 예수께서 하나님의 아들로 성령체지만 사람의 모습 인자人子로 오셨던 것이나 마찬가지로 현현하시게 됨을 나타내 주고 있는 것으로, 초림예수 출생환경이 그랬던 것처럼 환경이나 외모로 사람을 판단하지 말라는 것이다.

그 모습이 세상에 오셔서 보여주신 그대로 활달자재한 영인체靈人體로 생체부활하심과 같이 육신을 가진 인자로 세상에 출현하시게 됨을 '요한계시록 22장 22~27'에서 그 상징성을 다음과 같은 비유로 나타내 주고 있다.

〈성안에 성전을 내가 보지 못하였으니 이는 주 하나님 곧 전능 하신 이와 및 어린양이 그 등이 되심이라, 만국이 그 빛 가운데로 다니고 땅의 왕들이 자기 영광을 가지고 그리로 들어오리라, 성문들을 낮에 도무지 닫지 아니 하리니 거기는 밤이 없음이라, 사람들이 만국의 영광과 존귀를 가지고 그리로 들어오겠고, 무엇이든지 속된 것이나 가증한 일 또는 거짓말 하는 자는 결코 그리로 들어오지 못하되 오직 어린양의 생명책에 기록된 자들뿐이라.〉

그 기록에서 재림 예수를 어린양으로 비유하고 있으며, 이 땅에 건설될 것이라는 하나님의 장막, 그 성전에 불을 밝히는 등登이 될 것이라는 그 묘사다.

구약시대 이스라엘 백성들이 여호와의 계율에 따라 양을 잡아서 속죄물로 제사를 올렸었다, 예수께서는 그 제사의식을 이제는 폐하고 너희 마음을 성전 삼고 드리는 기도가 진정한 산제라라고 가르치시다가 그 시대의 이단자로 내몰려 참수형을 당하셨다.

그럼에도 불구하고 묵묵히 그 고난의 십자가를 짊어지시고 성체에 피를 흘리시면서 하신 절규가 '아버지여, 저들이 몰라서 그런 것이니 용서하시옵소서' 하신 그 말씀이 성자예수로 세워진 기독교 정신으로, 그 시대변화를 알지 못한 그들의 죄를 대속하신 희생의 산제물로 만세전에 하나님 앞에 준비된 '어린양'이라고 했었던 바로 그 상징성의 묘사인 것이다.

그처럼 그 시대 구별을 하지 못한 그들의 무지가 여호와 유일신 숭배사상이었던 것으로, 그 종교 논리를 마치 고등종교 스승 기독교 정신의 세계관처럼 묶어 설파하고 있는 서구 기독신학 논리다. 하지만 그처럼 혼합된 서구신학 논리가 때가 이르면 동방의 해뜨는 곳에서 새롭게 정리되어 그 등에 불을 켜고 세계로 나가게 됨을 '요한계시록 7장 2~4'에서 다음과 같이 묘사해 주고 있다.

〈또 보매 다른 천사가 살아계신 하나님의 인을 가지고 해 돋는 데로부터 올라와서 땅과 바다를 해롭게 할 권세를 얻은 네 천사를 향해 큰 소리로 외쳐 가로되, 우리가 우리 하나님의 종들의 이마에 인치기까지 땅이나 바다나 해하지 말라 하더라.〉

바로 그것이다. 지구 대재앙의 천지개벽이 오기 전에 배달한민족 위에 심어주신 만민평등의 조화주 하나님 사랑의 정신이 동방의 등불로 다시 불을 켜고 나가기까지 기다리라는 선포다. 그 사명이 일찍이 하늘 제사권을 받고 전통적으로 흰옷을 입었던 배달한민족의 혈통계보, 그 자손들에게 있음을 역시 '요한계시록 7장 9~14'에서 다음과 같이 묘사해 주고 있다.

〈이 일 후에 내가 보니 각 나라와 족속과 백성과 방언에서 아무라도 능히 셀 수 없는 흰 무리가 흰 옷을 입고 손에 종려나무 가지를 들고 보좌 앞과 어린 양 앞에서 큰 소리로 외쳐 가로되, 아멘, 찬송과 영광과 지혜와 감사와 존귀와 능력과 힘이 우리 하나님께 세세토록 있을지어다. 아멘, 장로 중에 하나가 응답하여 내게 이르되, 이 흰옷 입은 자들이 누구며, 또 어디서 왔느뇨.

내가 가로되, 내 주여, 당신이 알리이다, 하니 그가 나더러 이르되, 이는 큰 환란에서 나오는 자들인데 어린양의 피에 그 옷을 씻어 희게 하였느니라.〉

그 기록에서 흰옷 입은 자들이 큰 환란에서 나온 자들이라는 그 묘사다. 지구촌 모든 인류는 그 피부 색소를 달리한 조상 뿌리역사를 가지고 있다. 서양 유대민족 뿌리역사 구약의 내용 속에는 그 민족 뿌리역사와 함께 건국사建國史를 기록하고 있으며, 또한 다른 민족과 맞수대결의 전쟁사를 진솔하게 담아두고 있다.

그러나 우리 배달한민족은 역사 이래로 그처럼 이방민족을 먼저 침략해 본 일이 없는 민족 뿌리역사를 가지고 있다. 고대사를 살펴보면 우리 배달민족 조상은 만주 벌판을 중심으로 이웃 민족과 분쟁이 없이 평화의 협동정신으로 조화를 이루면서 12제국을 다스려 나왔다는 자랑스러운 뿌리역사를 가지고 있다.

그러나 세대가 멀어지면서 지금까지 930회가 넘는 외세의 침략으로 연속적인 환란 속에서 오늘에 이르러 지구촌에서 유일하게 분단국가라는 불명예를 씻지 못하고 있다. 하지만 그 또한 하늘의 섭리가운데 있는 것으로, 질곡한 역사의 흐름 속에서도 끈질기게 살아남은 배달한민족이다.

거기에다가 오늘은 세계 속에서 유일하게 한 집 건너 십자가에 불을 켜고 있는 3·8선 이남의 풍경이다. 그러나 그 등불은 성자예수 피 흘림의 고난을 상징한 진정한 기독교 정신이 아니라 유대교 여호와 유일신 숭배사상을 업고 들어온 비합리적인 논리로 계시록에서 많은 영혼을 노략질하는 혼합된 '쑥물'이라고 묘사하고 있다는 사실이다.

그 쑥물이 하늘 제사권을 받고 서양의 뿌리보다 4,000년을 앞서 세워진 이 동토에서 때가되면 재정립되어 세계로 나가게 됨을 '갈라디아서 4장 21~27'에서 그 비유를 들어 묘사해 주고 있다.

〈내게 말하라, 율법 아래 있고자 하는 자들아, 율법을 듣지 못하였느냐, 기록된바 아브라함이 두 아들이 있으니 하나는 계집 종에게서는 육체를 따라 났고, 하나는 자유 하는 여자에게서는 약속으로 말미암았느니라, 이것은 비유니 이 여자들은 두 언약이라, 하나는 시내산으로부터 종을 낳은 자니 곧 하가라, 이 하가는 아라비아에 있는 시내산으로 지금 있는 예루살렘과 같은 데니 저가 그 자녀들로 더불어 종노릇 하고, 오직 위에 있는 예루살렘은 자유자니 곧 우리 어머니라.〉

위의 성구에서 묘사하고 있는 계집 종이 구획적임을 나타내는 에덴동산 텃밭에 유대민족 종자씨를 심고 가꾸어온 바로 그 율법신律法神 여호와의 상징성을 나타내 주고 있는 것으로, 본질상 하나님이 아니기 때문에 영생하는 하늘나라 상속권을 줄 수가 없다는 뜻이다.

그 비유가 육체만을 이 땅에 심어준 계집종의 율법과 그 위에 있는 하늘나라 천법天法으로 자유함을 주는 주인의 본처가 영혼생명의 어머니로 그 자녀에게 상속권이 주어진다는 묘사 기록이다.

그 상속권이 다시 오리라고 동방의 아시 땅에 그 약속을 두고 가신 성모 환웅천제님의 직손혈통인 우리 배달한민족에게 있음을 성구를 통해서 더욱 밝혀주고 있다는 사실이다.

뿐만 아니라 공자 성현께서도 때가 이르면 만법이 동토로 귀일 할 것이라고 하신 것으로, 때가 이르면 우리 한민족 조화의 협동정신 그 '한 틀' 속에 들어와 뭉쳐지게 됨을 암시해 주고 있다.

사실 동양철학의 논리로 풀어볼 때, 우리 조상들의 조화사상은 중앙토中央土에 속한다는 것으로, 그 상징성이 봉황이다. 더욱 놀라운 것은 하나님 섭리에 의해서 동서남북으로 분파되었던 진리의 말씀이 하나님 약속의 땅으로 하나로 모아져서 발원을 하게 될 것이라는 그 터가 그것도 한반도 남쪽 전라도에서 출세出世할 것이라는 그 상징성이 정도오령正道五靈이다.

그 섭리를 불교의 예언서 화엄경華嚴經 역시도 그 뜻을 담아 두고 있는 것으로, 불교가 국교처럼 되어 있던 신라시대 선덕여왕이 마지막 때에 구주미륵께서 출세할 터가 그 기운을 포태하고 있다는 지리산이라고 하여 화엄사華嚴寺를 지어 놓았던 것이라고 했다.

그리고 거기에 세워진 것이 깨달을 각覺자 각황전覺皇傳이지만, 처음 세울 그 당시는 구주미륵 성모님을 상징하는 환웅전桓雄傳으로 표기되어 있었다는 것이고 보면 오늘 우리가 그 뜻을 다시 생각해 보지 않을 수가 없다.

그 터가 마지막 때에 많은 생명을 구원할 터라는 의미에서 방장산方丈山, 삼신산三神山, 천왕봉天王鳳, 노고단老姑檀, 등의 지명 역시도 그 뜻을 내포하고 있다는 것으로, 천기天氣와 지기地氣가 뭉쳐 있다는 어머니의 모태 생기의 자궁 혈血터로 역사적으로 그 많은 고통의 수난을 겪어 왔던 것인지도 모른다.

어찌 되었거나 구주미륵 그 화엄華嚴기운이 때가되면 그곳에서 발원을 하게 된다는 것이고 보면, 먼저는 병폐적인 그 지역 감정부터 해소되고, 우리의 소원은 통일이라는 남북화합의 문이 열리게 될 것을 믿어 의심치 않는다.

하지만 모든 일에는 그 수순이 있듯이 오늘까지도 표류하고 있는 우리 한민족의 뿌리역사와 함께 국혼國魂을 바로 찾아 세우는 일이며, 그랬을 때 민족 주체성 확립으로 세계를 향해 '대한민국만세!'를 힘차게 부르게 될 것이다.

그날을 기대하면서 그 마음을 독자들과 함께 나누고 싶은 마음으로 간절할 뿐이다. 모든 경전의 예언이 그렇듯이 인도의 시성詩聖 타골 역시도 '내 마음의 조국 코리아여 깨어나소서!' 했던 바로 그 '동방의 등불'이기 때문이다.

지리산을 바라보는 서재에서

2014년 6월 8일